CONTRA A INTERPRETAÇÃO

SUSAN SONTAG

Contra a interpretação
e outros ensaios

Tradução
Denise Bottmann

3ª reimpressão

COMPANHIA DAS LETRAS

Copyright © 1961, 1962, 1963, 1964, 1965, 1966 by Susan Sontag
Todos os direitos reservados.

Grafia atualizada segundo o Acordo Ortográfico da Língua Portuguesa de 1990, que entrou em vigor no Brasil em 2009.

Título original
Against Interpretation and Other Essays

Capa
Claudia Warrak

Preparação
Ciça Caropreso

Revisão
Isabel Cury
Carmen T. S. Costa

Dados Internacionais de Catalogação na Publicação (CIP)
(Câmara Brasileira do Livro, SP, Brasil)

Sontag, Susan, 1933-2004
    Contra a interpretação : e outros ensaios / Susan Sontag ; tradução Denise Bottmann — 1ª ed. — São Paulo : Companhia das Letras, 2020.

    Título original: Against Interpretation and Other Essays
    Bibliografia
    ISBN 978-85-359-3307-9

    1. Crítica – Discurso, ensaios e conferências 2. Crítica literária 3. Escritores americanos 4. Literatura moderna – História e crítica I. Título.

19-31657   CDD-809

Índice para catálogo sistemático:
1. Literatura moderna : História e crítica   809

Maria Alice Ferreira – Bibliotecária – CRB-8/7964

Todos os direitos desta edição reservados à
EDITORA SCHWARCZ S.A.
Rua Bandeira Paulista, 702, cj. 32
04532-002 — São Paulo — SP
Telefone: (11) 3707-3500
www.companhiadasletras.com.br
www.blogdacompanhia.com.br
facebook.com/companhiadasletras
instagram.com/companhiadasletras
twitter.com/cialetras

para Paul Thek

Uma nota e alguns agradecimentos

Os artigos e as resenhas aqui reunidos correspondem a uma boa parte da crítica literária que escrevi entre 1962 e 1965, período claramente definido em minha vida. No começo de 1962, terminei meu primeiro romance, *O benfeitor*. No final de 1965, comecei um segundo romance. A energia e a ansiedade que coloquei na crítica tiveram começo e fim. Aquele período de indagação, reflexão e descoberta já parecia um tanto remoto na época da publicação americana de *Contra a interpretação* e agora, um ano depois, no relançamento da coletânea em edição brochura, ele parece ainda mais distante.

Nestes ensaios, falo muito sobre determinadas obras de arte e, implicitamente, sobre as tarefas do crítico, mas tenho consciência de que, no material aqui reunido, é pouco o que conta como crítica propriamente dita. Deixando de lado alguns textos jornalísticos, a maior parte poderia ser talvez chamada de metacrítica — se o nome não for pomposo demais. Eu estava escrevendo de maneira ardorosamente parcial sobre *problemas* que me foram levantados por obras de arte, sobretudo contemporâneas, de diversos gêneros: eu queria expor e elucidar os pressupostos teóricos por trás de juízos e gostos específicos. Não me pus a elaborar uma "posição" sobre as artes ou sobre a modernidade; mas, mesmo assim, parecia se formar uma espécie de posição geral que se expressava com uma insistência cada vez maior, em qualquer obra específica que eu estivesse abordando.

Hoje em dia discordo de uma parte do que escrevi, mas não é o tipo de discordância que requeira revisões ou alterações parciais. Embora eu creia que superestimei ou subestimei o mérito de várias obras tratadas, minha atual discordância pouco deve à modificação de um ou outro juízo. De todo modo, o eventual valor que esses ensaios possam ter, e até onde não se resumam a meros estudos de caso de minha sensibilidade em transformação, funda-se não nas avaliações específicas que fiz, e sim no interesse dos problemas levantados. Pouco me importa, em última análise, dar notas às obras de arte (e é por isso que evitei ao máximo escrever sobre coisas que não admirava). Escrevi como entusiasta e partidária — e, como agora me parece, com uma certa ingenuidade. Não percebi o tremendo impacto que os escritos sobre atividades novas ou pouco conhecidas nas artes podem exercer na era da "comunicação" instantânea. Não sabia — mas tive de aprender, a duras penas — da rapidez com que um longo ensaio na *Partisan Review* se torna indicação de leitura na *Time*. Apesar de meu tom de exortação, não estava tentando levar ninguém à Terra Prometida, a não ser eu mesma.

Quanto a mim, os ensaios cumpriram sua função. Vejo o mundo de outra maneira, com olhar mais fresco; minha concepção sobre minhas tarefas como romancista mudou radicalmente. Poderia descrever o processo da seguinte maneira: antes de escrever os ensaios, não acreditava em várias das ideias neles adotadas; ao escrevê-los, acreditava no que escrevi; depois, deixei novamente de acreditar em algumas dessas mesmas ideias — mas de outra perspectiva, uma perspectiva que incorpora e se alimenta com o que há de verdade na argumentação dos ensaios. Escrever crítica se revelou um gesto não só de expressão intelectual pessoal, mas também de libertação de um peso intelectual. Minha impressão não é tanto a de ter resolvido para mim mesma um certo número de problemas incômodos e fascinantes, e sim de tê-los esgotado. Mas decerto é uma ilusão. Os problemas continuam; continuam a existir coisas que serão ditas por outras pessoas curiosas e reflexivas, e talvez esta coletânea de algumas reflexões recentes sobre as artes tenha sua contribuição a dar.

"*Saint Genet* de Sartre", "A morte da tragédia", "Nathalie Sarraute e o romance", "Ir ao teatro etc.", "Notas sobre o *camp*", "Marat/Sade/Artaud" e "Sobre o estilo" saíram originalmente na *Partisan Review*; "Simone Weil", "Os *Cadernos* de Camus", "*A idade viril* de Michel Leiris", "O antropólogo como herói" e "Ionesco" apareceram em *The New York Review of Books*; "A crítica literária de Georg Lukács" e "Reflexões sobre *O vigário*", em *Book Week*; "Contra a interpretação", em *Evergreen Review*; "Devoção sem conteúdo", "O artista como sofredor exemplar" e "Happenings: uma arte da justaposição radical", em *The Second Coming*; "*Vivre sa vie* de Godard", em *Moviegoer*; "Uma cultura e a nova sensibilidade" (em forma condensada), em *Mademoiselle*; "*Flaming Creatures* de Jack Smith", em *The Nation*; "O estilo espiritual nos filmes de Robert Bresson", em *The Seventh Art*; "Uma nota sobre romances e filmes" e "Psicanálise e *Vida contra morte* de Norman O. Brown", em *The Supplement* (*Columbia Spectator*); "A imaginação da catástrofe", em *Commentary*. (Alguns artigos saíram com títulos diferentes.) Agradeço aos editores dessas revistas pela autorização para republicá-los.

É um prazer ter a oportunidade de agradecer a William Phillips pelo incentivo generoso, mesmo discordando com frequência daquilo que eu dizia; a Annette Michelson, que partilhou comigo seu gosto e erudição em muitas conversas nesses últimos sete anos; e a Richard Howard, que com grande solicitude leu a maioria dos ensaios e apontou vários erros fatuais e retóricos.

Por último, quero registrar meus agradecimentos à Fundação Rockefeller por uma bolsa no ano passado que me liberou, pela primeira vez na vida, para escrever em tempo integral — período em que escrevi, entre outras coisas, alguns dos ensaios aqui reunidos.

S. S.

1966

Sumário

I

Contra a interpretação 15

Sobre o estilo 30

II

O artista como sofredor exemplar 61

Simone Weil 73

Os *Cadernos* de Camus 77

A idade viril de Michel Leiris 88

O antropólogo como herói 97

A crítica literária de Georg Lukács 113

Saint Genet de Sartre 126

Nathalie Sarraute e o romance 134

III

Ionesco 151

Reflexões sobre *O vigário* 162

A morte da tragédia 172

Ir ao teatro etc. 182

Marat/Sade/Artaud 210

IV

O estilo espiritual nos filmes de Robert Bresson.................. 227

Vivre sa vie de Godard.. 250

A imaginação da catástrofe 266

Flaming Creatures de Jack Smith 288

Muriel de Resnais.. 295

Uma nota sobre romances e filmes 307

V

Devoção sem conteúdo.. 315

Psicanálise e *Vida contra morte* de Norman O. Brown........ 323

Happenings: uma arte da justaposição radical 332

Notas sobre o *camp* 346

Uma cultura e a nova sensibilidade.. 368

Posfácio: Trinta anos depois... 383

I

Contra a interpretação

O conteúdo é um lampejo de alguma coisa, um contato como um clarão. É minúsculo — minúsculo, o conteúdo.

Willem de Kooning, numa entrevista

Só quem é superficial não julga pelas aparências. O mistério do mundo é o visível, não o invisível.

Oscar Wilde, numa carta

1

A primeira experiência da arte deve ter sido de encantamento, magia; a arte era um instrumento ritual. (Vejam-se as pinturas rupestres de Lascaux, Altamira, Niaux, La Pasiega etc.) A primeira *teoria* da arte, a dos filósofos gregos, propunha que a arte era mimese, imitação da realidade.

Foi nesse ponto que surgiu a questão específica do valor da

arte. Pois a teoria mimética, por seus próprios termos, exige que a arte se justifique.

Platão, que propôs a teoria, parece tê-la apresentado para estipular que o valor da arte é duvidoso. Como ele considerava as coisas materiais comuns como, em si mesmas, objetos já miméticos, imitações de formas ou estruturas transcendentes, até a mais excelente pintura de uma cama seria apenas uma "imitação de uma imitação". Para Platão, a arte não é especialmente útil (a pintura de uma cama não serve para dormirmos nela) nem verdadeira em sentido estrito. E os argumentos de Aristóteles em defesa da arte não chegam realmente a contestar a posição platônica de que toda arte é um elaborado trompe l'oeil e, portanto, uma mentira. Mas ele de fato questiona a ideia platônica de que a arte é inútil. Mentira ou não, a arte tem certo valor, segundo Aristóteles, porque é uma forma de terapia. A arte afinal é útil, contrapõe Aristóteles, medicinalmente útil na medida em que desperta e purifica emoções perigosas.

Em Platão e Aristóteles, a teoria mimética da arte segue a par do pressuposto de que a arte é sempre figurativa. Mas os defensores da teoria mimética não precisam fechar os olhos à arte decorativa e abstrata. A falácia de que a arte é necessariamente um "realismo" pode ser modificada ou eliminada sem que se abandone em momento algum o campo dos problemas delimitados pela teoria mimética.

O fato é que toda a consciência e a reflexão ocidental sobre a arte permanecem dentro dos limites estabelecidos pela teoria grega da arte como mimese ou representação. É por meio dessa teoria que a arte como tal — acima e além das obras de arte individuais — se torna problemática, precisando de defesa. E é a defesa da arte que dá origem à estranha concepção de que algo que aprendemos a chamar de "forma" está separado de algo que aprendemos a chamar de "conteúdo", e ao gesto bem-intencionado de considerar o conteúdo como essencial e a forma como acessória.

Mesmo nos tempos modernos, quando inúmeros artistas e críticos já descartaram a teoria da arte como representação de uma realidade externa, em favor da teoria da arte como expressão subjetiva, a principal característica da teoria mimética ainda persiste. Quer pensemos a obra de arte aos moldes de uma imagem (a arte como imagem da realidade) ou aos moldes de uma afirmação (a arte como afirmação do artista), o conteúdo continua a vir em primeiro lugar. O conteúdo pode ter mudado. Agora pode ser menos figurativo, menos claramente realista. Mas ainda se supõe que uma obra de arte é seu conteúdo. Ou, como se costuma dizer hoje em dia, uma obra de arte, por definição, *diz* alguma coisa. ("O que X está dizendo é...", "O que X está tentando dizer é...", "O que X disse é...", e assim por diante.)

2

Ninguém jamais conseguirá reencontrar aquela inocência anterior a toda teoria, quando a arte não precisava justificar a si mesma, quando não se perguntava o que uma obra de arte *dizia*, porque se sabia (ou se pensava saber) o que ela *fazia*. A partir de agora e enquanto existir a consciência, estamos presos à tarefa de defender a arte. Podemos apenas objetar contra tal ou tal meio de defesa. Na verdade, temos a obrigação de derrubar qualquer meio de defesa e justificação da arte que se torne especialmente obtuso, opressivo ou insensível às necessidades e práticas contemporâneas.

É o que acontece, hoje, com a própria ideia de conteúdo. Qualquer que fosse no passado, atualmente a ideia de conteúdo é, acima de tudo, um estorvo, um incômodo, um filistinismo sutil ou nem tão sutil.

Mesmo que possa parecer que os atuais processos de mudança em muitas artes estão nos afastando da ideia de que a obra de arte é, primariamente, seu conteúdo, essa ideia ainda exerce uma hegemonia extraordinária. A meu ver, isso se dá porque a ideia agora se perpetua sob a capa de um certo tipo de contato com as obras de arte que está profundamente entranhado na maioria dos que levam alguma arte a sério. O que o excesso de ênfase na ideia de conteúdo acarreta é o perpétuo e sempre inconcluso projeto de *interpretação*. E é o hábito de abordar as obras de arte a fim de *interpretá*-las que, reciprocamente, sustenta a fantasia de que de fato exista algo que seja o conteúdo de uma obra de arte.

3

Claro que não me refiro à interpretação em seu sentido mais amplo, o sentido em que Nietzsche diz (corretamente): "Não existem fatos, apenas interpretações". Aqui, por interpretação, refiro-me a um ato mental consciente que utiliza determinado código, determinadas "regras" de interpretação.

Aplicada à arte, a interpretação significa retirar um conjunto de elementos (X, Y, Z, e assim por diante) da obra como um todo. A tarefa de interpretação é praticamente uma tarefa de tradução. O intérprete diz: Olhe, você não vê que X na realidade é — ou na realidade significa — A? Que Y na realidade é B? Que Z na realidade é C?

Que situação teria inspirado esse curioso projeto de transformar um texto? A história nos oferece os materiais para uma resposta. A interpretação aparece pela primeira vez na cultura do final da Antiguidade clássica, quando o poder e a credibilidade do mito tinham sido destruídos pela visão "realista" do mundo introduzida pelas luzes da ciência. Uma vez feita a pergunta que persegue a consciência pós-mítica — sobre a *propriedade* ou o *decoro* dos símbolos religiosos —, os textos antigos, em sua forma prístina, deixaram de ser aceitáveis. Então recorreu-se à interpretação, para reconciliar os textos antigos com as exigências "modernas". Assim, os estoicos, de acordo com sua ideia de que os deuses deviam ter moral, converteram em alegoria os traços grosseiros de Zeus e de seu clã turbulento nos épicos homéricos. Explicaram eles que o que Homero apontava com o adultério de Zeus com Leto era, na realidade, a união entre o poder e a sabedoria. Na mesma linha, Fílon de Alexandria interpretou as narrativas históricas literais da Bíblia hebraica como paradigmas espirituais. A história do êxodo do Egito, os quarenta anos vagando pelo deserto e a chegada à Terra Prometida, disse Fílon, era na realidade uma alegoria da emancipação, das tribulações e da libertação final da alma individual. Assim, a interpretação pressupõe uma discrepância entre o sentido claro do texto e as exigências dos leitores (posteriores). Ela procura solucionar essa discrepância. O caso é que, por alguma razão, um texto passa a ser inaceitável, mas não pode ser descartado. A interpretação é uma estratégia radical para conservar um texto antigo, considerado precioso demais para ser rejeitado, submetendo-o a uma reforma. O intérprete, sem apagá-lo ou reescrevê-lo de fato, altera o texto. Mas não pode admitir que é isso o que está fazendo. Ele alega que está apenas tornando o texto inteligível, ao revelar seu verdadeiro sentido. Por mais profundamente que alterem o texto (outro exemplo notório são as interpretações "espirituais" rabínicas e cristãs do Cântico dos Cânticos, claramente erótico), os intérpretes têm de alegar que estão lendo e desvendando um sentido que já está ali.

A interpretação em nossos tempos, porém, é ainda mais complexa. Pois o fervor contemporâneo pelo projeto de interpretação é, muitas vezes, despertado não pela devoção ao texto problemático (a qual pode ocultar uma agressão), mas por uma franca agressividade, um aberto desprezo pelas aparências. O velho estilo de interpretação era insistente, mas respeitoso; erigia outro sentido por sobre o sentido literal. O estilo moderno de interpretação escava e, ao escavar, destrói; ele cava "por baixo" do texto para encontrar um subtexto que é o verdadeiro. As doutrinas modernas mais importantes e celebradas, as de Marx e Freud, consistem de fato em elaborados sistemas de hermenêutica, em ímpias e agressivas teorias da interpretação. Todos os fenômenos observáveis são agrupados, na expressão de Freud, como *conteúdo manifesto*. Esse conteúdo manifesto precisa ser sondado e removido para encontrar o sentido verdadeiro — o *conteúdo latente* — por debaixo ou por detrás dele. Para Marx, acontecimentos sociais como revoluções e guerras; para Freud, acontecimentos da vida individual (como sintomas neuróticos e lapsos de fala) e também dos textos (como sonhos ou obras de arte) — todos eles são tratados como ocasiões de interpretação. Segundo Marx e Freud, esses acontecimentos apenas *parecem* ser inteligíveis. Na verdade, não têm sentido sem a interpretação. Entender é interpretar. E interpretar é reformular o fenômeno; é, com efeito, encontrar um equivalente para ele.

Assim, a interpretação (ao contrário do que muitos supõem) não é um valor absoluto, um gesto mental situado num campo atemporal de competências. A própria interpretação precisa ser avaliada dentro de uma visão histórica da consciência humana. Em alguns contextos culturais, a interpretação é um ato libertador. É um meio de rever, de transvalorar, de escapar ao passado morto. Em outros contextos culturais, é reacionária, insolente, covarde, sufocante.

4

Vivemos numa época assim, em que o projeto de interpretação é em larga medida reacionário e sufocante. Como a emissão de fumaça dos automóveis e da indústria pesada que polui a atmosfera urbana, hoje a proliferação de interpretações da arte envenena nossas sensibilidades. Numa cultura cujo dilema já clássico é a hipertrofia do intelecto em detrimento da energia e da capacidade sensual, a interpretação é a vingança do intelecto contra a arte.

Mais do que isso. É a vingança do intelecto contra o mundo. Interpretar é empobrecer, esvaziar o mundo — para erguer um mundo paralelo de "sentidos". É converter *o* mundo *neste* mundo. ("Este mundo"! Como se houvesse outro.)

O mundo, nosso mundo já está suficientemente esvaziado, empobrecido. Acabemos com todas as suas duplicatas, até voltarmos a vivenciar de maneira mais imediata o que temos.

5

Em muitos casos modernos, a interpretação consiste na recusa filistina de deixar a obra de arte em paz. A verdadeira arte tem a capacidade de nos enervar. Ao reduzir a obra de arte a seu conteúdo e então interpretá-*lo*, doma-se a obra de arte. A interpretação torna a arte dócil, submissa.

Esse filistinismo da interpretação é mais disseminado na literatura do que em qualquer outra arte. Faz décadas que os críticos creem que sua tarefa é traduzir os elementos do poema, da peça, do romance ou do conto em alguma outra coisa. Às vezes, um escritor fica tão desconfortável perante o poder puro e simples de sua arte, que instala dentro da própria obra — ainda que com certa timidez, com uma ponta de elegante ironia — a interpretação clara e explícita dela mesma. Um exemplo de autor tão cooperativo é Thomas Mann. No caso de autores mais obstinados, o crítico fica felicíssimo em cumprir a tarefa.

A obra de Kafka, por exemplo, tem sido submetida a uma violação em massa por nada menos que três batalhões de intérpretes. Os que leem Kafka como alegoria social veem estudos de caso das frustrações e da insanidade da burocracia moderna, a qual acaba por desembocar no Estado totalitário. Os que leem Kafka como alegoria psicanalítica veem revelações desesperadas de Kafka sobre seu medo diante do pai, suas angústias de castração, seu sentimento de impotência pessoal, sua sujeição aos próprios sonhos. Os que leem Kafka como alegoria religiosa explicam que K. em *O castelo* procura ter acesso ao céu, que Joseph K. em *O processo* está sendo julgado pela inexorável e misteriosa justiça divina… Outra obra que atrai intérpretes como sanguessugas é a de Samuel Beckett. Seus delicados dramas da consciência retraída — reduzida a seus elementos essenciais, dissociada, muitas vezes aparecendo fisicamente imobilizada — são lidos como declarações sobre a alienação do homem moderno, afastado do sentido ou de Deus, ou como alegoria da psicopatologia.

Proust, Joyce, Faulkner, Rilke, Lawrence, Gide… poderíamos citar uma infinidade de autores; é interminável a lista daqueles tomados por grossas camadas de incrustação interpretativa. Mas vale notar que a interpretação não é apenas o tributo que a mediocridade rende ao gênio. É, com efeito, a maneira moderna de entender alguma coisa e se aplica a todas as espécies de obras. Assim, as notas de Elia Kazan sobre sua direção de *Um bonde chamado desejo* deixam claro que, para filmar a peça, Kazan teve de descobrir que Stanley Kowalski representava a barbárie sensual e vingativa que vinha tomando conta de nossa cultura, ao passo que Blanche DuBois era a civilização ocidental, com sua poesia, roupas finas, luzes discretas, sentimentos refinados e tudo o mais, embora, claro, um pouco gasta pelo uso. O vigoroso melodrama psicológico de Tennessee Williams agora se fazia inteligível: era *sobre* alguma coisa, era sobre o declínio da civilização ocidental. Pelo visto, se continuasse a ser uma peça sobre um brucutu bonitão chamado Stanley Kowalski e uma beldade ranheta e fanada chamada Blanche DuBois, seria impossível lidar com ela.

6

Pouco importa se o artista quer ou não quer que sua obra seja interpretada. Talvez Tennessee Williams ache que *Um bonde* é mesmo sobre aquilo que Kazan acha que é. Vai que Cocteau, em *O sangue de um poeta* e *Orfeu*, quisesse mesmo as elaboradas leituras dadas a esses filmes, em termos de simbolismo freudiano e crítica social. Mas o mérito dessas obras certamente está em outro lugar que não em seus "sentidos". De fato, é na exata medida em que as peças de Williams e os filmes de Cocteau sugerem tais grandiosos sentidos que elas são falhas, falsas, forçadas, sem convicção.

Pelas entrevistas, vê-se que Resnais e Robbe-Grillet conceberam *O ano passado em Marienbad* com a intenção deliberada de que o filme abrigasse uma ampla variedade de interpretações igualmente plausíveis. Mas deveríamos resistir à tentação de interpretar *Marienbad*. O que importa em *Marienbad* é a imediaticidade pura, sensual, intraduzível de algumas imagens suas, bem com as soluções rigorosas, ainda que estreitas, de determinados problemas da forma cinematográfica.

Ingmar Bergman até podia pretender que o tanque que ronda ruidoso à noite pela rua vazia em *O silêncio* significasse um símbolo fálico. Mas, se pretendia mesmo, foi bobagem. ("Nunca confie no narrador, confie na narrativa", dizia Lawrence.) Tomado como objeto bruto, como equivalente sensorial imediato dos acontecimentos abruptos e misteriosos se passando dentro do hotel, essa sequência com o tanque é o momento mais impressionante do filme. Os que recorrem a uma interpretação freudiana do tanque apenas demonstram insensibilidade ao que está ali na tela.

O caso é que esse tipo de interpretação sempre indica uma insatisfação (consciente ou inconsciente) com a obra, um desejo de substituí-la por outra coisa.

A interpretação, baseada na teoria altamente duvidosa de que uma obra de arte é composta de elementos de conteúdo, violenta a arte. Converte a arte num artigo de uso, passível de inclusão em um esquema mental de categorias.

7

Nem sempre, claro, a interpretação prevalece. Com efeito, pode-se entender boa parte da arte atual como uma tentativa de fugir à interpretação. Para evitar a interpretação, a arte pode se tornar paródia. Ou pode se tornar abstrata. Ou pode se tornar ("meramente") decorativa. Ou pode se tornar não arte.

A fuga à interpretação parece ser uma característica, em especial, da pintura moderna. A pintura abstrata é a tentativa de não ter conteúdo, na acepção comum do termo; como não há conteúdo, não pode haver interpretação. A pop art usa os meios contrários para chegar ao mesmo resultado; ao apresentar um conteúdo tão evidente, tão "é isso", ela também acaba sendo ininterpretável.

Boa parte da poesia moderna, a começar pelas grandes experiências da poesia francesa (inclusive o movimento enganosamente chamado de simbolismo) de introduzir o silêncio nos poemas e reinstaurar a magia da palavra, também escapa às garras brutais da interpretação. A revolução mais recente no gosto contemporâneo em poesia — a revolução que depôs Eliot e alçou Pound — representa um afastamento do conteúdo na poesia na velha acepção, uma impaciência com aquilo que converteu a poesia moderna em presa da sanha dos intérpretes.

Falo sobretudo da situação nos Estados Unidos, claro. A interpretação aqui grassa desenfreadamente entre aquelas artes que não contam com uma vanguarda sólida e significativa: a literatura e o teatro. A maioria dos romancistas e dramaturgos americanos é formada, na verdade, por jornalistas ou por doutos sociólogos e psicólogos. Estão escrevendo o equivalente literário da música de acompanhamento. E a noção do que se pode fazer com a *forma* na literatura e no teatro é tão rudimentar, tão tacanha, tão apática que o conteúdo, mesmo quando não é mera notícia e informação, ainda se mantém especialmente visível, mais exposto, mais acessível. Na medida em que os romances e as peças (nos Estados Unidos), ao contrário da poesia, da pintura e da música, não refletem nenhum interesse instigante por mudanças na forma, essas artes continuam propícias aos ataques da interpretação.

Mas o vanguardismo programático — que consiste basicamente em experiências com a forma em detrimento do conteúdo — não é a única defesa contra a infestação interpretativa na arte. Pelo menos é o que eu espero. Pois, do contrário, seria condenar a arte a se manter em fuga constante. (E perpetuaria a própria distinção entre forma e conteúdo, que, em última análise, não passa de uma ilusão.) Em princípio, é possível escapar aos intérpretes de outra maneira, fazendo obras de arte de superfície tão límpida e unificada, de impulso tão rápido, de atitude tão direta que a obra pode ser... apenas o que é. Isso é possível hoje em dia? Acontece em filmes, creio eu. É por isso que o cinema é, entre todas as formas de arte, a mais viva, a mais empolgante, a mais importante no presente. Talvez o critério para avaliar a vitalidade de determinada forma de arte seja o espaço que ela concede a erros, e mesmo assim continuar boa. Por exemplo, alguns filmes de Bergman — embora cheios de mensagens capengas sobre o espírito moderno, portanto convidando à interpretação — ainda assim triunfam sobre as intenções pretensiosas do diretor. Em *Luz de inverno* e *O silêncio*, a beleza e a sofisticação visual das imagens subvertem diante de nossos olhos a tosca pseudointelectualidade da trama e de alguns diálogos. (O exemplo mais notável desse tipo de discrepância é a obra de D. W. Griffith.) Nos bons filmes, sempre há um tom direto que nos liberta inteiramente da coceira interpretativa. Muitos filmes hollywoodianos antigos, como os de Cukor, Walsh, Hawks e inúmeros outros diretores, têm essa libertadora qualidade antissimbólica, tanto quanto os melhores trabalhos dos novos diretores europeus, como *Atirem no pianista* e *Jules e Jim*, de Truffaut; *Acossado* e *Viver a vida*, de Godard; *A aventura*, de Antonioni; e *Os noivos*, de Olmi.

Se os filmes não têm sido tomados de tropel pelos intérpretes, é, em parte, simplesmente porque o cinema como arte é algo novo. E para isso também contribui o feliz acaso de que os filmes foram por muito tempo apenas filmes; em outras palavras, eram vistos como parte da cultura de massa, em oposição à alta cultura, e a maioria dos intelectualizados não se importava com eles, deixando-os em paz. E, de mais a mais, para os que querem analisar, o cinema sempre tem, afora o conteúdo, alguma ponta por onde se pegar. Pois o cinema, ao contrário do romance, dispõe de todo um vocabulário formal — a tecnologia explícita, complexa e discutível dos movimentos de câmera, edição e montagem que faz parte da realização de um filme.

8

Que tipo de crítica, de comentário sobre as artes, é desejável hoje em dia? Pois não estou dizendo que as obras de arte são inefáveis, que não podem ser descritas ou parafraseadas. Podem. A questão é como. Como seria a crítica que serve à obra de arte, sem usurpar seu lugar?

O necessário é, antes de tudo, dar mais atenção à forma na arte. Se a ênfase excessiva no *conteúdo* gera a arrogância interpretativa, as descrições mais extensas e completas da *forma* se calam. O necessário é um vocabulário — descritivo, não prescritivo — de formas.* A melhor espécie de crítica, e ela é rara, é aquela que dissolve as considerações sobre o conteúdo nas considerações sobre a forma. Sobre o filme, o teatro e a pintura, respectivamente, penso no ensaio de Erwin Panofsky "Estilo e meio no filme", no ensaio de Northrop Frye "A Conspectus of Dramatic Genres" , e no ensaio de Pierre Francastel "Destruição de um espaço plástico". O livro *Sobre Racine* de Roland Barthes e seus dois ensaios sobre Robbe-Grillet são exemplos de análise formal aplicada à obra de um só autor. (Os melhores ensaios em *Mimesis*, de Erich Auerbach, como "A cicatriz de Ulisses", também são desse tipo.) Um exemplo de análise formal aplicada simultaneamente ao gênero e ao autor

---

* Um dos problemas é que nossa ideia de forma é espacial (as metáforas gregas para a forma são, todas elas, derivadas de noções de espaço). É por isso que temos um vocabulário de formas mais preparado para as artes espaciais do que para as artes temporais. A exceção entre as artes temporais é, claro, o teatro; talvez isso ocorra porque a peça de teatro é uma forma narrativa (i.e., temporal) que se desenrola visual e pictoricamente num palco... O que ainda não temos é uma poética do romance, nenhuma noção clara das formas de narração. Talvez a crítica cinematográfica venha a permitir um avanço nesse aspecto, visto que os filmes são, primariamente, uma forma visual, embora também sejam uma subdivisão da literatura.

é o ensaio de Walter Benjamin "O narrador: Considerações sobre a obra de Nikolai Leskov".

Também seriam igualmente valiosos os textos críticos que fornecessem uma descrição realmente precisa, arguta e amorosa sobre o surgimento de uma obra de arte. Isso parece ainda mais difícil de fazer do que uma análise formal. Entre os raros exemplos do que quero dizer, estão algumas críticas de filmes de Manny Farber, o ensaio "The Dickens World: A View from Todgers", de Dorothy Van Ghent, e o ensaio de Randall Jarrell sobre Walt Whitman. São ensaios que revelam a superfície sensual da arte sem se perder nela.

9

A *transparência* é o valor mais alto e mais libertador na arte — e na crítica — de hoje. Transparência significa sentir a luminosidade da coisa em si, das coisas sendo o que são. Tal é a grandeza, por exemplo, dos filmes de Bresson e Ozu e de *A regra do jogo*, de Renoir.

Em algum momento do passado (digamos, para Dante), devia ser um grande passo criativo e revolucionário conceber obras de arte que pudessem ser vivenciadas em vários níveis. Agora não é mais. Apenas reforça o princípio da redundância, que é a principal desgraça da vida moderna.

Em algum momento do passado (numa época em que a grande arte era escassa), devia ser um passo criativo e revolucionário interpretar obras de arte. Agora não é mais. Se há algo decididamente desnecessário hoje em dia, é incorporar a Arte ao Pensamento ou (pior ainda) a Arte à Cultura.

A interpretação dá por assente a experiência sensorial da obra de arte, e parte daí. Hoje ela não pode ser dada por assente.

Pense-se na imensa quantidade de obras de arte disponíveis a cada um de nós, que se soma à imensa quantidade de gostos, cheiros e imagens conflitantes no ambiente urbano que bombardeiam nossos sentidos. Nossa cultura se baseia no excesso, na superprodução; o resultado é uma perda constante no grau de agudeza de nossa experiência sensorial. Todas as condições da vida moderna — sua abundância material, seu puro e simples abarrotamento — se somam para embotar nossas faculdades sensoriais. E é à luz da condição de nossos sentidos, de nossas capacidades (e não da de outra época), que se deve avaliar a tarefa do crítico.

O importante agora é recuperar nossos sentidos. Precisamos aprender a *ver* mais, a *ouvir* mais, a *sentir* mais.

Nossa tarefa não é descobrir o máximo de conteúdo numa obra de arte, muito menos extrair da obra mais conteúdo do que já está ali. Nossa tarefa é reduzir o conteúdo, para podermos ver a coisa.

O objetivo de todos os comentários sobre a arte deve ser, hoje, o de tornar as obras de arte — e, por analogia, nossa própria experiência — mais, e não menos, reais para nós. A função da crítica deve ser a de mostrar *como ela é o que é*, e mesmo *é isso o que ela é*, e não *o que ela significa*.

10

Em vez de uma hermenêutica, precisamos de uma erótica da arte.

(1964)

Sobre o estilo

Hoje em dia, seria difícil encontrar algum crítico literário respeitável que gostasse de ser flagrado defendendo como *ideia* a velha antítese entre estilo e conteúdo. Prevalece nessa questão um consenso virtuoso. Todo mundo se apressa em reconhecer que estilo e conteúdo são indissociáveis, que o estilo vigorosamente pessoal de cada escritor importante é parte orgânica de sua obra, e nunca algo meramente "decorativo".

Na *prática* da crítica, porém, a velha antítese persiste, quase intocada. Os mesmos críticos que rejeitam de passagem a noção de que o estilo é um acessório do conteúdo mantêm a dualidade, em sua maioria, sempre que se dedicam a obras literárias específicas. Afinal, não é fácil se desvencilhar de uma distinção que, em termos práticos, sustenta a estrutura do discurso crítico e serve para perpetuar certos objetivos e interesses intelectuais que se mantêm incontestados, e aos quais seria difícil renunciar sem ter à mão um substituto operacional já pronto.

Com efeito, é extremamente difícil falar sobre o estilo de determinado romance ou poema como "estilo" sem dar a impressão, queira-se ou não, de que o estilo é meramente decorativo, acessório. Pelo simples fato de empregar o termo, a pessoa se vê quase obrigada a invocar, ainda que de maneira implícita, uma antítese entre estilo e alguma outra coisa. Muitos críticos parecem não entender isso. Julgam-se suficientemente protegidos pela rejeição teórica da vulgar filtragem do conteúdo, retirando-lhe o estilo, enquanto suas avaliações continuam a reforçar precisamente aquilo que, na teoria, se empenham em negar.

Uma das maneiras como persiste a velha dualidade na prática da crítica, nas avaliações concretas, é a frequência com que obras de arte muito admiráveis são tidas como boas, ao mesmo tempo que aquilo que é erroneamente chamado de estilo delas é tido como tosco ou desleixado. Outra maneira é a frequência com que um estilo muito complexo é visto com uma ambivalência quase indisfarçada. Escritores e outros artistas contemporâneos com estilo intricado, hermético, difícil — para não dizer "belo" — ganham sua dose de elogios irrestritos. No entanto, é claro que, muitas vezes, se sente esse estilo como uma forma de insinceridade: prova de que o artista invadiu e se impôs a seus materiais, que deveriam poder se apresentar em sua pureza.

Whitman, no prefácio à edição de 1855 de *Folhas de relva*, declara sua rejeição ao "estilo", o que, na maioria das artes desde o século passado, é um expediente usual para anunciar um novo vocabulário estilístico. "O maior poeta é o canal livre de si mesmo, mais do que possuidor de um estilo marcado", declara aquele grande e afetadíssimo poeta. "Ele diz à sua arte: Não serei intrometido, não terei na escrita nenhuma elegância, efeito ou originalidade que seja uma cortina entre mim e o resto. Não colocarei nada de entremeio, nem a mais rica cortina. O que conto, conto exatamente como é."

É claro, como todo mundo sabe ou diz saber, que não existe estilo neutro, totalmente transparente. Sartre, em sua excelente resenha de O estrangeiro, mostrou como a celebrada "escrita branca" do romance de Camus — impessoal, expositiva, clara, rasa — é, ela mesma, veículo da imagem do mundo (feito de momentos absurdos, fortuitos) de Meursault. O que Roland Barthes chama de "grau zero da escritura", precisamente por ser antimetafórico e desumanizado, é tão seletivo e artificial quanto qualquer estilo de escrita tradicional. Apesar disso, a ideia de uma arte transparente, sem estilo, é uma das fantasias mais persistentes da cultura moderna. Artistas e críticos fingem acreditar que eliminar o artifício da arte é tão impossível quanto uma pessoa perder sua personalidade. No entanto, a aspiração se mantém — numa discrepância permanente em relação à arte moderna, com sua rapidez vertiginosa nas mudanças de estilo.

Falar do estilo é uma maneira de falar sobre a totalidade de uma obra de arte. Como todos os discursos sobre totalidades, para falar do estilo é preciso se amparar em metáforas. E as metáforas enganam.

Tome-se, por exemplo, a metáfora concretíssima de Whitman. Ao comparar o estilo a uma cortina, ele certamente confundiu estilo com decoração e logo seria censurado por inúmeros críticos por causa disso. Conceber o estilo como um acréscimo decorativo por cima do assunto da obra sugere que se poderia abrir a cortina e o assunto se revelaria; ou, alterando levemente a metáfora, que a cortina poderia se tornar transparente. Mas essa não é a única implicação errônea da metáfora. O que a metáfora também sugere é que estilo é uma questão de mais ou menos (quantidade), de espessura ou tenuidade (densidade). E isso é tão equivocado, embora de maneira menos óbvia, quanto a ilusão de que um artista dispõe de uma autêntica escolha entre ter e não ter um estilo. O estilo não é quantitativo, como tampouco é um acréscimo que vai se somando. Uma convenção estilística complexa — digamos, afastando ainda mais a prosa da dicção e das cadências da linguagem coloquial — não significa que a obra tem "mais" estilo.

Na verdade, em termos práticos, todas as metáforas para o estilo consistem em pôr o tema no lado interno e o estilo no lado externo. Caberia melhor inverter a metáfora. O assunto, o tema, está no exterior; o estilo está no interior. Como escreve Cocteau: "O estilo decorativo nunca existiu e, infelizmente, para nós a alma assume a forma do corpo". Mesmo que se definisse o estilo como a maneira como aparecemos, isso de modo algum acarretaria necessariamente uma oposição entre o estilo adotado e o "verdadeiro" ser da pessoa. De fato, essa dissociação é extremamente rara. Em quase todos os casos, nossa maneira de aparecer é nossa maneira de ser. A máscara é o rosto.

Devo esclarecer, porém, que o que estou dizendo sobre metáforas arriscadas não exclui o uso de metáforas limitadas e concretas para descrever o impacto de determinado estilo. Parece inofensivo dizer que um estilo, empregando a crua terminologia usada para transmitir sensações físicas, é "estridente", "pesado", "opaco", "insosso" ou, empregando a imagem de um argumento, "inconsistente".

A antipatia pelo "estilo" é sempre uma antipatia por um certo estilo. Não existem obras de arte sem estilo, apenas obras de artes pertencentes a diversas tradições e convenções estilísticas de maior ou menor complexidade.

Isso significa que a noção de estilo, tomado genericamente, tem um sentido histórico e específico. Não se trata apenas de que o estilo pertence a um tempo e a um lugar, e que nossa percepção do estilo de determinada obra de arte vem sempre carregada de uma consciência da historicidade da obra, de seu lugar numa cronologia. E mais: a visibilidade dos estilos é, ela própria, um produto da consciência histórica. Se não fossem os desvios ou as experimentações com as normas artísticas prévias que nos são conhecidas, nunca reconheceríamos o perfil de um novo estilo. E mais ainda: a própria noção de "estilo" precisa ser abordada historicamente. A consciência do estilo como elemento problemático e isolável numa obra de arte surgiu para o público da arte apenas em certos momentos históricos — como uma fachada por trás da qual se debatem outras questões, em última análise éticas e políticas. A ideia de "ter um estilo" é uma das soluções que surgem intermitentemente, desde a Renascença, para as crises que ameaçam as velhas ideias de verdade, de integridade moral e também de naturalidade.

Mas suponhamos que se admita tudo isso. Que toda representação vem encarnada num determinado estilo (fácil de dizer). Que então o realismo, estritamente falando, não existe, a não ser como, ele próprio, uma convenção estilística específica (um pouco mais difícil). Apesar disso, há estilos e estilos. Todo mundo conhece movimentos na arte — dois exemplos: a pintura maneirista do final do século XVI e começo do século XVII; o art nouveau na pintura, arquitetura, mobiliário e objetos domésticos — que não se limitam simplesmente a ter "um estilo". Artistas como Parmigianino, Pontormo, Rosso, Bronzino, como Gaudí, Guimard, Beardsley e Tiffany cultivam o estilo de uma ou outra maneira bastante óbvia. Parecem preocupados com questões estilísticas e, de fato, parecem colocar a ênfase menos no que estão dizendo e mais na maneira de dizer.

Para lidar com esse tipo de arte — a qual parece exigir essa própria distinção que, insisto, deve ser abandonada —, faz-se necessário um termo como "estilização" ou um seu equivalente. "Estilização" é o que está presente numa obra de arte precisamente quando o artista faz a distinção, que não é de modo algum inevitável, entre matéria e maneira, tema e forma. Quando isso acontece, quando estilo e tema se revelam tão diferenciados, isto é, lançados um contra o outro, pode-se legitimamente falar em assuntos tratados (ou maltratados) em determinado estilo. O mau trato criativo é o mais frequente, pois, quando o material da arte é concebido como "tema", também se supõe que é possível esgotá-lo. E como se imagina que os temas podem ir longe nesse processo para se esgotarem, tornam-se objeto de estilizações e mais estilizações.

Comparem-se, por exemplo, alguns filmes mudos de Sternberg (*Em busca da salvação*, *Paixão e sangue*, *As docas de Nova York*) aos seis filmes americanos que ele fez nos anos 1930 com Marlene Dietrich. Os melhores filmes iniciais de Sternberg têm traços estilísticos bem marcados, uma superfície estética muito sofisticada. Mas a narrativa do marinheiro e da prostituta em *As docas de Nova York* não nos desperta a mesma impressão que temos com as aventuras do personagem de Dietrich em *A vênus loura* ou em *A imperatriz galante*, qual seja, a de que é um exercício de estilo. O que molda esses filmes posteriores de Sternberg é uma atitude irônica diante do tema (o amor romântico, a *femme fatale*), um juízo de que o tema só é interessante na medida em que é transformado pelo exagero, em suma, é estilizado... A pintura cubista ou a escultura de Giacometti não seriam exemplos de "estilização" enquanto algo distinto do "estilo" em arte; por maiores que sejam as distorções do rosto e do corpo humano, elas não estão ali presentes com a finalidade de tornar o rosto e o corpo *interessantes*. Já as pinturas de Crivelli e de Georges de La Tour exemplificam o que quero dizer.

A "estilização" numa obra de arte, enquanto algo distinto do estilo, reflete uma ambivalência (a afeição desmentida pelo desprezo, a obsessão desmentida pela ironia) diante do tema. Lida-se com essa ambivalência mantendo-se, por meio da camada retórica que é a estilização, uma distância toda própria em relação ao tema. Mas o resultado habitual é que ou a obra de arte fica excessivamente estreita e repetitiva, ou as diversas partes parecem soltas, dissociadas. (Um bom exemplo deste último caso é a relação entre o desfecho visualmente magnífico de *A dama de Xangai*, de Orson Welles, e o restante do filme.) Sem dúvida, numa cultura votada à utilidade (sobretudo à utilidade moral) da arte, curvada sob o peso da inútil necessidade de proteger a arte solene das artes de entretenimento, as excentricidades da arte estilizada oferecem uma satisfação válida e valiosa. Descrevi essas satisfações em outro ensaio, sob o nome de gosto *camp*. Em todo caso, é evidente que a arte estilizada, que é palpavelmente uma arte do excesso, faltando-lhe harmonia, nunca pode ser da mais alta espécie.

O que persegue todos os usos contemporâneos da noção de estilo é a suposta oposição entre forma e conteúdo. Como exorcizar a sensação de que o "estilo", que opera como a noção de forma, subverte o conteúdo? Uma coisa parece certa. Nenhuma defesa da relação orgânica entre estilo e conteúdo será de fato convincente — nem levará os críticos que fazem tal defesa a remodelar seu discurso específico — enquanto não se colocar a noção de conteúdo no devido lugar.

Muitos críticos concordariam que uma obra de arte não "contém" um tanto de conteúdo (ou função — como no caso da arquitetura) embelezado pelo "estilo". Mas poucos atentam para as consequências positivas daquilo com que parecem ter concordado. O que é o "conteúdo"? Ou, mais precisamente, o que sobra da noção de conteúdo depois de superarmos a antítese entre estilo (ou forma) e conteúdo? Parte da resposta é que ter conteúdo já é uma convenção estilística bastante específica. A grande tarefa que permanece para a teoria crítica é examinar em detalhes a função formal do tema.

Enquanto essa função não for reconhecida e devidamente explorada, é inevitável que os críticos continuem a tratar as obras de arte como "declarações". (Não tanto, claro, naquelas artes que são abstratas ou se tornaram em larga medida abstratas, como a música, a pintura e a dança. Nessas artes, os críticos não resolveram o problema: ele lhes foi retirado.) Sim, é claro que uma obra de arte *pode* ser considerada uma declaração, isto é, como resposta a uma pergunta. No nível mais elementar, o retrato do duque de Wellington feito por Goya pode ser examinado como resposta à pergunta: qual era a aparência física de Wellington? *Anna Kariênina* pode ser tratado como uma investigação dos problemas do amor, do casamento e do adultério. Embora a questão da adequação da representação artística à vida tenha sido em grande parte abandonada, por exemplo, na pintura, essa adequação ainda constitui um poderoso critério de julgamento em inúmeras avaliações de romances, peças e filmes sérios. Na teoria crítica, a noção é bem antiga. Pelo menos desde Diderot, a principal tradição da crítica em todas as artes, recorrendo a critérios tão visivelmente díspares quanto a verossimilhança e a integridade moral, de fato trata a obra de arte como *uma declaração feita sob a forma de uma obra de arte*.

Tratar as obras de arte dessa maneira não é de todo descabido. Mas, sem dúvida, é dar um uso à arte — para finalidades tais como examinar a história das ideias, diagnosticar a cultura contemporânea ou criar solidariedade social. Esse tratamento pouco tem a ver com o que realmente acontece quando uma pessoa com certa formação e sensibilidade estética olha uma obra de arte de maneira apropriada. Uma obra de arte vista como obra de arte é uma experiência, não uma declaração nem uma resposta a uma pergunta. Uma obra de arte é uma coisa *no* mundo, não apenas um texto ou comentário *sobre* o mundo.

Não estou dizendo que uma obra de arte cria um mundo que é inteiramente autorreferente. É claro que as obras de arte (com a importante exceção da música) se referem ao mundo real — ao nosso conhecimento, à nossa experiência, aos nossos valores. Apresentam informações e avaliações. Mas seu traço característico é que geram não um conhecimento conceitual (que é o traço característico do conhecimento discursivo ou científico — p. ex., filosofia, sociologia, psicologia, história), mas algo como um entusiasmo, um fenômeno de envolvimento, de julgamento num estado de sujeição ou fascínio. Isso significa que o conhecimento que obtemos por meio da arte é uma experiência da forma ou estilo de conhecer alguma coisa, e não um conhecimento de alguma coisa (como um fato ou um juízo moral) em si mesma.

Isso explica o predomínio do valor da expressividade nas obras de arte, e como o valor da expressividade — isto é, do estilo — ganha, corretamente, precedência sobre o conteúdo (quando o conteúdo é, falsamente, isolado do estilo). As satisfações de *Paraíso perdido* para nós não residem em suas ideias de Deus e do homem, mas nas espécies superiores de energia, vitalidade, expressividade que estão encarnadas no poema.

Disso decorre também a peculiar dependência de uma obra de arte, por expressiva que seja, da cooperação da pessoa que está tendo a experiência, pois pode ocorrer que ela veja o que é "dito", mas não se sinta tocada, seja por distração ou obtusidade. A arte é sedução, não estupro. Uma obra de arte propõe um tipo de experiência destinado a manifestar uma qualidade imperiosa. Mas a arte não pode seduzir sem a cumplicidade do sujeito da experiência.

Inevitavelmente, os críticos que consideram as obras de arte como declarações serão cautelosos com o "estilo", mesmo quando louvam da boca para fora a "imaginação". De todo modo, a única coisa que a imaginação realmente significa para eles é a transposição suprassensível da "realidade". É nessa "realidade" capturada pela obra de arte que eles continuam a se concentrar, e não na capacidade da obra de arte de envolver a mente em certas transformações.

Mas, quando a metáfora da obra de arte como declaração perde sua autoridade, a ambivalência perante o "estilo" deveria desaparecer, pois essa ambivalência reflete a suposta tensão entre a declaração e a maneira como ela é declarada.

Mas, enfim, não é possível modificar as atitudes em relação ao estilo simplesmente apelando à maneira "apropriada" (em oposição à utilitária) de olhar as obras de arte. A ambivalência em relação ao estilo não se radica no simples erro — nesse caso, seria muito fácil erradicá-la —, e sim numa paixão, a paixão de toda uma cultura. Essa paixão consiste em proteger e defender valores tradicionalmente concebidos como "externos" à arte, ou seja, a verdade e a moralidade, mas que correm um risco constante de serem comprometidos por ela. Por trás da ambivalência em relação ao estilo está, em última instância, a histórica confusão ocidental sobre a relação entre a arte e a moral, entre a estética e a ética.

Pois o problema da arte versus moral é um pseudoproblema. A própria distinção em si é uma armadilha; sua prolongada plausibilidade se baseia no questionamento não da ética, mas da estética somente. A mera argumentação em tais bases, procurando defender a autonomia da estética (e eu mesma tenho feito isso, um tanto incomodada), já é conceder algo que não se deveria conceder — ou seja, que existem dois tipos independentes de reação, a estética e a ética, que disputam nossa lealdade quando passamos pela experiência de uma obra de arte. Como se, durante a experiência, tivéssemos mesmo de escolher entre, de um lado, uma conduta responsável e humanitária e, de outro, a prazerosa estimulação da consciência!

Claro que nunca temos uma reação puramente estética às obras de arte — nem a uma peça ou a um romance que mostrem seres humanos entre escolhas e ações, nem, embora seja menos óbvio, a uma pintura de Jackson Pollock ou a um vaso grego. (Ruskin escreveu com agudeza sobre os aspectos morais das propriedades formais da pintura.) Mas tampouco seria apropriado termos uma reação moral a algo numa obra de arte no mesmo sentido em que reagimos a uma ação na vida real. Sem dúvida nenhuma, eu ficaria indignada se um conhecido meu matasse a esposa e se safasse do crime (psicologicamente, juridicamente), mas é pouco provável que eu fique indignada, como tantos críticos parecem ficar, quando o protagonista de *Um sonho americano*, de Norman Mailer, assassina a esposa e sai impune. Divina, Mignon e outros em *Nossa Senhora das Flores*, de Genet, não são pessoas reais que precisamos decidir se convidaremos à nossa casa; são figuras numa paisagem imaginária. Esse aspecto pode parecer óbvio, mas, por causa do predomínio de juízos cavalheiresco-moralistas na literatura (e no cinema) atual, vale a pena repetir muitas vezes.

Para muitas pessoas, como apontou Ortega y Gasset em *A desumanização da arte*, o prazer estético é um estado mental que não se distingue essencialmente de outras reações comuns delas. Entendem a arte como um meio pelo qual elas entram em contato com questões humanas interessantes. Quando se alegram ou se entristecem com os destinos humanos numa peça, num filme ou num romance, não é muito diferente de se alegrarem ou se entristecerem com esses eventos na vida real — exceto que o contato com destinos humanos na arte é menos ambivalente, é relativamente desinteressado e isento de consequências penosas. A experiência, em certa medida, também é mais intensa; pois quando se experimenta vicariamente o sofrimento ou o prazer, as pessoas podem se permitir uma sofreguidão. Mas, como diz Ortega, "uma preocupação com o conteúdo humano da obra [de arte] é, em princípio, incompatível com o juízo estético".*

Ortega está totalmente certo, em minha opinião. Mas eu não gostaria de deixar o tema no ponto em que ele deixa, isolando tacitamente a estética da reação moral. A arte está ligada à moral, diria eu. Uma das maneiras como se dá essa ligação é que a arte pode proporcionar um *prazer* moral; mas o prazer moral próprio da arte não é o prazer de aprovar ou desaprovar tal ou qual ação. O prazer moral na arte, bem como o serviço moral que a arte realiza, consiste na gratificação inteligente da consciência.

---

* Ortega prossegue: "Do mesmo modo, quem procura na arte comover-se com os destinos de João e Maria ou de Tristão e Isolda e adapta a eles sua percepção espiritual não verá a obra de arte. A desgraça de Tristão só é tal desgraça e, portanto, só poderá comover na medida em que for tomada como realidade. Mas o caso é que o objeto artístico só é artístico na medida em que não é real... Pois bem, a maioria das pessoas é incapaz de adaptar sua atenção ao vidro e à transparência que é a obra de arte; em vez disso, passa por ela sem se deter e vai se revolver apaixonadamente na realidade humana a que a obra alude... Durante o século XIX, os artistas procederam de maneira demasiado impura. Reduziam os elementos estritamente estéticos a um mínimo e faziam com que a obra consistisse quase inteiramente na ficção de realidades humanas... Produtos dessa natureza [do romantismo e do naturalismo] são obras de arte ou objetos artísticos apenas em parte... Entende-se assim por que a arte do século XIX foi tão popular... não é arte, mas extrato de vida".

* * *

"Moral" significa um tipo habitual ou crônico de comportamento (incluindo sentimentos e ações). A moral é um código de ações, de juízos e sentimentos por meio do qual reforçamos nossos hábitos de agir de determinada maneira e que prescreve um padrão de conduta para nos comportarmos ou tentarmos nos comportar em relação aos outros seres humanos (isto é, a todos que são reconhecidos como humanos) como se fôssemos inspirados pelo amor. Desnecessário dizer que o amor é algo que, na verdade, sentimos apenas por alguns seres humanos, entre os que conhecemos na realidade e na imaginação... A moral é uma *forma* de agir, e não um repertório particular de escolhas.

Se assim se entende a moral — como uma das realizações da vontade humana, ditando a si mesma um modo de agir e de estar no mundo —, fica claro que não existe nenhum antagonismo genérico entre a forma de consciência voltada para a ação, que é a moral, e a alimentação da consciência, que é a experiência estética. Somente quando as obras de arte são reduzidas a declarações apresentando um conteúdo específico e quando a moral é identificada com uma moral particular (e toda moral particular tem sua escória, aqueles elementos que não passam de uma defesa de valores de classe e interesses sociais limitados) — somente então se pode fazer uma plena distinção entre estética e ética.

Mas, se entendemos a moral no singular, como uma decisão genérica da consciência, então, nesse caso, evidencia-se que nossa reação à arte é "moral" na medida em que, justamente, vivifica nossa sensibilidade e consciência. Pois é a sensibilidade que alimenta nossa capacidade de escolha moral e aciona nossa prontidão em agir — supondo-se que de fato fazemos escolhas, o que é um pré-requisito para se qualificar uma ação de moral, e não apenas obedecemos de maneira cega e irrefletida. A arte cumpre essa tarefa "moral" porque as qualidades que são intrínsecas à experiência estética (atitude desinteressada, contemplação, atenção, despertar dos sentimentos) e ao objeto estético (encanto, inteligência, expressividade, energia, sensualidade) também são constituintes fundamentais de uma reação moral à vida.

Na arte, o "conteúdo" é, por assim dizer, o pretexto, o objetivo, o chamariz que leva a consciência a se engajar em processos essencialmente *formais* de transformação.

É assim que podemos apreciar de boa-fé obras de arte que, consideradas em termos de "conteúdo", nos parecem moralmente censuráveis. (Há uma dificuldade da mesma ordem na apreciação de obras de arte como *A divina comédia*, cujas premissas são intelectualmente alheias a nós.) Qualificar *O triunfo da vontade* e *As Olimpíadas* de Leni Riefenstahl como obras-primas não é maquiar a propaganda nazista com uma leniência estética. A propaganda nazista está ali. Mas também há ali algo mais que, se rejeitarmos, será em detrimento nosso. Por projetarem os movimentos complexos da inteligência, do encanto e da sensualidade, esses dois filmes de Riefenstahl (únicos entre as obras de artistas nazistas) transcendem as categorias da propaganda ou mesmo da reportagem. Encontramo-nos — com certo desconforto, claro — vendo "Hitler" e não Hitler, as "Olimpíadas de 1936" e não as Olimpíadas de 1936. Pelo gênio de Riefenstahl como cineasta, o "conteúdo" veio — suponhamos que até à revelia de suas intenções — a desempenhar um papel puramente formal.

Uma obra de arte, na medida em que é obra de arte, não pode — quaisquer que sejam as intenções pessoais do artista — defender coisa alguma. Os maiores artistas atingem uma neutralidade sublime. Pense-se em Homero e Shakespeare, que gerações e gerações de estudiosos e críticos têm escavado em vão para deles extrair "visões" sobre a natureza humana, a moral e a sociedade.

Tome-se, uma vez mais, o caso de Genet — embora aqui haja uma prova adicional em favor do que estou tentando dizer, pois as intenções do artista são conhecidas. Pode parecer que Genet, em seus textos, nos pede que aprovemos a crueldade, a traição, a licenciosidade e o assassinato. Mas, na medida em que está fazendo uma obra de arte, Genet não está defendendo absolutamente nada. Está registrando, digerindo, transfigurando sua experiência. Nos livros de Genet, aliás, o tema explícito é esse próprio processo em si; seus livros são não só obras de arte, mas também obras sobre a arte. Mas, mesmo quando (como em geral é o caso) esse processo não ocupa o primeiro plano na demonstração do artista, ainda é a ele, a esse processamento da experiência, que devemos nossa atenção. É secundário que os personagens de Genet possam nos despertar repulsa na vida real. O mesmo se dá com muitos dos personagens de *Rei Lear*. O interesse de Genet reside na maneira como seu "tema" é aniquilado pela serenidade e inteligência de sua imaginação.

A aprovação ou desaprovação moral do que "diz" uma obra de arte é algo tão extrínseco quanto a excitação sexual com uma obra de arte. (Ambas, claro, são muito habituais.) E as razões levantadas contra a adequação e pertinência de uma se aplicam igualmente à outra. De fato, essa noção de aniquilação do tema fornece, talvez, o único critério sério para distinguir livros, filmes ou quadros eróticos que são arte daqueles que temos de chamar (por falta de termo melhor) de pornografia. A pornografia tem um "conteúdo" e seu objetivo é nos conectar (com repugnância, com desejo) a esse conteúdo. É um sucedâneo da vida. Mas a arte não excita; ou, se excita, a excitação é aplacada, dentro dos termos da experiência estética. Toda grande arte leva à contemplação, a uma contemplação dinâmica. Por mais que o leitor, ouvinte ou espectador se excite com uma identificação provisória entre o que há na obra de arte e a vida real, sua reação última — desde que esteja reagindo à obra como obra de arte — será distanciada, serena, contemplativa, emocionalmente livre, para além da indignação e da aprovação. É interessante que Genet tenha exposto recentemente sua ideia atual de que, se seus livros despertam desejo sexual nos leitores, "estão mal escritos, porque a emoção poética deve ser tão forte que nenhum leitor se excite sexualmente. Não repudio meus livros se são pornográficos. Digo apenas que me faltou encanto".

Uma obra de arte pode conter as mais variadas informações e instruir sobre atitudes novas (e às vezes louváveis). Podemos aprender coisas sobre a teologia medieval e a história florentina com Dante; podemos ter nossa primeira experiência de ardente melancolia com Chopin; podemos nos convencer da barbárie da guerra com Goya e da desumanidade da pena capital com *Uma tragédia americana*. Mas, se lidamos com essas obras como obras de arte, o prazer que proporcionam é de outra ordem. É uma experiência das qualidades ou formas da consciência humana.

A objeção de que essa abordagem reduz a arte a mero "formalismo" não se sustenta. (Essa palavra deveria ficar reservada para aquelas obras de arte que perpetuam mecanicamente fórmulas estéticas esgotadas ou ultrapassadas.) Uma abordagem que considera as obras de arte modelos vivos e autônomos da consciência só despertará objeções enquanto nos recusarmos a abrir mão da distinção superficial entre forma e conteúdo. Pois uma obra de arte não tem conteúdo no mesmo sentido em que o mundo não tem conteúdo. Ambos existem. Não precisam de nenhuma justificativa nem poderiam tê-la.

A hipertrofia do estilo, por exemplo, na pintura maneirista e no art nouveau, é uma forma enfática de ter uma experiência do mundo como fenômeno estético. Mas é uma forma enfática muito específica, que surge em reação a um estilo opressivamente dogmático de realismo. Todo estilo — isto é, toda arte — proclama isso. E o mundo, em última análise, é um fenômeno estético.

Ou seja, o mundo (tudo o que existe) não pode, em última instância, ser justificado. A justificação é uma operação mental que só pode ser realizada quando consideramos uma parte do mundo em relação a outra — não quando consideramos tudo o que existe.

A obra de arte, se nos entregamos a ela, tem uma pretensão total ou absoluta sobre nós. A finalidade da arte não é ser uma auxiliar da verdade, seja particular e histórica ou eterna. "Se a arte é alguma coisa", como escreve Robbe-Grillet, "ela é tudo; nesse caso, há de ser autossuficiente, e não pode existir nada além dela."

Mas é fácil caricaturar essa posição, pois vivemos no mundo e é no mundo que os objetos de arte são feitos e apreciados. A defesa que faço da autonomia da obra de arte — sua liberdade de não "significar" nada — não exclui a avaliação do efeito, do impacto ou da função da arte, desde que se conceda que, nesse funcionamento do objeto de arte como objeto de arte, o divórcio entre a estética e a ética não tem nenhum sentido.

Frequentemente aplico à obra de arte a metáfora de um modo de alimentação. O envolvimento com uma obra de arte acarreta, sem dúvida, a experiência de um afastamento do mundo. Mas a obra de arte em si é também um objeto vibrante, mágico e exemplar que nos devolve ao mundo mais abertos e enriquecidos.

Raymond Bayer escreveu: "O que todo e qualquer objeto estético impõe a nós, em ritmos apropriados, é uma fórmula única e singular para o fluxo de nossa energia... Toda obra de arte encarna um princípio de avançar, parar, examinar; uma imagem de energia ou de repouso, a marca de uma mão acariciante ou destruidora que é única [do artista]". Podemos chamá-la de fisionomia da obra, ritmo da obra ou, como prefiro, estilo da obra. É claro que, quando empregamos historicamente a noção de estilo, para agrupar as obras de arte em escolas e períodos, tendemos a apagar a individualidade dos estilos. Mas não é essa a nossa experiência quando nosso contato com uma obra de arte se dá de um ponto de vista estético (em oposição a conceitual). Se a obra é bem realizada e ainda tem o poder de se comunicar conosco, sentimos então apenas a individualidade e a contingência do estilo.

É o mesmo que acontece com nossa vida. Se a olhamos de fora, como um número cada vez maior de pessoas tem sido levado a fazer por influência e pela popularização das ciências sociais e da psiquiatria, vemo-nos como casos particulares de generalidades e, com isso, ficamos profunda e dolorosamente dissociados de nossa experiência própria e de nossa humanidade.

Como William Earle observou em data recente, se *Hamlet* é "sobre" alguma coisa, é sobre Hamlet, em sua situação particular, e não sobre a condição humana. Uma obra de arte é uma maneira de mostrar, registrar ou testemunhar que dá forma tangível à consciência; seu objetivo é tornar explícito algo singular. Se é verdade que não podemos julgar (moralmente, conceitualmente) a não ser por meio de generalizações, então também é verdade que a experiência da obra de arte e do que está representado na obra de arte ultrapassa o julgamento — ainda que a obra em si possa ser julgada arte. Não é exatamente isso o que reconhecemos como característica da mais alta arte, como a *Ilíada*, os romances de Tolstói e as peças de Shakespeare? Que essa arte transcende nossos juízos triviais, nossa facilidade em rotular pessoas e ações como boas ou más? E é ótimo que seja assim. (Há aí até um ganho para a causa da moral.)

Pois a moral, ao contrário da arte, é justificada em última instância por sua utilidade: ela torna ou deveria tornar a vida mais humana, mais agradável para todos nós. Mas a consciência — o que se costumava chamar, de modo um tanto tendencioso, de faculdade de contemplação — pode ser, e é, mais ampla e mais variada do que a ação. Ela tem seu alimento na arte e no pensamento especulativo, atividades que, pode-se considerar, justificam a si mesmas ou que não têm nenhuma necessidade de justificação. O que uma obra de arte faz é nos levar a ver ou compreender algo singular, e não julgar nem generalizar. Esse ato de compreensão, acompanhado pela voluptuosidade, é o único fim válido e a justificação exclusiva e suficiente de uma obra de arte.

Talvez a melhor maneira de esclarecer a natureza de nossa experiência com as obras de arte e a relação entre a arte e os demais sentimentos e atos humanos seja invocar a noção de vontade. É uma noção útil porque a vontade não é apenas uma postura específica da consciência, uma consciência energizada. É também uma atitude em relação ao mundo, de um sujeito em relação ao mundo.

A espécie complexa de vontade que está encarnada e é comunicada numa obra de arte abole o mundo e, ao mesmo tempo, encontra-se com ele de maneira extraordinariamente intensa e especializada. Esse duplo aspecto da vontade na arte é exposto de modo sucinto por Bayer quando diz: "Cada obra de arte nos oferece a lembrança esquematizada e desimpedida de uma volição". Na medida em que é uma lembrança esquematizada, desimpedida, a vontade envolvida na arte põe-se a determinada distância do mundo.

Tudo isso remete à famosa declaração de Nietzsche em *O nascimento da tragédia*: "A arte não é uma imitação da natureza, mas seu suplemento metafísico, posta a seu lado para vencê-la".

Todas as obras de arte se fundam numa certa distância da realidade vivida que é representada. Essa "distância", por definição, é até certo ponto inumana ou impessoal; pois, para nos aparecer como arte, a obra precisa restringir a intervenção sentimental e a participação emocional, que são funções da "proximidade". São o grau e a manipulação dessa distância, as convenções da distância, que constituem o estilo da obra. Em última análise, o "estilo" é a arte. E a arte não é nada mais ou nada menos do que várias modalidades de representação estilizada, desumanizada.

Mas é fácil interpretar erroneamente essa posição — apresentada por Ortega y Gasset, entre outros —, visto que ela parece sugerir que a arte, por se assemelhar à sua própria norma, é uma espécie de brinquedo impotente e dissociado de tudo. O próprio Ortega contribui em larga medida para essa interpretação equivocada, ao omitir as várias dialéticas entre o si e o mundo presentes na experiência das obras de arte. Ortega se concentra demais na noção da obra de arte como determinada espécie de objeto, que tem seus critérios próprios, espiritualmente aristocráticos, para ser saboreado. Uma obra de arte é, em primeiro lugar, um objeto, não uma imitação; e é verdade que toda grande arte se baseia na distância, na artificialidade, no estilo, naquilo que Ortega chama de desumanização. Mas a noção de distância (e também a de desumanização) é enganadora, a menos que se acrescente que o movimento não só se afasta, mas também se aproxima do mundo. Ultrapassar ou transcender o mundo na arte também é uma maneira de ter contato com o mundo e de treinar ou educar a vontade de estar no mundo. É como se Ortega e até mesmo Robbe-Grillet, defensor mais recente da mesma posição, ainda não tivessem se libertado inteiramente do sortilégio da noção de "conteúdo". Pois para limitarem o conteúdo humano da arte e evitarem ideologias gastas como o humanismo ou o realismo socialista, que poriam a arte a serviço de alguma ideia moral ou social, eles se sentem obrigados a ignorar ou restringir a função da arte. Mas nem por considerá-la sem conteúdo a arte perde toda e qualquer função. Apesar de toda a capacidade persuasiva da defesa de Ortega e Robbe-Grillet quanto à natureza formal da arte, o fantasma do "conteúdo" expulso continua a espreitar às margens de seus argumentos, dando à "forma" um ar de anemia arrogante, de estripamento salutar.

O argumento nunca estará completo enquanto não se pensar a "forma" ou "estilo" sem aquele fantasma expulso, sem um sentimento de perda. A ousada inversão de Valéry — "Literatura. O que é 'forma' para todos os outros é 'conteúdo' para mim" — não chega a dar conta do recado. É difícil alguém se imaginar alheio a uma distinção tão usual e que parece tão evidente. Isso apenas é possível se for adotada outra perspectiva teórica, mais orgânica — como a noção de vontade. O que se pretende de tal perspectiva é que faça justiça ao duplo aspecto da arte: como objeto e função, como artifício e forma viva de consciência, como superação ou suplementação da realidade e explicitação de formas de se relacionar com a realidade, como criação individual autônoma e fenômeno histórico dependente.

A arte é a objetificação da vontade numa coisa ou atuação, e o despertar ou a estimulação da vontade. Do ponto de vista do artista, é a objetificação de uma volição; do ponto de vista do espectador, é a criação de um cenário imaginário para a vontade.

De fato, seria possível reescrever toda a história das várias artes como a história das diferentes atitudes em relação à vontade. Nietzsche e Spengler escreveram estudos pioneiros sobre o tema. Encontra-se uma valiosa tentativa recente num livro de Jean Starobinski, *A invenção da liberdade*, dedicado sobretudo à pintura e à arquitetura do século XVIII. Starobinski examina a arte setecentista em termos das novas ideias de autodomínio e domínio do mundo, encarnando novas relações entre o indivíduo e o mundo. A arte é vista como o nomear de emoções. Emoções, pretensões, aspirações, ao serem nomeadas dessa maneira, são praticamente inventadas e certamente promulgadas pela arte: por exemplo, a "solidão sentimental" gerada pelos jardins que foram projetados no século XVIII e por ruínas que despertavam admiração.

Assim, deveria estar claro que essa formulação da autonomia da arte que estou traçando, na qual caracterizo a arte como paisagem ou cenário imaginário da vontade, não só não impede, mas convida ao exame das obras de arte como fenômenos historicamente especificáveis.

As intricadas convoluções estilísticas da arte moderna, por exemplo, sem dúvida constituem uma função da inédita ampliação *técnica* da vontade humana pela tecnologia e do avassalador comprometimento da vontade humana com uma nova forma de ordem social e psicológica, baseada na mudança incessante. Mas também resta dizer que a própria possibilidade de explosão da tecnologia, das fraturas contemporâneas do indivíduo e da sociedade depende das atitudes em relação à vontade, que em parte são inventadas e disseminadas pelas obras de arte num determinado momento histórico e então passam a se afigurar como leitura "realista" de uma natureza humana eterna.

O estilo é o princípio de decisão numa obra de arte, a assinatura da vontade do artista. E assim como a vontade humana é capaz de uma quantidade indeterminada de atitudes, da mesma maneira há uma quantidade indeterminada de estilos possíveis para as obras de arte.

Vistas de fora, isto é, historicamente, as decisões estilísticas sempre podem ser relacionadas a algum desenvolvimento histórico — como a invenção da escrita ou do tipo móvel, a invenção ou a transformação de instrumentos musicais, a disponibilidade de novos materiais para o escultor ou o arquiteto. Mas essa abordagem, por sensata e valiosa que seja, vê inevitavelmente as questões em bloco; ela trata de "períodos", "tradições" e "escolas".

Vistas por dentro, isto é, quando se examina uma obra de arte individual e se tenta explicar seu valor e efeito, todas as decisões estilísticas contêm um elemento de arbitrariedade, por mais que ele possa parecer justificável *propter hoc*. Se a arte é o jogo supremo que a vontade joga consigo mesma, o "estilo" consiste no conjunto de regras com que se joga. E as regras sempre são, ao fim e ao cabo, um limite artificial e arbitrário, quer sejam regras da forma (como a *terza rima*, a escala dodecafônica ou a frontalidade) ou a presença de um certo "conteúdo". O papel do arbitrário e injustificável na arte nunca recebeu suficiente reconhecimento. Desde que a empreitada da crítica teve início com a *Poética* de Aristóteles, os críticos têm passado o tempo todo a enfatizar o necessário na arte. (Quando Aristóteles disse que a poesia era mais filosofia do que história, isso se justificava porque ele queria resgatar a poesia, isto é, as artes, da tentativa de concebê-la como um tipo de declaração factual, particular, descritiva. Mas o que ele disse é enganoso, pois sugere que a arte fornece algo similar ao que a filosofia nos oferece: um argumento. Desde então, a metáfora da obra de arte como "argumento", com premissas e encadeamentos, moldou grande parte da crítica.) Normalmente, os críticos que querem elogiar uma obra de arte se sentem obrigados a demonstrar que todas as suas partes são justificadas, que não poderiam ser de outra maneira. E todo artista, quando se trata de sua obra, ao relembrar o papel do acaso, do cansaço, das distrações exteriores, sabe que o crítico está dizendo uma mentira, sabe que poderia muito bem ter sido de outra maneira. O senso de inevitabilidade projetado por uma grande obra de arte é formado pela inevitabilidade ou necessidade não de suas partes, mas do todo.

Em outras palavras, o que é inevitável numa obra de arte é o estilo. Se uma obra parece certa, justa, inconcebível de outra maneira (sem perda ou prejuízo), aquilo a que estamos reagindo é uma qualidade estilística sua. As obras de arte mais atraentes são as que nos dão a ilusão de que o artista não tinha alternativa, tão inteiramente centrado está ele *em* seu estilo. Compare-se o que há de forçado, trabalhado, sintético na construção de *Madame Bovary* e de *Ulysses* com a facilidade e harmonia de obras igualmente ambiciosas como *As relações perigosas* e a *Metamorfose* de Kafka. As duas primeiras de fato são grandes obras. Mas a arte mais excelsa parece secretada, não construída.

Pois se o estilo de um artista tem essa qualidade de autoridade, segurança, completude, inevitabilidade, nem por isso sua obra alcança, necessariamente, o nível mais alto de realização. Os dois romances de Radiguet têm essa qualidade, tanto quanto Bach.

A diferença que tracei entre "estilo" e "estilização" pode ser análoga à diferença entre vontade e intencionalidade.

O estilo de um artista, do ponto de vista técnico, não é senão o modo peculiar de expressão em que ele dispõe as formas de sua arte. É por isso que os problemas levantados pelo conceito de "estilo" se sobrepõem aos levantados pelo conceito de "forma", e suas soluções têm muitos traços em comum.

Por exemplo, uma função do estilo é igual — por ser apenas uma especificação mais individual — àquela função da forma apontada por Coleridge e Valéry: preservar as obras do espírito contra o esquecimento. Essa função vem facilmente demonstrada no caráter rítmico e às vezes rímico de todas as literaturas orais e primitivas. O ritmo e a rima, bem como os recursos formais mais complexos da poesia, como o metro, a simetria das figuras e as antíteses, são os meios que as palavras oferecem para criar uma memória de si mesmas antes da invenção dos signos materiais (a escrita); assim, tudo o que uma cultura arcaica quer confiar à memória é posto em forma poética. "A forma de uma obra", diz Valéry, "é a soma de suas características perceptíveis, cuja ação física leva ao reconhecimento e tende a resistir a todas aquelas causas variadas de dissolução que ameaçam as expressões do pensamento, seja a intenção, o esquecimento ou mesmo as objeções mentais que podem surgir contra ele."

Assim, a forma — em seu modo específico de expressão, o estilo — é um esquema de registro sensorial, o veículo para o intercâmbio entre a impressão imediata dos sentidos e a memória (seja ela individual ou cultural). Essa função mnemônica explica por que todo estilo depende de algum princípio de repetição ou redundância e pode ser analisado em seus termos.

Também explica as dificuldades do período contemporâneo das artes. Hoje, os estilos não se desenvolvem devagar, sucedendo-se gradualmente uns aos outros, por longos períodos de tempo que permitem ao público da arte assimilar plenamente os princípios de repetição sobre os quais se constrói a obra de arte; pelo contrário, eles se sucedem com tanta rapidez que parecem nem dar a seus públicos tempo para respirar e se preparar. Pois se a pessoa não percebe como a obra se repete, a obra é, quase literalmente, imperceptível e, portanto, ininteligível ao mesmo tempo. É a percepção da repetição que torna uma obra de arte inteligível. Enquanto não se captam não o "conteúdo", mas os princípios (e o equilíbrio) da variedade e da redundância em "Winterbranch", de Merce Cunningham, num concerto de câmara de Charles Wuorinen, em *Almoço nu*, de Burroughs, ou nos quadros "pretos" de Ad Reinhardt, essas obras inevitavelmente parecem maçantes, feias ou confusas, ou as três coisas ao mesmo tempo.

O estilo tem outras funções além da de ser um expediente mnemônico, no sentido amplo que acabo de assinalar.

Por exemplo, todo estilo encarna uma decisão epistemológica, uma interpretação do que e como percebemos. É algo mais fácil de se ver no atual período autoconsciente das artes, mas se aplica também a toda arte. Assim, o estilo dos romances de Robbe-Grillet expressa uma percepção plenamente válida, ainda que estreita, das relações entre pessoas e coisas, a saber: que as pessoas também são coisas e que as coisas não são pessoas. Seu tratamento comportamentalista das pessoas e sua recusa em "antropomorfizar" as coisas constituem uma decisão estilística — fazer uma apresentação precisa das propriedades visuais e topográficas das coisas; excluir praticamente as modalidades sensoriais, afora a visão, talvez porque a linguagem existente para descrevê-las seja menos exata e menos neutra. O estilo repetitivo e circular de *Melanctha*, de Gertrude Stein, expressa seu interesse na diluição da consciência imediata pela memória e pela antecipação, a que ela chama de "associação", que é obscurecida na linguagem pelo sistema dos tempos verbais. A insistência de Stein na presentidade da experiência é correspondente à sua decisão de se ater ao tempo presente dos verbos, de escolher palavras curtas e simples, repetir de forma incessante grupos de palavras, usar uma sintaxe extremamente frouxa e renunciar a grande parte da pontuação. Todo estilo é um meio de insistir em alguma coisa.

Veremos que as decisões estilísticas, ao concentrar nossa atenção em algumas coisas, também consistem num estreitamento de nossa atenção, numa recusa de nos permitir ver outras. Mas o motivo de maior interesse de uma obra em relação a outra não reside no maior número de coisas que as decisões estilísticas naquela obra nos permitem ver, e sim na intensidade, na autoridade, na sabedoria daquela atenção, por mais estreito que seja seu foco.

No sentido mais estrito, todos os conteúdos da consciência são inefáveis. Mesmo a mais simples sensação é, em sua totalidade, indescritível. Toda obra de arte, portanto, precisa ser entendida não só como uma transposição, mas também como uma maneira de lidar com o inefável. Na arte mais excelsa, está-se sempre ciente de coisas que não podem ser ditas (as regras do "decoro"), da contradição entre expressão e presença do inexprimível. Os recursos estilísticos são também técnicas de esquivamento. Os elementos mais poderosos numa obra de arte são, muitas vezes, seus silêncios.

O que expus sobre o estilo tinha como principal objetivo esclarecer certas concepções equivocadas sobre as obras de arte e como falar sobre elas. Mas resta dizer que o estilo é uma noção que se aplica a qualquer experiência (sempre que falamos em sua forma ou suas qualidades). E assim como muitas obras de arte com grande capacidade de atrair nosso interesse são impuras ou mistas perante os critérios que propus, do mesmo modo muitos itens de nossa experiência que não poderiam ser classificados como obras de arte possuem algumas das qualidades dos objetos artísticos. Sempre que o discurso, o movimento, o comportamento ou os objetos mostram um certo desvio do modo mais direto, útil e imperceptível de expressar ou ser no mundo, podemos vê-los como dotados de um "estilo", sendo ao mesmo tempo autônomo e exemplar.

(1965)

II

O artista como sofredor exemplar

O estilo mais rico é a voz sintética do personagem principal.

Pavese

Cesare Pavese começou a escrever por volta de 1930, e os romances que foram traduzidos e publicados aqui — *The House on the Hill* [*A casa na colina*], *The Moon and the Bonfires* [*A lua e as fogueiras*], *Among Women Only* [*Mulheres sós*] e *The Devil in the Hills* [*O diabo nas colinas*] — foram escritos nos anos 1947-9, de modo que um leitor restrito às traduções em inglês não pode generalizar sobre o conjunto de sua obra. Mas, por esses quatro romances apenas, vê-se que suas principais virtudes como romancista são a delicadeza, a economia e o controle. O estilo é simples, enxuto, desapaixonado. Nota-se a serenidade da narrativa de Pavese, ainda que o tema seja muitas vezes violento. Isso porque o verdadeiro tema nunca é a ocorrência violenta (p. ex., o suicídio em *Mulheres sós* ou a guerra em *O diabo nas colinas*), e sim a cautelosa subjetividade do narrador. O esforço típico de um protagonista de Pavese é a lucidez; o problema típico é a falha na comunicação. Os romances tratam de crises de consciência e da recusa em permitir crises de consciência. Tem-se como pressuposto uma certa atrofia das emoções, uma fraqueza do sentimento e da vitalidade física. A angústia de pessoas altamente civilizadas e precocemente desiludidas, alternando-se com a ironia e experiências melancólicas com suas emoções pessoais, é de fato familiar. Mas, ao contrário de outras explorações desse veio da sensibilidade moderna — por exemplo, boa parte da literatura e poesia francesa dos últimos oitenta anos —, os romances de Pavese são castos e discretos. A ação principal sempre transcorre fora de cena ou no passado e, curiosamente, evitam-se episódios eróticos.

Como que para compensar as relações distanciadas que os personagens mantêm entre si, Pavese costuma lhes atribuir um profundo envolvimento com um lugar — geralmente o cenário urbano de Turim, onde Pavese frequentou a universidade e passou a maior parte da vida adulta, ou a área rural do Piemonte, onde nasceu e passou a infância. Todavia, esse senso de um lugar e o desejo de descobrir e recuperar o significado de um lugar não imprimem na obra de Pavese nenhuma das características da literatura regionalista, e talvez isso explique em parte por que seus romances não despertaram grande entusiasmo em meio ao público de língua inglesa, nada que se assemelhasse ao entusiasmo despertado pela obra de Silone ou de Moravia, embora Pavese seja um autor muito mais talentoso e original do que esses dois. O senso de lugar e de pessoas de Pavese não é o que se espera de um escritor italiano. Mas acontece que Pavese era do norte da Itália; a Itália do norte não é a Itália dos sonhos estrangeiros, e Turim é uma cidade industrial grande, sem a ressonância histórica e a sensualidade encarnada que atraem os estrangeiros à Itália. Na Turim e no Piemonte de Pavese, não há monumentos, não há o colorido local, não há o fascínio étnico. O local está ali, mas como o inalcançável, o anônimo, o inumano.

O senso pavesiano da relação das pessoas com o lugar (a maneira como as pessoas são trespassadas pela força impessoal de um lugar) será familiar a qualquer um que tenha visto os filmes de Alain Resnais e, sobretudo, de Michelangelo Antonioni — *As amigas* (que foi adaptado do melhor romance de Pavese, *Mulheres sós*), *A aventura* e *A noite*. Mas as virtudes da literatura de Pavese não são virtudes de grande popularidade, como tampouco as virtudes, digamos, dos filmes de Antonioni. (Quem não gosta dos filmes de Antonioni diz que são "literários" e "subjetivos demais".) Como os filmes de Antonioni, os romances de Pavese são refinados, elípticos (embora nunca obscuros), calmos, antidramáticos, autocontrolados. Pavese não é um grandíssimo escritor como Antonioni é um grandíssimo cineasta. Mas merece uma atenção muito maior na Inglaterra e nos Estados Unidos do que tem recebido até o momento.*

---

* O mesmo vale para outro italiano, Tommaso Landolfi, com grande número de contos e romances, nascido no mesmo ano de Pavese (1908), mas ainda vivo e atuante. Landolfi, que até o momento tem apenas um volume traduzido para o inglês, uma coletânea de nove contos chamada *Gogol's Wife and Other Stories*, é um escritor muito diferente e, em seus melhores textos, mais vigoroso do que Pavese. O humor mórbido, a intelectualidade austera e as noções bastante surrealistas de desastres o aproximam mais de autores como Borges e Isak Dinesen. Mas Landolfi e Pavese têm algo em comum que diferencia suas obras da literatura predominante hoje na Inglaterra e nos Estados Unidos, e que é desinteressante para o público dessa literatura. O que têm em comum é o projeto de um tipo de escrita basicamente neutro e reservado. Nessa escrita, o ato de contar uma história é visto sobretudo como um ato de inteligência. Narrar é, sensivelmente, utilizar sua inteligência; a unidade narrativa característica da literatura europeia e latino-americana é a unidade da inteligência do narrador. Mas a literatura corrente hoje nos Estados Unidos raras vezes adota esse uso paciente, obstinado, discreto da inteligência. Os autores americanos querem, em geral, que os fatos se

* * *

Recentemente, foram lançados em inglês os diários de Pavese entre 1935 e 1950, quando se matou aos 42 anos de idade.*
Podem ser lidos sem nenhum conhecimento dos romances de Pavese, como exemplo de um gênero literário especificamente moderno — o "diário" ou os "cadernos" do escritor.

Por que lemos o diário de um escritor? Porque elucida seus livros? É raro que isso aconteça. Mais provavelmente por causa da forma crua do diário, mesmo quando é escrito com vistas a uma publicação futura. Aqui lemos o escritor falando na primeira pessoa; temos contato com o ego por trás das máscaras do ego nas obras de um autor. Nenhum grau de intimidade num romance proporciona isso, mesmo quando o autor escreve na primeira pessoa ou usa uma terceira pessoa que aponta claramente para ele mesmo. Os romances de Pavese, inclusive os quatro traduzidos para o inglês, são narrados, em sua maioria, na primeira pessoa. Apesar disso, sabemos que o "eu" nos romances de Pavese não é igual ao próprio Pavese, assim como o "Marcel" que narra *Em busca do tempo perdido* não é igual a Proust, nem o "K." de *O processo* e *O castelo* é igual a Kafka. Não nos damos por satisfeitos. O

---

declarem, se interpretem a si mesmos. Se há uma voz narrativa, o mais provável é que ela seja de uma indiferença imaculada — ou, então, de uma vivacidade e de uma exuberância forçadas. Com isso, boa parte da produção americana é maciçamente retórica (isto é, há um excesso de meios em relação aos fins), em contraste com o modo clássico da escrita europeia, que alcança seus efeitos com um estilo antirretórico — um estilo que se refreia, que visa em última instância à transparência neutra. Pavese e Landolfi pertencem por completo a essa tradição antirretórica.

* *The Burning Brand: Diaries 1935-1950*, de Cesare Pavese. Tradução de A. E. Murch (com Jeanne Molli). Nova York: Walker & Co. [Ed. bras.: *O ofício de viver*. Tradução de Homero Freitas de Andrade. Rio de Janeiro: Bertrand Brasil.]

que o público moderno exige é o autor desnudo, tal como as épocas de fé religiosa exigiam um sacrifício humano.

O diário nos apresenta a oficina da alma do escritor. E por que estamos interessados na alma do escritor? Não porque nos interessamos tanto assim pelos escritores como tais. Mas por causa da insaciável preocupação moderna com a psicologia, a mais nova e mais poderosa herança da tradição cristã da introspecção, inaugurada por Paulo e Agostinho, que equipara a descoberta do eu à descoberta do eu sofredor. Para a consciência moderna, o artista (substituindo o santo) é o sofredor exemplar. E entre os artistas é o escritor, o homem das palavras, que consideramos o mais apto a expressar seu sofrimento.

O escritor é o sofredor exemplar porque encontrou tanto o nível mais profundo do sofrimento quanto um meio profissional de sublimar (no sentido literal, não no freudiano) seu sofrimento. Como homem, sofre; como escritor, transforma seu sofrimento em arte. O escritor é o homem que descobre o uso do sofrimento na economia da arte — assim como os santos descobriam a utilidade e a necessidade do sofrimento na economia da salvação.

Os diários de Pavese encontram unidade em suas reflexões sobre a maneira de usar, de operar com seu sofrimento. A literatura é um desses usos. O isolamento é outro, tanto como técnica de incentivar e aprimorar sua arte quanto como valor em si. E o suicídio é o terceiro e supremo uso do sofrimento — concebido não como um fim ao sofrimento, mas como a maneira suprema de operar com o sofrimento.

Assim temos uma admirável sequência de pensamentos, num registro de 1938, que é a seguinte: "A literatura é uma defesa contra as investidas da vida. Ela diz à vida: 'Não me enganas. Conheço teus hábitos, prevejo e me divirto observando tuas reações, e roubo teus segredos cercando-te com obstáculos astuciosos que interrompem teu fluxo normal'. A outra defesa contra as coisas em geral é o silêncio quando você reúne forças para um novo salto à frente. Mas você é que tem de se impor esse silêncio, e não que ele lhe seja imposto, nem mesmo pela morte. Escolher uma desgraça para você mesmo é sua única defesa contra aquela desgraça… Quem, por sua própria natureza, consegue sofrer totalmente, absolutamente, tem uma vantagem. É como você consegue desarmar o poder do sofrimento, convertê-lo em criação sua, em escolha sua; render-se a ele. Uma justificação para o suicídio".

A forma moderna do diário do escritor mostra uma evolução peculiar, quando examinamos alguns de seus principais expoentes: Stendhal, Baudelaire, Gide, Kafka e agora Pavese. A desinibida exposição de egocentrismo se transfere para a busca heroica de apagamento do ego. Pavese nada tem da percepção protestante de Gide de sua vida como uma obra de arte, do respeito pela própria ambição, da confiança em seus sentimentos, do amor por si mesmo. Tampouco tem o sério e apurado compromisso de Kafka com sua angústia pessoal. Pavese, que usava o "eu" tão prodigamente em seus romances, em geral se refere a si mesmo no diário como "você". Não se descreve; dirige-se a si mesmo. É o espectador irônico, exortativo, crítico de si. Parece inevitável que a consequência última dessa visão distanciada de si fosse o suicídio.

Os diários, com efeito, constituem uma longa série de avaliações e indagações pessoais. Não registram nada sobre o cotidiano ou fatos ocorridos; não há nenhuma descrição de parentes, amigos, amantes, colegas ou reação a acontecimentos públicos (como nos *Diários* de Gide). A única coisa que atende à expectativa mais convencional do conteúdo do diário de um escritor (como os *Cadernos* de Coleridge e, uma vez mais, os *Diários* de Gide) são as frequentes reflexões sobre os problemas gerais do estilo e da composição literária e as numerosas notas sobre as leituras do escritor. Pavese era um autêntico "bom europeu", mesmo nunca tendo saído da Itália; os diários mostram sua familiaridade e desenvoltura com toda a literatura e o pensamento europeus, e também com a produção literária americana (pela qual tinha especial interesse). Pavese não era apenas um romancista; era um *uomo di cultura*: poeta, romancista, contista, crítico literário, tradutor e editor de uma das principais editoras da Itália (Einaudi). Esse escritor-enquanto-homem-de-letras ocupa grande espaço nos diários. Há comentários sutis e perspicazes sobre décadas de leituras imensamente variadas, que iam desde o Rig-Veda, Eurípides e Defoe até Corneille, Vico, Kierkegaard e Hemingway. Mas não é esse aspecto dos diários que estou comentando aqui, pois não é isso que constitui o interesse específico dos diários de escritores para um público moderno. Porém vale notar que, quando Pavese comenta seus próprios escritos, não é como escritor, e sim como leitor ou crítico. Não há referências a trabalhos em andamento, nem a projetos e esboços de contos, romances e poemas a serem escritos. A única obra que ele comenta é a que já está terminada. Outra omissão notável nos diários é a de qualquer reflexão sobre seu envolvimento político — e ainda sobre suas atividades antifascistas, que lhe renderam dez meses na prisão em 1935, e sobre sua longa ligação, ambivalente e por fim desiludida, com o Partido Comunista.

Pode-se dizer que há duas *personae* no diário. Pavese, o homem, e Pavese, o crítico e leitor. Ou: Pavese pensando em prospectiva e Pavese pensando em retrospectiva. Há a análise de seus sentimentos e projetos em tom de censura e exortação; o foco da reflexão incide em seus talentos — como escritor, amante de mulheres e potencial suicida. E aí todos os comentários retrospectivos: notas de leituras, análises de alguns de seus livros concluídos e o lugar que ocupam em sua obra. Se e quando a vida "presente" de Pavese aparece nos diários, é basicamente como uma avaliação de suas capacidades e perspectivas.

Além de escrever, há outras duas perspectivas a que Pavese recorre continuamente. Uma é a perspectiva do suicídio, que o tentava pelo menos desde os anos da universidade (quando dois amigos próximos se mataram), e é um tema que se encontra em quase todas as páginas dos diários. A outra é a perspectiva do amor romântico e do fracasso erótico. Pavese se mostra atormentado por um profundo sentimento de inadequação sexual, do qual se protegia com as mais variadas teorias sobre a técnica sexual, a desesperança do amor e a guerra dos sexos. Seus comentários sobre o caráter predador e explorador das mulheres vêm entremeados de confissões de sua incapacidade de amar ou de proporcionar prazer sexual. Pavese, que nunca se casou, registra no diário suas reações a vários longos casos amorosos e experiências sexuais fortuitas, geralmente quando está prevendo algum problema ou depois de não darem certo. Nunca descreve as mulheres nem sequer toca nos fatos do relacionamento.

Os dois temas estão intimamente ligados, como viu o próprio Pavese. Nos meses finais de vida, no meio de um romance infeliz com uma artista de cinema americana, ele escreve: "Você não se mata por amor a uma mulher, mas porque o amor — qualquer amor — o revela em sua nudez, sua miséria, sua vulnerabilidade, sua nulidade... No fundo, lá no fundo, não me agarrei a esse assombroso caso de amor quando ele fugia... para poder voltar à minha velha ideia — minha permanente tentação, para ter uma desculpa de pensar outra vez nisto: amor e morte. Este é o padrão hereditário". Ou ainda, em tom irônico: "É possível não pensar em mulheres, assim como não se pensa na morte". As mulheres e a morte nunca deixaram de fascinar Pavese, e com o mesmo grau de ansiedade e morbidez, visto que seu problema principal, nos dois casos, era se estaria à altura da ocasião.

O que Pavese tem a dizer sobre o amor é o outro lado usual da idealização romântica. Pavese redescobre, com Stendhal, que o amor é, em essência, uma ficção; não que o amor às vezes cometa erros, mas sim que ele é, essencialmente, um erro. O que se toma como apego a outra pessoa é desmascarado e se revela como mais uma dança do ego solitário. É fácil ver que essa concepção do amor guarda uma peculiar congruência com a vocação moderna do escritor. Na tradição aristotélica da arte como imitação, o escritor era o meio ou veículo para descrever a verdade sobre algo exterior a ele. Na tradição moderna (a partir de Rousseau, aproximadamente) da arte como expressão, o artista conta a verdade sobre si mesmo. Portanto, era inevitável que surgisse uma teoria do amor como experiência ou revelação do indivíduo, enganosamente apresentada como experiência ou revelação do valor da pessoa ou do objeto amado. O amor, como a arte, torna-se um meio de expressão pessoal. Mas como criar uma mulher não é um ato tão solitário quanto criar um romance ou um poema, ele está fadado ao fracasso. Um tema predominante na literatura e no cinema sérios da atualidade é o fracasso amoroso. (Quando nos deparamos com uma declaração em contrário, por exemplo em *O amante de lady Chatterley* ou no filme *Os amantes*, de Louis Malle, nossa tendência é dizer que não passa de um "conto de fadas".) O amor morre porque seu nascimento foi um erro. Mas continua a ser um erro necessário, na medida em que o indivíduo vê o mundo, como diz Pavese, como uma "selva de egoísmo". O ego isolado não cessa de sofrer. "A vida é dor e o prazer do amor é um anestésico."

Outra consequência dessa crença moderna na natureza fictícia do afeto erótico é uma nova sujeição deliberada à inevitável atração do amor não correspondido. Como o amor é uma emoção que o ego sente e projeta erroneamente no exterior, a inexpugnabilidade do ego do ente amado exerce uma atração hipnótica sobre a imaginação romântica. O fascínio do amor não correspondido consiste na identidade do que Pavese chama de "conduta perfeita" e de um ego forte, absolutamente isolado e indiferente. "A conduta perfeita nasce da total indiferença", escreve ele no diário em 1940. "Talvez seja por isso que sempre amamos loucamente alguém que nos trata com indiferença; ela representa 'estilo', o fascínio da 'classe', tudo o que é desejável."

Muitos comentários de Pavese sobre o amor parecem um estudo de caso em apoio à tese de Denis de Rougemont e outros historiadores da imaginação ocidental que reconstituíram a evolução da imagem do amor sexual no Ocidente, desde Tristão e Isolda, como uma "agonia romântica", um desejo de morte. Mas o impressionante entrelaçamento retórico dos termos "escrita", "sexo" e "suicídio" nos diários de Pavese indica que essa sensibilidade em sua forma moderna é mais complexa. A tese de Rougemont pode iluminar a supervalorização ocidental do amor, mas não o pessimismo moderno a respeito dele: a ideia de que o amor e a realização sensual são projetos impossíveis. Rougemont bem que poderia usar as palavras do próprio Pavese: "O amor é a mais barata das religiões".

Minha ideia pessoal é que o culto moderno do amor não faz parte da história de uma heresia cristã (gnóstica, maniqueia, cátara), como sugere Rougemont, mas expressa a preocupação central e especificamente moderna da perda do sentimento. Ao querer cultivar "a arte de nos olharmos como se fôssemos personagens de um romance nosso… como maneira de nos colocarmos numa posição de pensar de modo construtivo e colher os benefícios", Pavese fala esperançoso sobre uma situação de distanciamento pessoal que, em outras partes do diário, é fonte de dor constante. Pois "a vida começa no corpo", como observa ele em outro registro, e dá voz constante às censuras que o corpo faz à mente. Se é possível definir a civilização como aquele estágio da vida humana em que, de forma objetiva, o corpo se torna um problema, então nosso momento civilizatório pode ser descrito como aquele estágio em que temos consciência subjetiva desse problema e nos sentimos como que numa armadilha montada por ele. Agora queremos a vida do corpo e rejeitamos as tradições ascéticas do judaísmo e do cristianismo, mas ainda estamos presos à sensibilidade generalizada que nos foi legada por essas tradições. Por isso nos queixamos; estamos resignados e dissociados; queixamo-nos. As contínuas súplicas de Pavese para ter forças de levar uma vida de rigoroso isolamento e solidão ("A única regra heroica é ser só, só, só") são parte absolutamente integrante de suas constantes queixas sobre a incapacidade de sentir. (Vejam-se, por exemplo, os comentários de Pavese sobre sua insensibilidade quando seu melhor amigo, Leone Ginzburg, ilustre professor e líder da Resistência, foi torturado até a morte pelos fascistas em 1940.) E aqui entra o culto moderno do amor: é a principal maneira de testarmos a força de nosso sentimento e de nos descobrirmos deficientes.

Todo mundo sabe que temos uma noção diferente e muito mais enfática do amor entre os sexos do que os gregos antigos e os orientais, e que a visão moderna do amor é um prolongamento do espírito do cristianismo, ainda que atenuado e secularizado. Mas o culto do amor não é, ao contrário do que afirma Rougemont, uma *heresia* cristã. O cristianismo é, desde sua criação (Paulo), a religião romântica. O culto do amor no Ocidente é um aspecto do culto do sofrimento — o sofrimento como supremo sinal de seriedade (o paradigma da Cruz). Não encontramos entre os antigos hebreus, gregos e orientais o mesmo valor atribuído ao amor porque não encontramos entre eles o mesmo valor positivo atribuído ao sofrimento. O sofrimento não era a marca distintiva da seriedade; pelo contrário, media-se a seriedade pela capacidade do indivíduo de evitar ou superar a pena do sofrimento, pela capacidade de alcançar a serenidade e o equilíbrio. Inversamente, a sensibilidade que herdamos identifica a espiritualidade e a seriedade com a turbulência, o sofrimento, a paixão. Por 2 mil anos, a voga espiritual entre cristãos e judeus foi sofrer. Assim, não é o amor que superestimamos, mas o sofrimento — mais precisamente, os méritos e benefícios espirituais do sofrimento.

A contribuição moderna a essa sensibilidade cristã foi descobrir a criação de obras de arte e a aventura do amor sexual como as duas fontes mais requintadas do sofrimento. É isso que buscamos no diário de um escritor e que Pavese oferece com inquietante abundância.

(1962)

Simone Weil

Os heróis culturais de nossa civilização liberal burguesa são antiliberais e antiburgueses; são escritores repetitivos, obsessivos e mal-educados, que se impõem pela força — não apenas pelo tom de autoridade pessoal e pelo ardor intelectual, mas pelo senso de aguda radicalidade pessoal e intelectual. Os fanáticos, os histéricos, os destruidores do eu — tais são os escritores que atestam a temível época bem-educada em que vivemos. É basicamente uma questão de tom: não é muito possível dar crédito a ideias enunciadas nos tons impessoais da sanidade. Existem certas épocas que são complexas demais, ensurdecidas demais por experiências históricas e intelectuais contraditórias para conseguirem ouvir a voz da sanidade. A sanidade se torna concessão, fuga, mentira. Nossa época, no plano consciente, busca a saúde, mas acredita apenas na realidade da doença. As verdades que respeitamos são as que nascem da angústia. Medimos a verdade em termos do sofrimento que custou ao escritor — e não pelo critério de uma verdade objetiva a que correspondam as palavras do escritor. Cada uma de nossas verdades precisa ter um mártir.

O que revoltava o Goethe maduro no jovem Kleist, que submeteu "com o coração de joelhos" suas obras ao grande estadista das letras alemãs — a morbidez, a histeria, a impressão doentia, o enorme deleite no sofrimento do qual Kleist extraía suas peças e contos —, é exatamente o que valorizamos hoje em dia. Hoje Kleist proporciona prazer, e grande parte de Goethe parece tediosa. Do mesmo modo, escritores como Kierkegaard, Nietzsche, Dostoiévski, Kafka, Baudelaire, Rimbaud, Genet — e Simone Weil — têm autoridade entre nós justamente por causa do ar doentio que emanam. A saúde deles consiste em sua enfermidade, e é ela que transmite convicção.

Talvez existam certas épocas que precisam não tanto da verdade, mas de um aprofundamento do senso de realidade, um alargamento da imaginação. Eu, por exemplo, não tenho nenhuma dúvida de que a visão sadia do mundo é a verdadeira. Mas é sempre isso, a verdade, que se quer? A necessidade de verdade, assim como a necessidade de sossego, não é constante. Uma ideia distorcida pode ter maior impulso intelectual do que a verdade; pode atender melhor às necessidades do espírito, que variam. A verdade é equilíbrio, mas o contrário da verdade, que é desequilíbrio, não é obrigatoriamente uma falsidade.

Assim, minha intenção não é denunciar uma moda, mas destacar o motivo por trás do gosto contemporâneo pelo extremo na arte e no pensamento. A única coisa necessária é não sermos hipócritas, reconhecermos a razão pela qual lemos e admiramos escritores como Simone Weil. Não consigo crer que, entre as dezenas de milhares de leitores que ela tem conquistado desde a publicação póstuma de seus livros e ensaios, mais de meia dúzia realmente comunguem de suas ideias. E isso nem é necessário — não é necessário comungar do caso de amor angustiado e não consumado de Simone Weil com a Igreja católica, nem aceitar sua teologia gnóstica da ausência divina, nem esposar seus ideais de negação do corpo, nem concordar com seu ódio violentamente injusto aos judeus e à civilização romana. O mesmo quanto a Kierkegaard e Nietzsche; a maioria de seus admiradores modernos não conseguiria abraçar nem abraça as ideias deles. Lemos escritores de tão cáustica originalidade por causa de sua autoridade pessoal, pelo exemplo de seriedade, pela clara disposição de se sacrificarem por suas verdades e — apenas aqui ou ali — por suas "posições". Assim como o corrupto Alcibíades seguia Sócrates, sentindo-se tocado, enriquecido e tomado de amor, mas sem conseguir nem querer mudar sua própria vida, da mesma maneira o leitor sensível moderno presta seus respeitos a um nível de realidade espiritual que não é nem poderia ser a sua.

Algumas vidas são exemplares, outras não; entre as vidas exemplares, há aquelas que nos convidam a imitá-las e aquelas que observamos à distância com uma mescla de asco, piedade e reverência. É, mais ou menos, a diferença entre o herói e o santo (se for possível empregar este último termo em sentido estético em vez de religioso). Tal foi a vida, absurda em seus exageros e no grau de automutilação — como a de Kleist, como a de Kierkegaard —, de Simone Weil. Penso no ascetismo fanático da vida de Simone Weil, no desprezo pelo prazer e pela felicidade, nos gestos políticos nobres e ridículos, nas laboriosas autonegações, cortejando incansavelmente a angústia; e não excluo sua falta de graça, o ar desajeitado, as enxaquecas, a tuberculose. Ninguém que ama a vida há de querer imitar sua dedicação ao martírio, nem desejá-lo para seus filhos ou para qualquer ente amado. Apesar disso, se além da vida amamos também a seriedade, sentimo-nos tocados, nutridos por essa devoção. No respeito que prestamos a tais vidas, reconhecemos a presença do mistério no mundo — e mistério é precisamente aquilo que a posse sólida da verdade, de uma verdade objetiva, nega. Nesse sentido, toda verdade é superficial, e algumas (mas não todas) distorções da verdade, alguma (mas não toda) insanidade, alguma (mas não toda) insalubridade, algumas (mas não todas) negações da vida trazem a verdade, produzem a sanidade, criam a saúde e fortalecem a vida.

(1963)

Os *Cadernos* de Camus

Os grandes escritores ou são maridos ou são amantes. Alguns escritores apresentam as sólidas virtudes de um marido: confiabilidade, inteligibilidade, generosidade, decoro. Há outros escritores nos quais valorizamos os dons de um amante, dons mais de temperamento do que de bondade moral. Notoriamente, as mulheres toleram num amante características — mau humor, egoísmo, inconfiabilidade, brutalidade — que jamais tolerariam num marido, em troca da excitação, da infusão de um sentimento intenso. Do mesmo modo, os leitores aguentam a ininteligibilidade, a obsessividade, as verdades dolorosas, as mentiras, a gramática precária — se, em compensação, o escritor lhes permitir saborear emoções raras e sensações perigosas. E, assim como na vida, também na arte ambos, maridos e amantes, são necessários. É uma grande pena quando é preciso escolher um deles.

E nisso também tal vida, tal arte: o amante geralmente fica em segundo lugar. Nos grandes períodos da literatura, são mais numerosos os maridos do que os amantes; ou melhor, em todos os grandes períodos da literatura, exceto no nosso. A perversão é a musa da literatura moderna. Hoje, a casa da literatura está cheia de amantes insanos, alegres estupradores, filhos castrados — mas pouquíssimos maridos. Os maridos têm má consciência e todos gostariam de ser amantes. Mesmo um escritor tão marital e sólido como Thomas Mann era atormentado por uma ambivalência diante da virtude, e sempre se conduzia a esse respeito pretextando um conflito entre o burguês e o artista. Mas inúmeros escritores modernos nem sequer reconhecem o problema de Mann. Cada escritor, cada movimento literário está em disputa com seu predecessor, numa grande exibição de temperamento, obsessão, excentricidade. A literatura moderna está abarrotada de gênios loucos. Assim, não admira que, quando surge um escritor imensamente dotado, com talentos que não são os de um gênio, e assume com bravura as responsabilidades da sanidade, ele seja aclamado para além de seus méritos exclusivamente literários.

Refiro-me, claro, a Albert Camus, o marido ideal das letras contemporâneas. Sendo contemporâneo, ele teve de trafegar pelos temas dos loucos: suicídio, insensibilidade, culpa, terror absoluto. Mas trafega com tal ar de sensatez, *mesure*, facilidade e graciosa impessoalidade que se coloca à parte dos demais. Partindo das premissas de um niilismo popular, ele leva o leitor — pelo exclusivo poder de sua voz e entonação tranquila — a conclusões humanistas e humanitárias que não decorrem de maneira nenhuma de suas premissas. O salto ilógico do abismo niilista é a dádiva que os leitores agradecem a Camus. Foi por isso que ele despertou verdadeiro afeto entre seus leitores. Kafka desperta pena e terror, Joyce admiração, Proust e Gide respeito, mas não consigo pensar em nenhum escritor moderno, afora Camus, que tenha despertado amor. Todo o mundo das letras sentiu sua morte em 1960 como uma perda pessoal.

Sempre que se fala de Camus, misturam-se juízos pessoais, morais e literários. Nenhuma discussão sobre Camus deixa de trazer ou, pelo menos, de sugerir um tributo à sua bondade e atração como homem. Assim, escrever sobre Camus é refletir sobre o que se passa entre a imagem e a obra de um escritor, o que equivale à relação entre moral e literatura. E não é só porque o próprio Camus está sempre lançando o problema moral a seus leitores. (Todos os seus contos, peças e romances narram o percurso ou a ausência de um sentimento responsável.) É porque sua obra, tomada apenas como realização literária, não tem grandeza suficiente para arcar com o peso da admiração que os leitores lhe querem dar. *Quer-se* que Camus seja um escritor não só muito bom, e sim realmente grande. Mas ele não é. Aqui talvez valha a pena comparar Camus a George Orwell e James Baldwin, outros dois escritores maritais que tentam combinar o papel do artista com a consciência cívica. Orwell e Baldwin são, ambos, melhores ensaístas do que ficcionistas. Não deveria haver essa disparidade em Camus, que é um escritor muito mais importante. Mas a verdade é que a arte de Camus está sempre a serviço de certas concepções intelectuais que são apresentadas mais extensamente nos ensaios. A literatura de Camus é ilustrativa, filosófica. Trata mais dos problemas da inocência e da culpa, da responsabilidade e da indiferença niilista do que dos personagens — Meursault, Calígula, Jan, Clamence, dr. Rieux. Os três romances, os contos e as peças têm pouca densidade, têm uma qualidade um tanto descarnada que faz com que estejam longe de ser absolutamente primorosos, quando julgados pelos critérios da arte. Ao contrário de Kafka, cujas criações mais simbólicas e ilustrativas são, ao mesmo tempo, atos autônomos da imaginação, a literatura de Camus trai continuamente sua origem a partir de uma preocupação intelectual.

E os ensaios, artigos políticos, discursos, críticas literárias e matérias jornalísticas de Camus? É um trabalho extremamente notável. Mas Camus era um pensador importante? A resposta é negativa. Sartre, por mais desagradáveis que algumas de suas simpatias políticas sejam para seu público de língua inglesa, traz à análise filosófica, psicológica e literária um intelecto vigoroso e original. Camus, por mais atraentes que sejam suas simpatias políticas, não. Os aclamados ensaios filosóficos (*O mito de Sísifo, O homem revoltado*) são obra de um epígono extraordinariamente culto e talentoso. O mesmo se aplica a Camus como historiador das ideias e crítico literário. Ele alcança sua melhor forma quando se desvencilha da bagagem cultural existencialista (Nietzsche, Kierkegaard, Dostoiévski, Heidegger, Kafka) e fala por si mesmo. Isso ocorre no grande ensaio contra a pena de morte, "Reflexões sobre a guilhotina", e nos escritos de ocasião, como os retratos ensaísticos de Argel, Orã e outros locais mediterrâneos.

Em Camus não se encontra uma arte ou um pensamento de primeira grandeza. O que explica a excepcional atração de sua obra é uma beleza de outra ordem, a beleza moral, qualidade que a maioria dos escritores do século xx não se impõe como objetivo a alcançar. Outros escritores foram mais engajados e mais moralistas. Mas nenhum se mostrou mais belo, mais convincente em sua profissão de fé moral. Infelizmente, a beleza moral na arte — como a beleza física numa pessoa — é extremamente perecível. Nunca é tão durável quanto a beleza artística ou intelectual. A beleza moral tem uma tendência a logo descambar para o sentencioso ou o extemporâneo. Isso sucede com especial frequência ao escritor que, como Camus, apela diretamente à imagem geracional do que é exemplar num homem em determinada situação histórica. A menos que disponha de excepcionais reservas de originalidade artística, o provável é que a obra pareça de súbito despida após sua morte. Para alguns, essa decadência se apossou de Camus ainda em vida. Sartre, no famoso debate que pôs fim à famosa amizade entre ambos, comentou cruelmente, mas com razão, que Camus sempre andava com "um pedestal portátil". Então veio aquela fatídica honra, o prêmio Nobel. E, logo antes de sua morte, um crítico previu para Camus o mesmo destino de Aristides: cansaríamos de ouvi-lo ser chamado de "o Justo".

Talvez para o escritor seja sempre um perigo inspirar gratidão em seus leitores, visto que a gratidão é um dos sentimentos mais veementes, mas também um dos mais efêmeros. Mas nem por isso é o caso de deixar de lado essas observações não muito gentis, a pretexto de serem apenas a revanche dos gratos. Se o rigor moral de Camus às vezes deixava de fascinar e começava a irritar, é porque havia nele uma certa fragilidade intelectual. Sentia-se em Camus, como se sente em James Baldwin, a presença de uma paixão plenamente genuína e historicamente pertinente. Mas sentia-se também, como em Baldwin, que essa paixão parecia se converter depressa demais num discurso empolado, numa inesgotável oratória de autoperpetuação. Os imperativos morais — o amor, a moderação — oferecidos para amenizar intoleráveis dilemas históricos ou metafísicos eram genéricos demais, abstratos demais, retóricos demais.

Camus é o escritor que, para toda uma geração letrada, foi a figura heroica do homem vivendo num estado de permanente revolução espiritual. Mas é também o homem que defendia tal paradoxo: um niilismo civilizado, uma revolta absoluta que reconhece os limites — e convertia o paradoxo numa receita do bom cidadão. Que bondade complicada, afinal! Nos textos de Camus, a bondade é obrigada a procurar ao mesmo tempo o ato apropriado e a razão que o justifique. Assim é a revolta. Em 1939, em meio a reflexões sobre a guerra, que acabava de começar, o jovem Camus se interrompeu nos *Cadernos* para observar: "Estou procurando razões para minha revolta que nada até agora justificou". A posição radical precedia as razões que a justificavam. Passada mais de uma década, em 1951, Camus publicou *O homem revol-*

tado. A refutação da revolta nesse livro foi, da mesma maneira, um gesto de temperamento, um ato para persuadir a si mesmo.

O notável é que, em vista do temperamento refinado de Camus, lhe tenha sido possível agir, fazer escolhas históricas reais, com a sinceridade com que o fez. Vale lembrar que Camus teve de tomar nada menos que três decisões exemplares durante sua curta vida — participar pessoalmente da Resistência francesa, dissociar-se do Partido Comunista e recusar-se a endossar a revolta argelina —, sendo que em duas delas creio que se saiu admiravelmente bem. O problema de Camus nos anos finais de vida não foi se tornar religioso ou se acomodar numa seriedade humanitarista burguesa, ou perder seu vigor socialista. Foi ter ficado preso na armadilha de sua própria virtude. Um escritor que atua como consciência pública precisa de um vigor extraordinário e de instintos apurados, como um boxeador. Depois de algum tempo, é inevitável que esses instintos comecem a falhar. Ele também precisa ter resistência emocional. Camus não tinha toda essa resistência, não como Sartre tem. Não subestimo a coragem em desaprovar o pró-comunismo de muitos intelectuais franceses no final dos anos 1940. Como juízo moral, a decisão de Camus foi correta naquele momento, e, desde a morte de Stálin, ele tem sido constantemente absolvido também no sentido político. Mas o juízo moral nem sempre coincide com o juízo político de maneira tão feliz. Sua aflitiva incapacidade de tomar posição na questão argelina — sobre a qual, como argelino e francês, estava especialmente qualificado para falar — foi o infeliz testamento final de sua virtude moral. Ao longo de toda a década de 1950, Camus declarou que suas lealdades e simpatias pessoais o impediam de formular um juízo político conclusivo. Por que se exige tanto de um escritor?, queixava-se ele. Enquanto Camus se aferrava ao silêncio, Merleau-Ponty — que saíra do grupo do *Temps Modernes* junto com Camus devido à questão do comunismo — e o próprio

Sartre angariavam assinaturas importantes em dois manifestos históricos protestando contra a continuação da guerra na Argélia. É uma cruel ironia que tanto Merleau-Ponty, cuja perspectiva moral e política geral era tão próxima à de Camus, quanto Sartre, cuja integridade política Camus parecia ter demolido uma década antes, tivessem condições de levar os intelectuais franceses conscientes à posição inevitável, à única posição, à posição que todos esperavam que Camus adotaria.

Numa atilada resenha de um dos livros de Camus, alguns anos atrás, Lionel Abel falava dele como o homem que encarnava o Sentimento Nobre, distinguindo-o da Ação Nobre. Isso está totalmente correto, e não significa que houvesse alguma hipocrisia na moral de Camus. Significa que a ação não era a principal preocupação de Camus. A capacidade de agir ou de se abster de agir é secundária em relação à capacidade ou incapacidade de sentir. O que Camus elaborou é menos uma posição intelectual e mais uma exortação ao sentir — com todos os riscos de impotência política que isso acarretava. A obra de Camus revela um temperamento em busca de uma situação, sentimentos nobres em busca de ações nobres. Na verdade, essa dissociação constitui exatamente o tema da literatura e dos ensaios filosóficos de Camus. Encontra-se aí a prescrição de uma atitude (nobre, estoica, ao mesmo tempo distanciada e compassiva) associada à descrição de acontecimentos muito dolorosos. A atitude, o sentimento nobre não está genuinamente ligado ao acontecimento. Mais do que uma reação ou solução, é uma transcendência do acontecimento. A vida e a obra de Camus se referem não tanto à moral quanto ao páthos das posições morais. Esse páthos é que constitui a modernidade de Camus. E sua capacidade de sofrer tal páthos de maneira digna e viril é que levou seus leitores a sentir amor e admiração por ele.

Aqui, retorna-se ao homem, tão intensamente amado e, no entanto, tão pouco conhecido. Há algo de fantasmagórico na literatura de Camus e na voz, calma e serena, dos famosos ensaios. Isso apesar das fotografias inesquecíveis, com seu ar belamente informal. Um cigarro pende dos lábios, quer esteja ele de capa, de camisa aberta e pulôver ou de terno social. Em muitos aspectos, é um rosto quase ideal: juvenil, bonito, mas não demais, esguio, simples, com expressão ao mesmo tempo intensa e modesta. Sente-se vontade de conhecer esse homem.

Nos *Cadernos, 1935-1942,** o primeiro dos três volumes a serem lançados, com os cadernos de notas que Camus manteve de 1935 até a morte, seus admiradores naturalmente esperam encontrar uma generosa percepção do homem e da obra que os comove. Lamento dizer, em primeiro lugar, que a tradução de Philip Thody é medíocre. Traz repetidas imprecisões, às vezes a ponto de distorcer gravemente o sentido de Camus. É pesada e falha por completo em encontrar em inglês o equivalente ao estilo sintético, informal e tão eloquente de Camus. O livro traz também um aparato acadêmico estorvante que talvez não incomode alguns leitores; a mim incomodou. (Para ter uma ideia de como Camus deveria soar em inglês, os leitores curiosos podem consultar a tradução precisa e sensível de algumas seções dos *Cadernos* feita por Anthony Hartley, que saiu em *Encounter* dois anos atrás.) Mas nenhuma tradução, seja fiel ou sem ouvido, é capaz de tornar os *Cadernos* menos, e tampouco mais, interessantes do que são. Não são grandes diários literários, como os de Kafka e Gide. Não têm o brilho intelectual coruscante dos *Diários* de Kafka. Falta-lhes a sofisticação cultural, o empenho artístico, a densidade humana

---

* *Notebooks, 1935-1942*, de Albert Camus. Tradução do francês por Philip Thody. Nova York: Knopf. [Ed. bras.: *Cadernos*, 3 v. Tradução de Raphael Araújo e Samara Geske. São Paulo: Hedra, 2014.]

dos *Diários* de Gide. São comparáveis, digamos, aos *Diários* de Cesare Pavese, com a diferença de não trazerem o elemento de exposição pessoal, de intimidade psicológica.

Os *Cadernos* de Camus contêm uma variedade de coisas. São cadernos de rascunho literário, jazidas que a princípio recebiam suas notas, com frases, trechos de conversas entreouvidas, ideias de enredos e às vezes parágrafos inteiros que depois eram incorporados nos romances e ensaios. Essas seções dos *Cadernos* são materiais esquemáticos e, por isso, duvido que despertem grande entusiasmo mesmo entre os aficionados das obras literárias de Camus, apesar das cuidadosas notas e correlações com as obras publicadas feitas pelo sr. Thody. Os *Cadernos* também trazem uma miscelânea de notas de leitura (Spengler, a história da Renascença etc.) de extensão bastante limitada — aqui certamente não está registrada a grande quantidade de leituras utilizada na redação de *O homem revoltado* — e várias máximas e reflexões sobre temas morais e psicológicos. Algumas dessas reflexões são de grande finura e ousadia. Valem a leitura e podem ajudar a desfazer uma imagem corrente de Camus — segundo a qual ele seria uma espécie de Raymond Aron, um homem mentalmente afetado pela filosofia alemã, convertendo-se tardiamente ao empirismo e ao senso comum anglo-saxão sob o nome de virtude "mediterrânea". Os *Cadernos*, pelo menos neste primeiro volume, emanam uma afável atmosfera de nietzschianismo domesticado. O jovem Camus escreve como um Nietzsche francês, melancólico onde Nietzsche é feroz, estoico onde Nietzsche se mostra indignado, de tom impessoal e objetivo onde Nietzsche é pessoal e subjetivo a um grau maníaco. E, por fim, os *Cadernos* estão cheios de comentários pessoais — declarações e resoluções, diríamos melhor — marcadamente impessoais.

A impessoalidade é, talvez, o aspecto mais expressivo dos *Cadernos* de Camus: são extremamente antiautobiográficos. Ao ler os *Cadernos*, é até difícil lembrar que Camus teve uma vida muito interessante, uma vida interessante (ao contrário da de muitos escritores) no sentido não só interior, mas também exterior. Não há praticamente nada dessa vida nos *Cadernos*. Não há nada sobre a família, à qual era muito ligado. Tampouco menção alguma aos acontecimentos ocorridos nesse período: seu trabalho com o Théâtre de l'Équipe, o primeiro e o segundo casamento, a filiação ao Partido Comunista, a carreira como editor de um jornal argelino de esquerda.

Claro, não se pode julgar o diário de um escritor pelos critérios de um registro do cotidiano. Os cadernos de um escritor têm uma função muito específica: neles, o escritor constrói para si mesmo, peça por peça, a identidade de escritor. Usualmente, os cadernos dos escritores estão cheios de declarações sobre a vontade: a vontade de escrever, a vontade de amar, a vontade de renunciar ao amor, a vontade de continuar a viver. O diário é onde o escritor é heroico para si mesmo. Ele existe ali exclusivamente como um ser que percebe, sofre e luta. É por isso que todos os comentários pessoais de Camus nos *Cadernos* são de natureza tão impessoal e excluem os eventos e as pessoas de sua vida por completo. Camus escreve sobre si mesmo apenas como um solitário — leitor, espectador, adorador do sol e do mar, caminhante pelo mundo, sempre solitário. Nisso ele está sendo, em grande medida, o escritor. A solitude é a metáfora indispensável da consciência do escritor moderno, não só para os desajustados emocionais confessos como Pavese, mas mesmo para um homem tão sociável e socialmente consciencioso como Camus.

Assim, embora sejam de leitura absorvente, os *Cadernos* não respondem à questão da estatura permanente de Camus nem nos permitem aprofundar nossa noção de Camus enquanto indivíduo. Camus era, nas palavras de Sartre, "a admirável conjunção de um homem, de uma ação e de uma obra". Hoje resta apenas a obra. E o que essa conjunção de homem, ação e obra inspirou no espírito e nos sentimentos de seus milhares de leitores e admiradores é algo que não pode ser inteiramente reconstituído apenas pelo contato com a obra. Teria sido um feliz e importante acontecimento se os *Cadernos* de Camus tivessem sobrevivido ao autor para nos oferecer sobre o homem mais do que nos oferecem, mas, infelizmente, não é o caso.

(1963)

A *idade viril* de Michel Leiris

Chegando-nos em tradução no ano de 1963, a brilhante narrativa autobiográfica de Michel Leiris, *L'Âge d'homme*, é de início muito intrigante. *Manhood*, como é o título em inglês, aparece sem nenhuma nota explicativa.* O leitor não tem como descobrir que Leiris, agora sexagenário e autor de cerca de vinte livros, nenhum deles ainda em inglês, é importante poeta e sobrevivente da geração surrealista de Paris nos anos 1920, e antropólogo bastante ilustre. A edição americana também não explica que *Manhood* não é recente — na verdade, foi escrito no começo dos anos 1930, publicado pela primeira vez em 1939 e reeditado com um importante ensaio como prefácio, "Da literatura como tauromaquia", em 1946, quando teve um grande *succès de scandale*. Embora as autobiografias possam nos fascinar mesmo quando não temos nenhum interesse prévio — ou nenhuma razão para nos interessar-

---

* *Manhood*, de Michel Leiris. Traduzido do francês por Richard Howard. Nova York: Grossman. [Ed. bras.: *A idade viril*. Tradução de Paulo Neves. São Paulo: Cosac Naify, 2004.]

mos — pelo escritor, o fato de Leiris ser desconhecido nos Estados Unidos complica a questão, porque o livro é parte integrante não só de uma obra, mas de uma história de vida.

Em 1929, Leiris sofreu uma grave crise mental, que entre outras coisas lhe provocou impotência, e passou cerca de um ano sob tratamento psiquiátrico. Em 1930, aos 34 anos de idade, ele começou *A idade viril*. Naquela época, era poeta, com forte influência de Apollinaire e de seu amigo Max Jacob; já havia publicado vários volumes de poemas, sendo o primeiro deles *Simulacre* (1925); e, no mesmo ano em que começou *A idade viril*, escreveu um notável romance em estilo surrealista, *Aurora*. Mas, logo depois de iniciar *A idade viril* (só terminado em 1935), Leiris seguiu por uma nova carreira — como antropólogo. Fez uma expedição de campo à África (Dacar e Djibuti) em 1931-3 e, ao voltar para Paris, ingressou na equipe do Musée de l'Homme, onde continua até hoje, em importante cargo de curadoria. Não há nenhum vestígio dessa guinada surpreendente — de boêmio e poeta para estudioso acadêmico e funcionário de museu — registrado entre as revelações absolutamente íntimas de *A idade viril*. O livro nada traz sobre as realizações do poeta ou do antropólogo. Sente-se que não poderiam estar ali; tal registro prejudicaria a impressão de fracasso.

Em vez de uma história de sua vida, Leiris nos apresenta um catálogo de suas limitações. *A idade viril* começa não com "Nasci em…", mas com uma descrição muito prosaica do físico do autor. Somos informados nas primeiras páginas sobre a calvície incipiente de Leiris, a inflamação crônica das pálpebras, a reduzida capacidade sexual, a tendência de encurvar os ombros ao se sentar e de coçar a região anal quando sozinho, uma traumática operação para tirar as amígdalas quando menino, uma infecção igualmente traumática do pênis e, adiante, sobre sua hipocondria, a covardia em todas as situações diante do mais ínfimo risco, a incapacidade de falar com fluência qualquer língua estrangeira, a patética incompetência nos esportes. Seu caráter também vem descrito pelo lado das limitações: Leiris o apresenta "corroído" por fantasias mórbidas e agressivas em relação à carnalidade em geral e às mulheres em particular. *A idade viril* é um manual da degradação — casos, fantasias, associações verbais, sonhos apresentados com a entonação de um homem que cutuca, curioso e meio anestesiado, suas próprias feridas.

Poderíamos considerar o livro de Leiris um exemplo especialmente expressivo da veneranda preocupação com a sinceridade, peculiar às letras francesas. Desde os *Ensaios* de Montaigne e as *Confissões* de Rousseau, passando pelos diários de Stendhal, até as confissões modernas de Gide, Jouhandeau e Genet, os grandes escritores da França têm-se ocupado em um grau surpreendente da apresentação distanciada de seus sentimentos íntimos, em particular os ligados à sexualidade e à ambição. Em nome da sinceridade, seja em forma autobiográfica ou ficcional (como em Constant, Laclos, Proust), os escritores franceses vêm explorando friamente manias eróticas e investigando técnicas de distanciamento emocional. É essa longa preocupação com a sinceridade — acima e além da expressividade emotiva — que confere sobriedade e até um certo classicismo a inúmeras obras francesas do período romântico. Mas considerar o livro de Leiris apenas dessa maneira é lhe fazer injustiça. *A idade viril* é mais estranho, mais cruel do que sugere tal linhagem. Muito mais do que qualquer confissão que se encontra nos grandes documentos autobiográficos franceses sobre sentimentos incestuosos, sadismo, homossexualidade, masoquismo e franca promiscuidade, o que Leiris admite é obsceno e repulsivo. O que choca não é tanto o que Leiris fez. A ação não é seu forte, e seus vícios são os de um temperamento sensual frio e temeroso — falhas e deficiências rasteiras, mais do que atos sombrios. Isso porque a atitude de Leiris não mostra o menor indício de respeito próprio que a redima. Essa falta de estima ou consideração por si mesmo é obscena. Todas as outras grandes obras confessionais das letras francesas partem do amor-próprio e têm a clara intenção de defender e justificar o indivíduo. Leiris execra a si mesmo, e não pode se defender nem se justificar. *A idade viril* é um exercício de impudência — uma sequência de revelações de um temperamento poltrão, mórbido, deformado. Não por acaso, Leiris revela ao longo da narração o que há de repulsivo em si. O que é repulsivo é o *tema* do livro.

Poderíamos perguntar: e daí? *A idade viril* decerto tem algum valor como documento clínico; é uma farta coletânea de fatos e dados para o estudioso profissional das aberrações mentais. Mas o livro não mereceria atenção se não tivesse valor literário. Isso, penso eu, ele tem — embora, como muitas obras literárias modernas, se afirme como antiliteratura. (Com efeito, grande parte do movimento moderno nas artes se apresenta como antiarte.) Paradoxalmente, é seu próprio ódio à ideia de literatura que torna *A idade viril* — livro escrito de maneira muito cuidadosa (mas não bonita) e executado com grande sutileza — interessante como literatura. Da mesma maneira, é precisamente com a tácita rejeição de *A idade viril* ao projeto racionalista de autoconhecimento que Leiris dá sua contribuição a ele.

A pergunta a que Leiris responde em *A idade viril* não é de ordem intelectual. É o que chamaríamos de pergunta psicológica — e os franceses, de pergunta moral. Leiris não está tentando entender a si mesmo. Tampouco escreve *A idade viril* para ser perdoado ou amado. Leiris escreve para horrorizar e, assim, receber dos leitores a recompensa de uma emoção forte — a emoção necessária para se defender contra a indignação e repugnância que espera despertar nos leitores. A literatura se torna uma modalidade de psicotécnica. Como explica ele no ensaio de prefácio, "Da literatura como tauromaquia", ser escritor, homem de letras, não basta. É maçante, sem graça. Falta-lhe perigo. Leiris precisa sentir, como diz, o equivalente à consciência do toureiro de que se arrisca a levar uma chifrada. Só assim escrever vale a pena. Mas como o escritor consegue essa percepção revigorante do perigo mortal? A resposta de Leiris é: expondo a si mesmo, sem se defender; não fabricando obras de arte, objetificações de si mesmo, mas pondo a si mesmo — sua própria pessoa — na linha de fogo. Mas nós, os leitores, os espectadores dessa ação cruenta, sabemos que, quando ela é bem-feita (pense-se como a tauromaquia é apresentada como um ato cerimonial, eminentemente estético), ela se torna — a despeito de todo o repúdio da literatura — literatura.

Um escritor que adota um programa semelhante ao de Leiris para criar literatura inadvertidamente, a partir da laceração e exposição de si mesmo, é Norman Mailer. Alguns anos atrás, Mailer concebeu a escrita como um esporte sangrento (usando mais a imagem do boxe do que a da tauromaquia), insistindo que o melhor escritor é o que ousa mais, arrisca mais. Por essa razão, cada vez mais Mailer tem usado a si mesmo como tema de seus ensaios e obras semificcionais. Mas há grandes diferenças entre Mailer e Leiris, e elas são reveladoras. Em Mailer, esse entusiasmo pelo perigo aparece, durante grande parte do tempo, sob forma um tanto sórdida — como megalomania e uma cansativa rivalidade com outros escritores. Nos escritos de Leiris, não há a consciência de uma cena literária, de outros escritores, colegas toureiros competindo pelo perigo mais arrebatador. (Pelo contrário, Leiris, que conhece praticamente todo mundo, escritores e também pintores, mostra extremo respeito ao tratar da obra e da pessoa de seus amigos.) Mailer, em seus escritos, ultimamente anda mais interessado no sucesso do que no perigo; o perigo é apenas um meio para o sucesso. Leiris, em seus escritos, não está minimamente interessado no sucesso. Mailer, nos ensaios e aparições públicas recentes, registra seu aprimoramento como viril instrumento das letras; está em perpétuo treinamento, preparando-se para disparar de sua plataforma como um míssil e entrar numa bela órbita nas alturas; até seus malogros podem se converter em sucessos. Leiris registra as derrotas de sua virilidade; sendo um completo desastre nas artes corporais, está em perpétuo treinamento para se extinguir; até seus sucessos lhe parecem malogros. Talvez esteja aí a diferença essencial entre o temperamento populista e otimista de inúmeros escritores americanos e a postura drasticamente apartada dos melhores escritores europeus. Leiris é um escritor muito mais subjetivo e menos ideológico do que Mailer. Este nos mostra como suas fraquezas e labutas pessoais geram a força de sua obra pública — e quer envolver o leitor nesse processo de transformação. Mas Leiris não vê nenhuma continuidade entre sua figura pública, por ilustre que possa ser, e suas fraquezas pessoais. Os motivos de Mailer para se expor podem ser classificados como ambição espiritual (para não dizer mundana) — um desejo de provar a si mesmo por meio de reiteradas provações —; os motivos de Leiris são mais desesperados: ele quer provar não que é heroico, mas que existe, simplesmente. Leiris execra sua inépcia e covardia física. Mas, longe de querer se eximir com suas falhas repugnantes, o que ele parece querer é se convencer de que esse corpo insatisfatório — e esse caráter impróprio — realmente existe. Perseguido por uma sensação de irrealidade do mundo e, em última instância, de si mesmo, Leiris busca um sentimento forte e inequívoco. Mas, como bom romântico de manual, a única emoção que Leiris reconhece é a que envolve um risco mortal. "Com um amargor do qual nunca suspeitei antes, acabo de entender que a única coisa de que preciso para salvar a mim mesmo é um certo fervor", escreve ele em *A idade viril*, "mas que este mundo não tem coisa alguma pela qual eu daria minha vida." Todas as emoções, para Leiris, ou são mortais ou não são nada. Sabemos por seus livros que Leiris várias vezes de fato tentou se matar;

poderíamos dizer que, para ele, a vida só se torna real quando está sob a ameaça do suicídio. O mesmo se aplica à vocação literária. Numa visão como a de Leiris, a literatura tem valor apenas como meio de fortalecer a virilidade ou como meio para o suicídio.

Desnecessário dizer que ela não é uma coisa nem outra. Normalmente, a literatura gera literatura. Qualquer que fosse o valor terapêutico de sua exposição pessoal em *A idade viril*, sua maneira de operar sobre si mesmo não se encerrou com esse livro. Seu trabalho literário desde a guerra não mostra uma solução dos problemas apresentados em *A idade viril*; apenas acrescenta novos complicadores. Com o título geral de *La Règle du jeu* [A regra do jogo], Leiris vem escrevendo ensaios sobre memórias sensoriais da infância, imagens pessoais da morte, fantasias sexuais, associações semânticas de certas palavras — incursões autobiográficas mais discursivas e mais complexas do que *A idade viril*. Saíram dois dos três volumes programados: *Biffures* [Riscos] em 1948 e *Fourbis* [Cacarecos] em 1961. Os títulos trocistas já dizem o suficiente. Em *Fourbis*, reencontramos a velha queixa: "Se não há nada no amor — ou no gosto — pelo qual eu me disponha a enfrentar a morte, estou apenas remexendo um espaço vazio e tudo se apaga, inclusive eu mesmo". O mesmo tema prossegue em seu recente *Vivantes Cendres, innommées* [Cinzas vivas, inominadas], ciclo de poemas que constituem um "diário" da tentativa de suicídio de Leiris em 1958, ilustrado com águas-fortes do amigo Giacometti. Pois, ao que parece, o maior problema que Leiris enfrenta é a crônica falta de densidade de suas emoções. A vida que Leiris disseca em todos os seus livros está polarizada entre o que ele chama de sua "imensa capacidade de tédio, da qual decorre todo o resto", e uma enorme carga de fantasias mórbidas, lembranças de ferimentos na infância, medo do castigo e a constante incapacidade de se sentir à vontade com o próprio corpo. Ao escrever sobre suas fraquezas, Leiris acena para o castigo que teme, na esperança de que consiga despertar em si mesmo uma coragem inédita. Tem-se a impressão de que um homem açoita a si mesmo apenas para que os pulmões permitam sorver o ar.

O tom de *A idade viril*, porém, é tudo menos veemente. Leiris fala em alguma passagem do livro que prefere roupas inglesas, que adota um estilo sóbrio e correto, "na verdade um pouco rígido e até fúnebre — o qual corresponde muito bem, creio eu, a meu temperamento". É uma descrição bastante razoável do estilo do livro. A extrema frieza de sua disposição sexual, explica ele, acarreta uma profunda aversão pelo feminino, pelo líquido, pelo emotivo; uma fantasia permanente é a de seu corpo se tornando petrificado, cristalizado, mineralizado. Tudo o que é frio e impessoal fascina Leiris. Por exemplo, sente-se atraído pela prostituição devido a seu caráter ritual — "bordéis são como museus", explica. Parece que sua escolha da antropologia como profissão também se deve ao mesmo gosto: sente-se atraído pelo extremo *formalismo* das sociedades primitivas. Isso fica evidente no livro que Leiris escreveu sobre os dois anos de sua expedição de campo, *A África fantasma* (1934), bem como em diversas monografias antropológicas excelentes. O amor de Leiris pelo formalismo, que se reflete no estilo imperturbável e contido de *A idade viril*, explica um aparente paradoxo. Pois, sem dúvida, é admirável que o homem que se entregou a uma implacável exposição de si mesmo tenha escrito uma ótima monografia sobre o uso de máscaras nos rituais religiosos africanos (*A possessão e seus aspectos teatrais entre os etíopes de Gondar*, 1958), que o homem que levou a noção de franqueza a seus extremos mais dolorosos também tenha se dedicado profissionalmente à ideia das línguas secretas (*A língua secreta dos dogons de Sanga*, 1948).

Esse tom imperturbável — aliado a uma grande inteligência e sutileza em relação aos motivos — faz de *A idade viril* um livro atraente em sentido muito familiar. Quanto a suas outras qualidades, porém, podemos reagir com impaciência, pois violam muitas concepções previamente dadas. Afora o brilhante ensaio de prefácio, *A idade viril* opera em meandros, círculos e recuos; não há nenhuma razão para terminar onde termina; tais tipos de percepção são infindáveis. O livro não tem movimento nem direção e não oferece clímax nem consumação. *A idade viril* é mais um desses livros tão modernos que só são plenamente inteligíveis enquanto parte de um projeto de vida: temos de tomar o livro como ação, que leva a outras ações. Esse tipo de literatura, em vez de ser visto retrospectivamente como parte do conjunto de uma obra, costuma ser hermético e opaco, às vezes enfadonho. Ora, não é difícil fazer uma defesa do hermetismo e da opacidade como possível condição para obras literárias de extrema densidade. Mas e o tédio? Justifica-se em algum momento? Creio que sim, às vezes. (É obrigação da grande arte ser ininterruptamente interessante? Creio que não.) Temos de reconhecer que certos usos do tédio constituem um dos traços estilísticos mais criativos da literatura moderna — assim como o convencionalmente feio e confuso já se tornou um recurso essencial da pintura moderna, e o silêncio (desde Webern) um elemento positivo, estrutural na música contemporânea.

(1964)

O antropólogo como herói

E, diante de mim, o círculo intransponível: quanto menos as culturas humanas tinham condições de se comunicar entre si e, portanto, de se corromper com esse contato, menos seus respectivos emissários eram capazes de perceber a riqueza e a significação dessa diversidade. No fim das contas, sou prisioneiro de uma alternativa: ora viajante antigo, diante de um espetáculo prodigioso que lhe escapava total ou quase totalmente — pior ainda, inspirava zombaria e desagrado; ora viajante moderno correndo atrás dos vestígios de uma realidade desaparecida. Nos dois casos, saio perdendo... pois eu, que gemo diante das sombras, não serei impermeável ao verdadeiro espetáculo que adquire forma neste instante...?

Tristes trópicos

Boa parte das reflexões sérias de nossa época trata da sensação de desenraizamento. O sentimento de inconfiabilidade da experiência humana, gerado pela inumana aceleração da mudança histórica, levou todos os intelectos modernos sensíveis a registrar algum tipo de náusea, de vertigem intelectual. E a única maneira de curar essa náusea espiritual parece ser, pelo menos de início, exacerbá-la. O pensamento moderno tem um compromisso com uma espécie de hegelianismo aplicado: buscar o Si no Outro. A Europa busca a si no exótico — na Ásia, no Oriente Médio, entre os povos sem escrita, numa América mítica; uma racionalidade cansada busca a si nas energias impessoais do êxtase sexual ou das drogas; a consciência busca seu sentido no inconsciente; os problemas humanistas buscam o esquecimento de si na "neutralidade axiológica" e na quantificação científica. O "outro" é vivido como uma rigorosa purificação do "si". Mas, ao mesmo tempo, o "si" está muito ocupado colonizando todos os domínios desconhecidos da experiência. A sensibilidade moderna se move entre dois impulsos aparentemente contraditórios, mas na verdade relacionados: rendição ao exótico, ao desconhecido, ao outro; domesticação do exótico, sobretudo por meio da ciência.

Existem filósofos que contribuíram para apresentar e entender esse desenraizamento intelectual — e, em minha opinião, apenas os filósofos modernos que o fizeram têm um premente direito a nosso interesse —, mas são, acima de tudo, poetas, romancistas e alguns pintores que têm *vivido* esse impulso espiritual atormentado, numa perturbação mental deliberada, no exílio voluntário e na compulsão de viajar. Mas há outras profissões cujas condições de vida são empregadas para mostrar essa vertiginosa atração moderna pelo estranho. Conrad em sua literatura, T. E. Lawrence, Saint-Exupéry e Montherlant, entre outros, criaram na vida e na obra o ofício do aventureiro como vocação espiritual. Trinta e cinco anos atrás, Malraux escolheu a profissão de arqueólogo e partiu para a Ásia. Em data mais recente, Claude Lévi-Strauss inventou a profissão de antropólogo como atividade total, incluindo um envolvimento espiritual como o do artista criador, do aventureiro ou do psicanalista.

Ao contrário dos escritores citados acima, Lévi-Strauss não é um homem de letras. Seus textos são, na maioria, acadêmicos e ele sempre esteve associado ao mundo acadêmico. Atualmente, desde 1960, ele ocupa um importante cargo universitário, a cátedra de antropologia social recém-criada no Collège de France, e dirige um instituto de pesquisas grande e fartamente subvencionado. Mas sua importância acadêmica e capacidade de patrocínio não dão a medida exata da extraordinária posição que ele ocupa na vida intelectual francesa contemporânea. Na França, onde existe uma maior consciência da aventura, dos riscos da inteligência, um homem pode ser especialista em determinada área e, ao mesmo tempo, objeto de interesse e controvérsia geral entre a intelectualidade. Dificilmente se passa um mês na França sem um artigo de destaque em alguma revista literária séria ou uma importante preleção pública enaltecendo ou criticando as ideias e a influência de Lévi-Strauss. Tirando o incansável Sartre e o calado Malraux, ele é a "figura" intelectual mais interessante na França atual.

Até o momento, Lévi-Strauss é pouquíssimo conhecido aqui nos Estados Unidos. No ano passado, foram traduzidos e lançados dois volumes: uma coletânea de ensaios antes dispersos sobre os métodos e conceitos da antropologia, publicados em 1958 com o título de *Antropologia estrutural* e *Totemismo hoje* (1962). Ainda estão para sair três obras: outra coletânea de ensaios, de caráter mais filosófico, chamada *O pensamento selvagem* (1962); um livro publicado pela Unesco em 1952, chamado *Raça e história*; e a excelente obra sobre os sistemas de parentesco dos povos primitivos, *As estruturas elementares de parentesco* (1949).* Alguns des-

---

* Em 1965, Lévi-Strauss publicou *O cru e o cozido*, um extenso estudo das "mitologias" do preparo dos alimentos entre os povos primitivos.

ses textos pressupõem uma familiaridade com a bibliografia antropológica e os conceitos de linguística, sociologia e psicologia maior do que a do leitor médio. Mas seria uma grande pena se a obra de Lévi-Strauss, depois de integralmente traduzida, ficasse restrita aqui no país a um público especializado. Pois Lévi-Strauss montou, a partir da perspectiva antropológica, uma das poucas posições intelectuais — no sentido mais geral da expressão — possíveis e interessantes. E um de seus livros é uma obra-prima. Refiro-me ao incomparável *Tristes trópicos*, que se tornou best--seller ao ser publicado na França em 1955, mas que, traduzido para o inglês e lançado aqui em 1961, foi vergonhosamente ignorado. *Tristes trópicos* é um dos grandes livros do século. É rigoroso, sutil, intelectualmente ousado. É escrito com suprema beleza. E, como todos os grandes livros, traz uma marca personalíssima: fala com voz humana.

Em princípio, *Tristes trópicos* é o registro ou, melhor, as memórias da experiência "de campo" do autor, escritas mais de quinze anos depois. Os antropólogos gostam de comparar a pesquisa de campo com as provações do rito de passagem em certas sociedades primitivas. A provação de Lévi-Strauss foi no Brasil, antes da Segunda Guerra Mundial. Nascido em 1908, pertencendo à geração e ao círculo intelectual que incluíam Sartre, Beauvoir, Merleau-Ponty e Paul Nizan, estudou filosofia no final dos anos 1920 e, como eles, deu aulas por algum tempo num liceu de província. Insatisfeito com a filosofia, logo renunciou ao cargo, voltou para Paris para estudar direito, depois começou a estudar antropologia e em 1935 foi para São Paulo, como professor da disciplina. De 1935 a 1939, durante as férias universitárias de novembro a março e em outro período de mais de um ano, Lévi-Strauss viveu em tribos indígenas no interior do Brasil. *Tristes trópicos* é um registro de seus contatos com essas tribos — os nhambiquaras nômades que matavam missionários, os tupis-kawahibs que nenhum branco vira antes, os bororos materialmente esplêndidos, os cerimoniosos caduveus, que criam quantidades enormes de pinturas e esculturas abstratas. A grandeza de *Tristes trópicos*, porém, não consiste apenas nessa sensível reportagem, mas na maneira como Lévi-Strauss utiliza sua experiência — para refletir sobre a natureza da paisagem, o significado da labuta física, a cidade no Velho e no Novo Mundo, a ideia de viagem, os crepúsculos, a modernidade, a ligação entre alfabetismo e poder. A chave do livro se encontra no capítulo 6, "Como me tornei antropólogo", em que Lévi-Strauss vê na história de suas próprias escolhas um estudo de caso dos riscos espirituais únicos a que se sujeita o antropólogo. *Tristes trópicos* é um livro intensamente pessoal. Como os *Ensaios*, de Montaigne, e *A interpretação dos sonhos*, de Freud, é uma autobiografia intelectual, uma história pessoal exemplar em que se elabora toda uma sensibilidade, toda uma concepção da condição humana.

A empatia profundamente inteligente que dá forma a *Tristes trópicos* faz com que outras memórias sobre a vida entre povos sem escrita pareçam canhestras, defensivas, provincianas. Mas essa empatia é modulada por uma impassibilidade conquistada a duras penas. Simone de Beauvoir, em sua autobiografia, descreve Lévi-Strauss como um jovem professor-estudante de filosofia expondo "com sua voz distanciada e com uma expressão imperturbável... a loucura das paixões". Não à toa, a epígrafe de *Tristes trópicos* é uma citação de *De Rerum Natura*, de Lucrécio. O objetivo de Lévi-Strauss é muito similar ao de Lucrécio, o romano helenófilo que defendia o estudo das ciências naturais como uma modalidade de psicoterapia ética. O objetivo de Lucrécio não era o conhecimento científico autônomo, e sim a diminuição da ansiedade emocional. Para ele, o homem vivia dilacerado entre o prazer do sexo e a dor da perda emocional, atormentado por superstições inspiradas pela religião, perseguido pelo medo da decadência física e da morte. Recomendava o conhecimento científico, por ensinar a serenidade e um hábil distanciamento. O conhecimento científico, para Lucrécio, é um modo de dignidade psicológica. É uma maneira de aprender a se desprender.

Lévi-Strauss vê o homem com um pessimismo lucreciano e um gosto lucreciano pelo conhecimento como consolo e necessário desencantamento. Mas, para ele, o demônio não é o corpo nem os desejos — é a história. O passado, com suas estruturas de misteriosa harmonia, rompeu-se e desmorona diante de nossos olhos. Por isso os trópicos são *tristes*. Em 1915, na primeira visita dos missionários, existiam cerca de 20 mil nhambiquaras, nus, pobres, nômades, bonitos; quando Lévi-Strauss chegou, em 1938, não passavam de 2 mil; hoje, são miseráveis, feios, sifilíticos e estão quase extintos. A esperança é que a antropologia diminua a ansiedade histórica. É interessante que Lévi-Strauss se apresente como ardoroso leitor de Marx desde os dezessete anos de idade ("Raramente trato de um problema em sociologia ou etnologia sem me preparar mentalmente examinando antes uma ou duas páginas do *Dezoito Brumário de Luís Bonaparte* ou da *Crítica da economia política*) e que muitos alunos de Lévi-Strauss sejam, ao que consta, ex-marxistas, como que vindo prestar seu culto no altar do passado, já que não podem prestá-lo ao futuro. A antropologia é necrologia. "Estudemos os primitivos", dizem Lévi-Strauss e discípulos, "antes que desapareçam."

É estranho pensar nesses ex-marxistas — otimistas filosóficos, se é que tal coisa existe — rendendo-se ao melancólico espetáculo do passado pré-histórico se desmoronando. Eles transitaram não só do otimismo para o pessimismo, mas também da certeza para a dúvida sistemática. Pois, segundo Lévi-Strauss, a pesquisa de campo, "por onde começam todas as carreiras etnológicas, é a mãe e nutriz da dúvida, a atitude filosófica por excelência". No programa de Lévi-Strauss para o antropólogo praticante, em *Antropologia estrutural*, o método cartesiano da dúvida se instala como agnosticismo permanente. "Essa 'dúvida antropológica' consiste não apenas em saber que nada se sabe, mas em expor resolutamente o que se acreditava saber, e mesmo a própria ignorância, aos insultos e desmentidos infligidos a nossas mais caras ideias e hábitos por aquelas ideias e hábitos capazes de contradizê-los ao mais alto grau."

Assim, ser antropólogo é adotar uma posição muito engenhosa perante as próprias dúvidas e incertezas intelectuais. Lévi-Strauss deixa claro que, para ele, essa é uma posição eminentemente *filosófica*. Ao mesmo tempo, a antropologia reconcilia várias pretensões pessoais divergentes. É uma das raras vocações intelectuais que não exigem o sacrifício da bravura pessoal. Além do cérebro, convocam-se a coragem, o amor pela aventura, a resistência física. Ela também oferece uma solução para aquele aflitivo efeito colateral da inteligência, o alheamento. A antropologia vence a função de estranhamento do intelecto institucionalizando-a. Para o antropólogo, o mundo está profissionalmente dividido entre "lar" e "lá fora", o doméstico e o exótico, o mundo acadêmico urbano e os trópicos. O antropólogo não é um mero observador neutro. É um homem que tem o controle e explora, até conscientemente, seu alheamento intelectual. É uma *technique de dépaysement*, como Lévi-Strauss designa sua profissão em *Antropologia estrutural*. Ele dá por assentes as fórmulas filistinas da "neutralidade axiológica" da ciência moderna. E o que faz é oferecer uma versão refinada, aristocrática dessa neutralidade. O antropólogo em campo se torna o próprio modelo da consciência do século xx: "crítico em casa", mas "conformista nos demais lugares". Lévi-Strauss reconhece que esse estado espiritual paradoxal impede que o antropólogo seja um cidadão. No que se refere a seu país, o antropólogo é esterilizado politicamente. Não pode buscar o poder, só pode ser uma voz crítica dissidente. O próprio Lévi-

-Strauss, embora seja, da maneira mais genérica e muito tipicamente francesa, de esquerda (assinou o famoso "Manifesto dos 121", que recomendava a desobediência civil na França em protesto contra a guerra argelina), é, pelos critérios franceses, um apolítico. A antropologia, na concepção de Lévi-Strauss, é uma técnica de desengajamento político, e a vocação do antropólogo exige a adoção de um profundo distanciamento. "Nunca ele consegue se sentir 'em casa' em lugar algum; será sempre, psicologicamente falando, um amputado."

Sem dúvida, os primeiros a visitar povos sem escrita estavam longe de ter esse distanciamento. Os praticantes de campo originais daquilo que então se chamava etnologia eram missionários, decididos a libertar o selvagem de suas tolices e a convertê-lo num cristão civilizado. Cobrir os seios das mulheres, vestir calça nos homens, enviar todos eles à escola dominical para tartamudearem o Evangelho, tal era o objetivo de toda uma legião de solteironas de Yorkshire, de olhar pétreo e inexpressivo, e de filhos de agricultores pobres do Centro-Oeste americano. E havia ainda os humanistas laicos — observadores imparciais, respeitosos, que não interferiam e não iam vender Cristo aos selvagens, e sim, quando voltavam a suas terras, iam pregar a "razão", a "tolerância" e o "pluralismo cultural" ao público letrado burguês. E lá em suas terras havia os grandes consumidores de dados antropológicos, elaborando concepções de mundo racionalistas, como Frazer, Spencer, Robertson Smith, Freud. Mas a antropologia sempre se debateu com uma *repulsa* carregada de fascínio e intensidade em relação a seu objeto. O horror ao primitivo (expresso com muita candidez por Frazer e Lévy-Bruhl) nunca se afasta da consciência do antropólogo. Lévi-Strauss foi quem mais conseguiu superar essa aversão. O antropólogo nos moldes de Lévi-Strauss constitui uma nova linhagem. Ao contrário das gerações recentes de antropólogos americanos, ele não se resume a um modesto "observador" coletando dados. Tampouco tem algum interesse — cristão, racionalista, freudiano, o que seja — a defender. Ele está basicamente empenhado em salvar a própria alma, num curioso e ambicioso gesto de catarse intelectual.

O antropólogo — e nisto, segundo Lévi-Strauss, consiste sua principal diferença em relação ao sociólogo — é uma *testemunha ocular*. "É pura ilusão que se possa ensinar antropologia apenas teoricamente." (E aí é de se perguntar por que é admissível um Max Weber escrevendo sobre o judaísmo antigo ou a China confuciana, e não um Frazer descrevendo os rituais de bodes expiatórios em meio à tribo tagbanua nas Filipinas.) Por quê? Porque a antropologia, para Lévi-Strauss, é um tipo de disciplina intelectual personalíssima, como a psicanálise. Um período em campo é o exato equivalente ao treinamento analítico que fazem os candidatos a psicanalistas. A finalidade do trabalho de campo, escreve Lévi-Strauss, é "criar aquela revolução psicológica que marca a guinada decisiva na formação do antropólogo". E não são os exames escritos, mas somente a avaliação de "membros experientes da profissão", os quais passaram pela mesma prova psicológica, que pode determinar "se e quando" um candidato a antropólogo "passou, como resultado do trabalho de campo, por aquela revolução interior que realmente o transformará num novo homem".

No entanto, cabe frisar que essa concepção de tom literário sobre a vocação do antropólogo — a aventura espiritual do renascido, votado a um *déracinement* sistemático — vem complementada, na maioria dos escritos de Lévi-Strauss, por uma insistência nas mais rigorosas técnicas, nada literárias, de análise e pesquisa. Seu importante ensaio sobre o mito em *Antropologia estrutural* traça uma técnica de análise e registro dos elementos dos mitos, para que possam ser processados em computador. As contribuições europeias ao que, nos Estados Unidos, chamamos de "ciências sociais" têm uma baixíssima reputação aqui no país por causa de sua documentação empírica insuficiente, de seu gosto "humanista" por uma implícita crítica à cultura, pela recusa em adotar as técnicas de quantificação como ferramenta essencial de pesquisa. Os ensaios de Lévi-Strauss em *Antropologia estrutural* certamente escapam a tais objeções. Na verdade, longe de desdenhar o apreço americano pela medição quantitativa exata de problemas tradicionais, Lévi-Strauss considera que tais técnicas não têm sofisticação ou rigor metodológico suficientes. Em leve detrimento da escola francesa (Durkheim, Mauss e seguidores) à qual é estreitamente ligado, Lévi-Strauss rende pródigas homenagens, no decorrer de todos os ensaios de *Antropologia estrutural*, ao trabalho de antropólogos americanos, em particular a Lowie, Boas e Kroeber.* Mas sua afinidade mais próxima se dá com as metodologias mais avançadas da economia, neurologia, linguística e teo-

---

* Lévi-Strauss comenta em *Tristes trópicos* que, embora conhecesse de longa data os textos dos antropólogos e sociólogos franceses, foi a leitura de *Primitive Society* de Lowie em 1934 ou 1935 que efetuou sua conversão da filosofia para a antropologia. "Assim começou minha longa intimidade com a antropologia anglo-americana... Iniciei como confesso antidurkheimiano e inimigo de qualquer tentativa de dar à sociologia usos metafísicos."

Mesmo assim, Lévi-Strauss deixa claro que se considera legítimo herdeiro da tradição Durkheim-Mauss e recentemente não hesitou em situar sua obra em relação aos problemas filosóficos postulados por Marx, Freud e Sartre. E, no plano da análise técnica, tem plena consciência de sua dívida para com os autores franceses, sobretudo por *Algumas formas primitivas de classificação* (1901-2), de Durkheim e Mauss, e por *Ensaio sobre o dom* (1924), de Mauss. O primeiro lhe serve de ponto de partida para os estudos de taxonomia e para a "ciência concreta" dos primitivos em *O pensamento selvagem*. Do segundo ensaio, em que Mauss apresenta a proposição de que as relações de parentesco, as relações de troca econômica e cerimonial e as relações linguísticas são fundamentalmente da mesma ordem, Lévi-Strauss extrai a abordagem que se encontra mais amplamente ilustrada em *As estruturas elementares do parentesco*. Como reitera várias vezes, é a Durkheim e Mauss que ele deve a percepção decisiva de que "*la pensée dite primitive était une pensée quantifiée*" ["o pensamento dito primitivo era um pensamento quantificado"].

ria dos jogos. Para Lévi-Strauss, não há dúvida de que a antropologia deve ser uma ciência e não um estudo humanista. A questão é apenas como fazer. "Durante séculos", escreve ele, "as humanidades e as ciências sociais se resignaram a contemplar o mundo das ciências naturais e exatas como uma espécie de paraíso no qual nunca entrariam." Mas eis que se abriu uma porta, com linguistas como Roman Jakobson e sua escola. Os linguistas agora sabem como reformular seus problemas de uma maneira que possam "ter uma máquina construída por um engenheiro e fazer uma espécie de experimento, totalmente similar a um experimento de ciências naturais", que lhes dirá "se a hipótese é válida ou não". Os linguistas — bem como os economistas e os teóricos dos jogos — mostraram ao antropólogo "uma maneira de sair da confusão resultante do demasiado contato e familiaridade com dados concretos".

Assim, o homem que se submete ao exótico para confirmar seu próprio alheamento interior como intelectual urbano acaba almejando vencer seu objeto de estudo transpondo-o para um código exclusivamente formal. A ambivalência diante do exótico, do primitivo, não é afinal superada, mas apenas recebe uma reformulação complexa. O antropólogo, como homem, está empenhado em salvar a própria alma. Mas também tem o compromisso de registrar e compreender seu objeto com uma modalidade poderosíssima de análise formal — o que Lévi-Strauss chama de antropologia "estrutural" —, que remove todos os vestígios de sua experiência pessoal e, na verdade, apaga os traços humanos de seu objeto, uma determinada sociedade primitiva.

Em *La Pensée sauvage*, Lévi-Strauss afirma que seu pensamento é "anedótico e geométrico". Os ensaios em *Antropologia estrutural* mostram basicamente o lado geométrico de seu pensamento; são aplicações de um rigoroso formalismo a temas tradicionais — sistemas de parentesco, totemismo, ritos de puberdade, relações entre mito e ritual, e assim por diante. Está em andamento uma grande faxina, e a vassoura que varre e limpa tudo é a noção de "estrutura". Lévi-Strauss se dissocia taxativamente da corrente "naturalista", como a chama, da antropologia britânica, representada por figuras de destaque como Malinowski e Radcliffe-Brown. Os antropólogos britânicos têm sido os defensores mais sistemáticos da "análise funcional", que interpreta a variedade dos costumes como diferentes estratégias para alcançar fins sociais universais. Assim, Malinowski pensava que a observação empírica de uma só sociedade primitiva permitiria entender as "motivações universais" presentes em todas as sociedades. Segundo Lévi-Strauss, isso é bobagem. A antropologia não pode almejar entender nada além de seu próprio objeto. Não é possível inferir do material antropológico nada que sirva para a psicologia ou para a sociologia, pois a antropologia não tem como alcançar um conhecimento completo das sociedades que estuda. A antropologia (o estudo comparado de "estruturas", não de "funções") não pode ser uma ciência descritiva nem indutiva; ela trata apenas das características formais que diferenciam uma sociedade da outra. Ela não tem propriamente nenhum interesse pela base biológica, pelo conteúdo psicológico ou pela função social das instituições e costumes. Assim, enquanto Malinowski e Radcliffe-Brown afirmam, por exemplo, que os laços biológicos são a origem e o modelo de todos os laços de parentesco, os "estruturalistas" como Lévi-Strauss, seguindo Kroeber e Lowie, enfatizam o caráter artificial das regras de parentesco. Abordam o parentesco em termos de noções que admitem um tratamento matemático. Lévi-Strauss e os estruturalistas, em suma, veem a sociedade como um jogo, em que não existe nenhuma maneira certa de jogar; as diversas sociedades atribuem diferentes movimentos aos jogadores. O antropólogo pode considerar um ritual ou um tabu simplesmente como um conjunto de regras, sem prestar muita atenção à "natureza dos parceiros (sejam indivíduos ou grupos) cujo jogo é moldado por essas regras". A metáfora ou modelo preferido de Lévi-Strauss para analisar as instituições e crenças primitivas é a linguagem. E a analogia entre antropologia e linguística é o tema principal dos ensaios em *Antropologia estrutural*. Todo comportamento, segundo Lévi-Strauss, é uma linguagem, um vocabulário e uma gramática dotada de ordem; a antropologia não prova nada sobre a natureza humana, exceto a necessidade de ordem. Não existem verdades universais sobre as relações entre, digamos, a religião e a estrutura social. Existem apenas modelos mostrando a variação entre uma e outra.

Para o leitor geral, o exemplo mais marcante do agnosticismo teórico de Lévi-Strauss é, talvez, sua concepção do mito. Ele trata o mito como uma operação mental puramente formal, sem nenhum conteúdo psicológico ou nenhuma ligação necessária com o rito. As narrativas específicas são apresentadas como esquemas lógicos para descrever e, possivelmente, abrandar as regras do jogo social quando geram tensão ou contradição. Para Lévi-Strauss, a lógica do pensamento mítico é tão rigorosa quanto a da ciência moderna. A única diferença é que essa lógica é aplicada a problemas diferentes. Ao contrário de Mircea Eliade, seu adversário mais ilustre na teoria da religião primitiva, Lévi-Strauss afirma que a atividade mental de impor forma ao conteúdo é, em essência, a mesma para todas as mentes, arcaicas e modernas. Lévi-Strauss não vê nenhuma diferença qualitativa entre o pensamento científico das sociedades "históricas" modernas e o pensamento mítico das comunidades pré-históricas.

O caráter demoníaco da história e da noção de consciência histórica para Lévi-Strauss tem sua melhor manifestação no brilhante e furioso ataque a Sartre, no último capítulo de *O pensa-*

mento selvagem. Os argumentos de Lévi-Strauss contra Sartre não me persuadem. Mas devo dizer que, desde a morte de Merleau-Ponty, ele é o crítico mais interessante e questionador da fenomenologia e do existencialismo sartrianos.

Sartre, não só nas ideias, mas em toda a sua sensibilidade, é a antítese de Lévi-Strauss. Com seus dogmatismos filosóficos e políticos, sua inesgotável engenhosidade e complexidade, Sartre sempre se comportou com os modos (que são, muitas vezes, maus modos) do entusiasta. É uma total congruência que o escritor a despertar maior entusiasmo em Sartre seja Jean Genet, escritor barroco, didático, insolente, cujo ego apaga toda e qualquer narrativa objetiva, cujos personagens são atores de uma farra masturbatória, mestre em jogos e artifícios, com um estilo profuso, exageradamente profuso, repleto de metáforas e chistes. Mas existe na sensibilidade e no pensamento franceses outra tradição — o culto da indiferença, *l'esprit géométrique.* Entre os autores do nouveau roman, essa tradição se encontra representada por Nathalie Sarraute, Alain Robbe-Grillet e Michel Butor, profundamente diferentes de Genet por buscarem uma infinita precisão, com seus temas muito enxutos e estreitos e seus estilos microscópicos e impassíveis, e, entre os cineastas, por Alain Resnais. A fórmula para essa tradição — na qual eu colocaria Lévi-Strauss, assim como poria Sartre com Genet — é a mescla de páthos e frieza.

Como os formalistas do nouveau roman e do cinema, a ênfase de Lévi-Strauss na "estrutura", seu extremo formalismo e agnosticismo intelectual operam tendo ao fundo um imenso páthos cuidadosamente controlado. Às vezes, resulta em uma obra-prima como *Tristes trópicos.* O próprio título é um eufemismo. Os trópicos não são meramente tristes. Eles estão em agonia. O horror da pilhagem, a destruição final e irreversível dos povos sem escrita que vem ocorrendo em todo o mundo — e que é o verdadeiro tema do livro de Lévi-Strauss — é narrada de certa distância, a distância de uma experiência pessoal de quinze anos antes, e com uma segurança emocional e factual que, mais do que atenuar as emoções dos leitores, concede-lhes liberdade. Em seus outros livros, porém, o observador lúcido e angustiado é conduzido, com suas emoções purgadas, pelo rigor da teoria.

No mesmíssimo espírito com que Robbe-Grillet rejeita o conteúdo empírico tradicional do romance (psicologia, observação social), Lévi-Strauss aplica os métodos da "análise estrutural" aos materiais tradicionais da antropologia empírica. Costumes, ritos, mitos, tabus são linguagem. Tal como na linguagem, em que os sons que formam as palavras são, em si mesmos, despidos de sentido, da mesma forma as partes de um costume, de um rito ou de um mito (segundo Lévi-Strauss) não têm sentido em si mesmas. Ao analisar o mito de Édipo, ele insiste que as partes do mito (a criança perdida, o velho na encruzilhada, o casamento com a mãe, o cegamento etc.) não significam nada. Apenas quando são reunidas no contexto total é que ganham significado — o significado de um modelo lógico. Esse grau de agnosticismo intelectual é, sem dúvida, extraordinário. E não é preciso abraçar uma interpretação freudiana ou sociológica dos elementos do mito para contestá-lo.

Outra crítica séria a Lévi-Strauss, porém, precisa encarar o fato de que seu formalismo extremado é, em última instância, uma escolha moral e (mais surpreendente) uma concepção de perfeição social. Radicalmente anti-historicista, ele recusa a diferenciação entre sociedades "primitivas" e "históricas". Os primitivos têm uma história, mas ela nos é desconhecida. E, argumenta ele na crítica a Sartre, a consciência histórica (que os primitivos não têm) não é um modo de consciência privilegiado. Há apenas o que ele chama, de maneira reveladora, de sociedades "quentes" e sociedades "frias". As sociedades quentes são as modernas, movidas pelos demônios do progresso histórico. As sociedades frias são as primitivas, estáticas, cristalizadas, harmoniosas. A utopia, para Lévi-Strauss, seria uma grande redução da temperatura histórica. Em sua aula inaugural no Collège de France, Lévi-Strauss apresentou uma visão pós-marxista da liberdade em que o homem por fim se libertaria da obrigação do progresso e da "velha maldição que o obrigou a escravizar os homens a fim de possibilitar o progresso". Então:

> A partir daí, a história se veria sozinha e a sociedade, posta fora e acima da história, poderia assumir de novo aquela estrutura regular e quase cristalina que, como nos ensinam as sociedades primitivas mais preservadas, não está em contradição com a humanidade. Seria nessa perspectiva reconhecidamente utópica que a antropologia social encontraria sua mais alta justificação, visto que as formas de vida e de pensamento por ela estudadas não teriam um interesse apenas histórico e comparativo; corresponderiam a uma possibilidade permanente do homem, pela qual a antropologia social teria a missão de velar, sobretudo nas horas mais sombrias da humanidade.

Assim, o antropólogo não só pranteia o mundo frio dos primitivos, mas também é seu guardião. Gemendo entre as sombras, lutando para distinguir o arcaico do pseudoarcaico, ele manifesta um pessimismo moderno heroico, diligente e complexo.

(1963)

A crítica literária de Georg Lukács

O filósofo e crítico literário húngaro Georg Lukács é a principal figura viva dentro das fronteiras do mundo comunista a falar um marxismo que os não marxistas inteligentes podem levar a sério.

Não creio (ao contrário de muitos) que Lukács seja a figura que hoje fala a forma de marxismo *mais* interessante ou plausível, muito menos que seja (como têm dito) "o maior marxista desde Marx". Mas não restam dúvidas de que ele tem especial importância e direito à nossa atenção. Lukács é não só o mentor de novas agitações intelectuais na Europa Oriental e na Rússia, como também, inclusive fora dos círculos marxistas, tem um peso intelectual de longa data. Seus primeiros escritos, por exemplo, estão na origem de muitas das ideias de Karl Mannheim (sobre a sociologia da arte, a cultura e o conhecimento) e, por meio de Mannheim, estão presentes em toda a sociologia moderna; também exerceu grande influência sobre Sartre e, por meio dele, sobre o existencialismo francês.

Georg von Lukács nasceu na Hungria em 1885, numa família de banqueiros judeus ricos, elevados à nobreza pouco tempo antes. Desde o começo, teve uma carreira intelectual extraordinária. Já na adolescência, escrevia, dava palestras, fundou um teatro e criou uma revista liberal. Quando foi para a Alemanha estudar nas universidades de Berlim e Heidelberg, Max Weber e Georg Simmel ficaram assombrados com sua inteligência. O principal foco de atenção de Lukács era a literatura, mas se interessava por tudo o mais. A tese de doutorado em 1907 foi *Metafísica da tragédia*. Sua primeira obra importante foi *História da evolução do drama moderno*, de 1908. Em 1910, publicou uma coletânea de ensaios literários e filosóficos, *A alma e as formas*; em 1916, *A teoria do romance*. Em algum momento durante a Primeira Guerra Mundial, ele passou do neokantismo, sua posição filosófica inicial, para a filosofia de Hegel e então para o marxismo. Ingressou no Partido Comunista em 1918 (abandonando o *von* antes do sobrenome).

A partir daí, a carreira de Lukács é um registro espantoso das dificuldades de um intelectual livre abraçando uma concepção que viria a assumir cada vez mais o caráter de um sistema fechado, vivendo, ademais, numa sociedade que ouve com a máxima gravidade tudo o que dizem e escrevem os intelectuais. Pois desde o início a interpretação de Lukács sobre a teoria marxista foi especulativa, girando em roda livre.

Após se filiar ao Partido, Lukács participou pela primeira vez (das duas em sua vida) de uma revolução. Voltando para a Hungria, tornou-se ministro da Educação na breve ditadura comunista de Béla Kun em 1919. Após a derrubada do regime, Lukács fugiu para Viena, onde morou nos dez anos seguintes. Seu livro mais importante desse período era uma discussão filosófica da teoria marxista, *História e consciência de classe* (1923), agora quase lendária — entre todas as suas obras, é talvez a mais estimada pelos não marxistas e a que logo lhe valeu violentas e constantes críticas dentro do movimento comunista.

A controvérsia a respeito do livro assinalou a derrota de Lukács em sua disputa com Kun pela liderança do Partido Comunista Húngaro, disputa esta que foi travada durante aqueles anos de exílio em Viena. Depois de ser atacado por todos dentro do mundo comunista, desde Lênin, Bukhárin e Zinoviev até as bases, ele foi expulso do comitê central do partido húngaro e removido da editoria de sua revista, *Kommunismus*. Mas Lukács defendeu seus livros ao longo de toda essa década, mantendo-se firme e sem recuar de suas posições.

Então, em 1930, depois de passar um ano em Berlim, ele foi para Moscou durante um ano a fim de integrar a equipe de pesquisas do famoso Instituto Marx-Engels (cujo excelente diretor, N. Riazánov, desapareceria nos expurgos da segunda metade dos anos 1930). Não se sabe o que terá ocorrido subjetivamente com Lukács nessa época. O fato é que, depois de voltar para Berlim em 1931, ele retornou a Moscou em 1933, quando Hitler subiu ao poder, e no mesmo ano, nos mais humilhantes termos, repudiou publicamente *História e consciência de classe* e todos os seus escritos anteriores por estarem infectados de "idealismo burguês".

Lukács viveu como refugiado em Moscou durante doze anos; mesmo após sua retratação e diversas tentativas de aproximar mais suas obras da ortodoxia comunista, continuou em desgraça. Todavia, ao contrário de Riazánov, sobreviveu aos pavorosos expurgos. Um de seus melhores livros, *O jovem Hegel*, é desse período (foi escrito em 1938, mas publicado apenas uma década depois), além de um ensaio simplista e ordinário contra a filosofia moderna, *A destruição da razão* (1945). O contraste entre esses dois livros é típico das enormes oscilações qualitativas na obra posterior de Lukács.

Em 1945, quando a guerra terminou e um governo comunista assumiu o poder na Hungria, Lukács voltou definitivamente para a terra natal para dar aulas na Universidade de Budapeste. Entre os livros que escreveu nos dez anos seguintes estão *Goethe e sua época* (1947) e *Thomas Mann* (1949). Então, aos 71 anos, veio uma segunda incursão incrivelmente tocante na política revolucionária, quando Lukács surgiu como um dos líderes da revolução de 1956 e foi nomeado ministro no governo de Imre Nagy. Deportado para a Romênia e posto em prisão domiciliar após o sufocamento da revolução, quatro meses depois foi autorizado a voltar para Budapeste, a fim de retomar a docência e suas publicações tanto no país quanto na Europa Ocidental. É de supor que somente sua idade e seu imenso prestígio internacional o salvaram do destino de Imre Nagy. Em todo caso, entre todos os líderes da revolução, ele foi o único a não ir a julgamento e nunca se retratou publicamente.

Logo após a revolução, Lukács publicou *Realismo crítico hoje* (1956), e no ano passado saiu a primeira parte, consistindo em dois volumes enormes, de sua *Estética* havia muito aguardada. Ele continua a ser atacado pelos burocratas culturais e críticos comunistas mais velhos, embora muito mais, por exemplo, na Alemanha Oriental do que em seu país, sob o regime cada vez mais liberal de Kadar. Seus textos iniciais (que ainda rejeita com veemência) são cada vez mais estudados na Inglaterra, na Europa Ocidental e na América Latina — sua obra é largamente traduzida em francês e espanhol — à luz do novo interesse pelos escritos do jovem Marx, ao passo que, para muitos intelectuais da nova geração na Europa Oriental, sua obra madura é a pedra de toque para a cautelosa mas inexorável derrocada das ideias e práticas do stalinismo.

É evidente que Lukács tem grande talento para a sobrevivência pessoal e política — isto é, para ser várias coisas para várias pessoas diferentes. Com efeito, ele conseguiu a árdua proeza de ser marginal e, ao mesmo tempo, central numa sociedade que torna a posição do intelectual marginal quase intolerável. Para isso, porém, teve de passar grande parte da vida numa ou noutra forma de exílio. Do exílio exterior já falei. Mas há também uma espécie de exílio interior, visível nos temas que escolheu para seus textos. Os escritores a que Lukács mais se dedica são Goethe, Balzac, Scott, Tolstói. Devido à idade e a uma sensibilidade formada antes do advento do cânone da cultura comunista, Lukács foi capaz de se proteger emigrando (intelectualmente) do presente. Os únicos escritores modernos que recebem sua aprovação irrestrita são os que basicamente prosseguem na tradição oitocentista do romance — Mann, Galsworthy, Górki e Roger Martin du Gard.

Mas esse engajamento com a literatura e a filosofia do século XIX não é apenas uma escolha estética (já que nem podem mesmo existir escolhas puramente estéticas numa concepção marxista — ou cristã ou platônica — da arte). O critério pelo qual Lukács julga o presente é moral, e um fato marcante é que esse critério é extraído do passado. Quando Lukács fala em "realismo", é a essa totalidade da visão do passado que se refere.

Outra via pela qual Lukács se afasta do presente é a escolha da língua em que escreve. Apenas seus dois primeiros livros são em húngaro. Os demais — cerca de trinta livros e cinquenta ensaios — são em alemão; e continuar a escrever em alemão na Hungria contemporânea é um gesto decididamente polêmico. Ao se concentrar na literatura oitocentista e obstinar-se em manter o alemão como idioma dos seus textos, Lukács continuou a propor, como comunista, valores europeus e humanistas — em oposição a valores nacionalistas e doutrinários —; morando num país comunista e provinciano, como é seu caso, ele se mantém como figura intelectual genuinamente europeia. Desnecessário dizer que sua divulgação é mais do que tardia.

Mas talvez seja uma pena que as duas obras que apresentam Lukács ao público americano sejam ambas de crítica literária e ambas não do "jovem" Lukács, e sim do Lukács "maduro".* *Studies in European Realism*, uma coletânea de oito ensaios dedicados basicamente a Balzac, Stendhal, Tolstói, Zola e Górki, foi escrito na Rússia no final dos anos 1930, na época dos expurgos, e traz as cicatrizes daquele período terrível sob a forma de várias passagens de natureza cruamente política; Lukács o publicou em 1948. *Realism in Our Time* é uma obra mais curta, escrita nos anos 1950, de estilo menos acadêmico e argumentação mais rápida e vivaz; nos três ensaios, Lukács examina as alternativas para a literatura atual e rejeita tanto o "modernismo" quanto o "realismo socialista" em favor do que chama de "realismo crítico" — essencialmente a tradição do romance oitocentista.

Digo que talvez seja uma pena a escolha desses livros porque, embora aqui se trate de um Lukács muito acessível, sem a dificuldade de leitura de seus escritos filosóficos, somos obrigados a reagir a ele apenas como crítico literário. Qual é o valor intrínseco, a qualidade de Lukács como crítico literário? Sir Herbert Read não economizou elogios; Thomas Mann o qualificou como "o crítico mais importante da atualidade"; George Steiner o considera "o único grande crítico literário alemão de nossa época" e diz que, "entre os críticos, apenas Sainte-Beuve e Edmund Wilson alcançam a envergadura da resposta de Lukács" à literatura; Alfred Kazin o considera um guia muito competente, sólido e importante para a grande tradição do romance oitocentista. Mas os livros aqui

---

* *Studies in European Realism*, tradução de Edith Bone. Nova York, Grosset & Dunlap. *Realism in Our Time*, tradução de John e Necke Mander. Nova York, Harper. (*Essays on Thomas Mann* foi traduzido e publicado na Inglaterra em 1964. *The Historical Novel*, escrito em 1936, também foi traduzido em data recente. [Ed. bras.: *O romance histórico*. Tradução de Rubens Enderle. São Paulo: Boitempo, 2011.])

disponíveis dão base a tais afirmações? A meu ver, não. De fato, desconfio que a atual voga de Lukács — promovida pelos efusivos ensaios de George Steiner e Alfred Kazin publicados como prefácios às atuais traduções — é motivada mais por uma boa vontade cultural do que por critérios estritamente literários.

É fácil simpatizar com os promotores de Lukács. Eu também sou propensa a conceder o pleno benefício da dúvida a Lukács, quando menos em protesto contra as esterilidades da Guerra Fria, que têm impedido qualquer discussão séria sobre o marxismo nos últimos dez anos ou mais. Mas só podemos ser generosos com o Lukács "maduro" se não o levarmos totalmente a sério, se mostrarmos uma sutil condescendência para com ele tratando seu ardor moral em termos estéticos, mais como estilo do que como ideia. Minha tendência pessoal é me ater ao que ele diz. Então, como fica o fato de que Lukács rejeita Dostoiévski, Proust, Kafka, Beckett e quase toda a literatura moderna? Não é suficiente comentar, como faz Steiner em sua introdução, que "Lukács é um moralista radical... como [os] críticos vitorianos... Nesse grande marxista vive um puritano à moda antiga".

Esse tipo de comentário astucioso e superficial, com que se domesticam radicalismos patentes, consiste numa abdicação do juízo. A revelação de que Lukács — como Marx, como Freud — é moralmente convencional e até francamente pudico só é atraente ou atilada se a pessoa parte de um clichê sobre um bicho-papão intelectual. A questão é: Lukács trata a literatura como um ramo da argumentação moral. Seu tratamento é plausível, convincente? Permite que se formulem juízos literários sensíveis, perspicazes, verdadeiros? Eu, por exemplo, considero os escritos de Lukács dos anos 1930, 1940 e 1950 gravemente prejudicados não por seu marxismo, mas pela argumentação tosca.

Todo crítico tem direito a formular juízos errôneos, claro. Mas certos lapsos de julgamento indicam o malogro radical de toda uma sensibilidade. E um escritor que — como Lukács — descarta Nietzsche como mero precursor do nazismo, que critica Conrad por não "retratar a vida em sua totalidade" (Conrad, "mais do que um romancista, é na realidade um contista"), não está apenas cometendo erros isolados de julgamento, mas propondo critérios que não deveríamos aceitar.

Tampouco concordo, como Kazin parece sugerir em sua introdução, que Lukács, independentemente de seus erros, é sólido quando acerta. Por mais admirável que seja a tradição realista oitocentista no romance, os critérios de admiração propostos por Lukács são desnecessariamente toscos. Pois para Lukács tudo gira em torno do fato de que "o objeto do crítico é a relação entre ideologia (no sentido de *Weltanschauung*) e criação artística". Lukács abraça uma versão da teoria mimética da arte que é demasiado simplória. Um livro é um "retrato"; ele "descreve", "pinta um quadro"; o artista é um "porta-voz". A grande tradição realista do romance não precisa ser defendida nesses termos.

Os dois livros aqui tratados, com escritos da fase "madura", não têm sutileza intelectual. Entre os dois, *Realism in Our Time* é, de longe, o melhor. O primeiro ensaio em especial, "A ideologia do modernismo", é um ataque vigoroso e, sob muitos aspectos, brilhante. Lukács sustenta a tese de que a literatura modernista (na qual ele lança Kafka, Joyce, Moravia, Benn, Beckett e mais uma dúzia de outros) tem, na verdade, um caráter alegórico, e passa a explorar a conexão entre alegoria e recusa da consciência histórica. O ensaio seguinte, "Franz Kafka ou Thomas Mann?", é uma retomada mais grosseira e menos interessante da mesma tese. O último ensaio, "Realismo crítico e realismo socialista", refuta de um ponto de vista marxista as doutrinas baratas da arte que faziam parte da era stalinista.

Mas mesmo esse livro é decepcionante por muitos aspectos. A noção de alegoria do primeiro ensaio se baseia em ideias da fase final de Walter Benjamin, e as citações do ensaio de Benjamin sobre a alegoria se destacam na página como exemplos de um tipo de reflexão e escrita muito mais refinado do que o de Lukács. Ironicamente, Benjamin, que morreu em 1940, é um dos críticos influenciados pelo "jovem" Lukács. Mas, deixando a ironia de lado, a verdade é que Benjamin é um grande crítico (é ele que merece o título de "o único grande crítico literário alemão de nossa época") e o Lukács "maduro" não é. Benjamin nos mostra o crítico literário que Lukács poderia ter sido.

Escritores como Sartre, na França, e a escola alemã de críticos neomarxistas, cujos membros mais ilustres, além de Benjamin, são Theodor Adorno e Herbert Marcuse, têm desenvolvido a posição marxista (ou, mais precisamente, a hegeliana radical) como modo de análise filosófica e cultural capaz, entre outras coisas, de fazer justiça pelo menos a alguns aspectos da literatura moderna. É a esses escritores que se deve comparar Lukács, constatando como fica aquém deles. Entendo as razões e as experiências que estão por trás da sensibilidade estética reacionária de Lukács e respeito inclusive sua moralização crônica e o fardo ideológico que carrega com bravura para, em parte, ajudar a domar o filistinismo dessa ideologia. Mas, assim como não posso aceitar as premissas intelectuais de Lukács nem suas consequências, quais sejam, as amplas ressalvas contra as maiores obras da literatura contemporânea, tampouco posso fazer de conta que, a meu ver, elas não invalidam toda a sua obra crítica madura.

Para seu novo público americano, o melhor serviço que se prestaria a Lukács seria traduzir as obras anteriores, *A alma e a forma* (que inclui sua tese sobre a tragédia), *Teoria do romance* e, claro, *História e consciência de classe*. Além disso, o melhor serviço que se prestaria à vitalidade e ao alcance inerentes à posição marxista sobre a arte seria traduzir os críticos alemães e franceses que mencionei — sobretudo Benjamin. Somente tomando em conjunto todos os textos importantes desse grupo é que poderemos avaliar com a devida justeza o marxismo como uma posição importante diante da arte e da cultura.

(1964)

PÓS-ESCRITO

Karl Mannheim, em sua resenha (publicada em 1920) da *Teoria do romance*, de Lukács, afirmou que era "uma tentativa de interpretar os fenômenos estéticos, em especial o romance, de um ponto de vista mais elevado, o da filosofia da história". Para Mannheim, "o livro de Lukács se move na direção certa". Deixando de lado julgamentos sobre o certo e o errado, eu diria que essa direção é claramente limitante. Em termos mais precisos, tanto a força quanto a limitação da abordagem marxista da arte surgem de seu comprometimento com um "ponto de vista mais elevado". Nos textos dos críticos que citei (o jovem Lukács, Benjamin, Adorno etc.), nem remotamente se tenta impor à arte *per se* um estreitamento a serviço de uma tendência moral ou histórica determinada. Mas nenhum desses críticos, mesmo em sua melhor forma, está isento de certas ideias que, ao fim e ao cabo, servem para perpetuar uma ideologia que, a despeito de sua atração quando considerada como catálogo de obrigações éticas, é incapaz de entender, a não ser de modo dogmático e reprovador, a perspectiva, a textura e as qualidades da sociedade contemporânea. Refiro-me ao "humanismo". Apesar de seu engajamento com a noção de progresso histórico, os críticos neomarxistas têm mostrado uma singular insensibilidade à maioria dos traços interessantes e criativos da cultura contemporânea em países não socialistas. Em seu desinteresse geral pela arte de vanguarda, em sua condenação genérica dos estilos de arte e vida contemporâneos com qualidades e significações muito variadas (como "alienados", "desumanizados", "mecanizados"), eles revelam um espírito não muito diferente do dos grandes críticos conservadores da modernidade que escreveram no século XIX, como Arnold, Ruskin e Burckhardt. É estranho e inquietante que críticos tão vigorosamente apolíticos como Marshall McLuhan tenham uma compreensão muito melhor da textura da realidade contemporânea.

A variedade dos diversos juízos emitidos pelos críticos neomarxistas parece indicar uma sensibilidade não tão unânime quanto tenho afirmado. Mas, aos observarmos a recorrência dos mesmos termos elogiosos por toda parte, as diferenças parecem pequenas. Sim, é verdade que Adorno defende Schoenberg em sua *Filosofia da nova música* — mas em nome do "progresso". (Adorno complementa sua defesa de Schoenberg com um ataque a Stravínski, a quem identifica injustamente com um só período, o neoclássico. Por saquear o passado, por fazer pastiches musicais — seria possível montar a mesma peça de acusação contra Picasso —, Stravínski é tachado de "reacionário" e, ao final, de "fascista".) No entanto, Kafka é atacado por Lukács pelas qualidades que, mutatis mutandis, na história da música, fariam dele, nos termos de Adorno, um "progressista". Kafka é reacionário por causa da textura alegórica, isto é, desistoricizada, de seus escritos, ao passo que Mann é progressista por causa de seu realismo, isto é, seu senso histórico. Mas imagino que os escritos de Mann — antiquados na forma, carregados de paródia e ironia — poderiam, fosse a discussão armada de outra maneira, ser tachados de reacionários. Num caso, identifica-se o "reacionarismo" com uma relação inautêntica com o passado; no outro, com a abstração. Seja com um ou com outro critério — ressalvadas as exceções permitidas pelo gosto individual —, esses críticos geralmente hão de ser desfavoráveis ou insensíveis à arte moderna. Em grande medida, não se aproximam mais do que o estritamente necessário. O único romancista contemporâneo sobre o qual o crítico neomarxista francês Lucien Goldmann escreveu com algum vagar foi André Malraux. E mesmo o extraordinário Benjamin, que escreveu de maneira igualmente brilhante sobre Goethe, Leskov e Baudelaire, não tratou de nenhum escritor do século xx. Quanto ao cinema, a única grande forma de arte totalmente nova de nosso século, Benjamin, apesar de lhe ter dedicado a melhor parte de um ensaio importante, não o entendeu nem soube apreciá-lo. (Segundo ele, os filmes encarnavam a abolição da tradição e da consciência histórica e, portanto — uma vez mais! —, o fascismo.)

O que todos os críticos culturais que descendem de Hegel e Marx têm dificuldade em admitir é a noção da arte como forma autônoma (não só historicamente interpretável). E, como o espírito peculiar que anima os movimentos artísticos modernos se baseia, precisamente, na redescoberta do poder (inclusive emocional) das propriedades formais da arte, esses críticos não têm muitas condições de entender as obras de arte moderna, a não ser pelo "conteúdo" delas. Mesmo a forma é vista pelos críticos historicistas como uma espécie de conteúdo. Isso fica muito claro na *Teoria do romance*, em que a análise de Lukács dos vários gêneros literários — o épico, a lírica, o romance — se dá pela explicação da atitude perante a mudança social encarnada na forma. Um pressuposto parecido se encontra, embora menos explícito, mas igualmente difuso, nos escritos de muitos críticos literários americanos — que adotam seu hegelianismo em parte de Marx, mas sobretudo da sociologia.

Sem dúvida, há muitos elementos valiosos na abordagem historicista. Mas, se é possível entender a forma como uma espécie de conteúdo, é também verdade (e talvez mais importante de se frisar agora) que todo conteúdo pode ser considerado um recurso da forma. Apenas quando os críticos historicistas e toda a sua progênie forem capazes de abrigar em suas concepções uma boa dose de devoção às obras de arte como, acima de tudo, obras de arte (e não como documentos sociológicos, culturais, morais ou políticos) é que eles estarão abertos não apenas a algumas, mas a uma quantidade maior das grandes obras de arte que são do século xx, e desenvolverão — algo obrigatório para qualquer crítico responsável atual — um lúcido envolvimento com os problemas e objetivos do "modernismo" nas artes.

(1965)

Saint Genet de Sartre

Saint Genet é como um câncer, grotescamente verborrágico, sua carga de ideias brilhantes sustentada por um tom de solenidade pegajosa e uma repetitividade assustadora. Sabe-se que o livro começou como ensaio introdutório à edição das obras reunidas de Genet, publicada pela Gallimard — cerca de cinquenta páginas, talvez —, e cresceu até alcançar as dimensões atuais, sendo então lançado em 1952 como volume independente, o primeiro, de *Collected Genet*.* Para lê-lo, faz-se necessária certa familiaridade com os escritos de Genet em prosa, na maioria ainda não traduzidos. Ainda mais importante, o leitor precisa vir equipado de boa vontade perante a maneira como Sartre explica um texto. Sartre rompe todas as regras de decoro estabelecidas para o crítico; sua crítica é por imersão, sem diretrizes. O livro simplesmente mergulha em Genet; não se nota muita organização nos argu-

---

* *Saint Genet*, por Jean-Paul Sartre. Tradução de Bernard Frechtman. Nova York: George Braziller. [Ed. bras.: *Saint Genet: Ator e mártir*. Tradução de Lucy Magalhães. Petrópolis: Vozes, 2002.]

mentos de Sartre; ele não facilita nem esclarece nada. Talvez seja o caso de agradecer que ele pare depois de 625 páginas. A incansável operação de esmiuçamento literário e filosófico que ele pratica em Genet poderia continuar por mais umas mil páginas. Esse exasperante livro de Sartre, apesar disso, merece todo o nosso esforço de atenção. *Saint Genet* não é um daqueles livros incríveis e realmente grandiosos; é longo demais, com vocabulário acadêmico demais para isso. Mas está abarrotado de ideias profundas e surpreendentes.

O que fez o livro crescer tanto foi que Sartre, o filósofo, não pôde deixar (embora com grande respeito) de ofuscar Genet, o poeta. O que começou como gesto de homenagem crítica e receita para "o bom uso de Genet" destinada ao público letrado burguês se converteu em algo mais ambicioso. O empreendimento de Sartre consiste, na verdade, em exibir seu próprio estilo filosófico — composto da tradição fenomenológica de Descartes a Husserl e Heidegger mais uma dose generosa de Freud e de marxismo revisionista — enquanto escreve sobre uma figura específica. Nesse caso, a pessoa cujas ações são forçadas a se render ao valor do vocabulário filosófico de Sartre é Genet. Numa tentativa prévia de "psicanálise existencial", publicada em 1947 e mantida numa extensão mais fácil de digerir, havia sido Baudelaire. Nesse ensaio anterior, Sartre estava muito mais interessado em questões especificamente psicológicas, como a relação de Baudelaire com a mãe e as amantes. Já esse estudo de Genet é mais filosófico porque, em termos sucintos, Sartre tem por Genet uma admiração que não tem por Baudelaire. É como se, para Sartre, Genet merecesse algo mais do que uma psicologização perspicaz. Ele merece um diagnóstico filosófico.

E é um dilema filosófico que explica a extensão — e a velocidade ininterrupta — do livro. Todo pensamento, como Sartre sabe, universaliza. Sartre quer ser concreto. Quer revelar Genet, e não só praticar sua própria facilidade intelectual incansável. Mas não consegue. Seu empreendimento é, por fundamento, impossível. Não consegue captar o Genet real; está sempre recaindo nas categorias de Enjeitado, Ladrão, Homossexual, Indivíduo Livre e Lúcido, Escritor. Sartre, em algum recôndito, sabe disso e se atormenta. A extensão e o tom inexorável de *Saint Genet* são realmente fruto da angústia intelectual.

A angústia vem do compromisso do filósofo em imputar sentido à ação. A liberdade, noção-chave do existencialismo, revela-se em *Saint Genet* com clareza ainda maior do que em *O ser e o nada*, como uma compulsão a atribuir sentido, uma recusa em não ligar para o mundo. Segundo a fenomenologia da ação de Sartre, agir é mudar o mundo. O homem, acossado pelo mundo, age. Age para modificar o mundo com vistas a um fim, a um ideal. Uma ação, portanto, é intencional, não fortuita, e um acaso não pode ser considerado uma ação. E tampouco as atitudes da personalidade e as obras do artista devem ser apenas vivenciadas. Precisam ser entendidas, precisam ser interpretadas como modificações do mundo. Assim, Sartre moraliza incessantemente ao longo de *Saint Genet*. Moraliza sobre as ações de Genet. E como o livro de Sartre foi escrito numa época em que Genet escrevia sobretudo narrativas em prosa (quanto às peças, apenas havia escrito as duas primeiras, *As criadas* e *Alta vigilância*), e como todas essas narrativas são autobiográficas e escritas na primeira pessoa, Sartre não precisa separar ação pessoal e ação literária. Ainda que se refira algumas vezes a coisas que sabe por intermédio de sua amizade com Genet, Sartre fala quase exclusivamente do homem revelado pelos livros. É uma figura monstruosa, real e surreal ao mesmo tempo, cujas ações são, todas elas, vistas por Sartre como intencionais e dotadas de sentido. É isso o que confere a *Saint Genet* uma qualidade cristalizada e espectral. O nome "Genet" repetido milhares de vezes ao longo do livro nunca parece ser de uma pessoa real. É o nome dado a um processo infinitamente complexo de transfiguração filosófica.

Em vista de todos esses motivos intelectuais de fundo, surpreende como a empreitada de Sartre serve bem a Genet. Isso porque o próprio Genet, em seus escritos, está clara e explicitamente envolvido na empreitada da autotransfiguração. Genet entende o crime, a degradação sexual e social, principalmente o assassinato, como ocasiões de glória. Não exigiu demasiado engenho da parte de Sartre propor que os escritos de Genet compõem um longo ensaio sobre o aviltamento — concebido como método espiritual. A "santidade" de Genet, criada por uma reflexão onanista sobre sua própria degradação e a aniquilação imaginativa do mundo, é o tema explícito de suas obras em prosa. O que restou a Sartre foi extrair as implicações do que é explícito em Genet. Genet pode nunca ter lido Descartes, Hegel ou Husserl. Mas Sartre tem razão, plena razão, em ver em Genet uma relação com as ideias de Descartes, Hegel e Husserl. Como observa Sartre com grande perspicácia: A abjeção é uma conversão metódica, como a dúvida cartesiana e a *epoché* husserliana: ela constitui o mundo como um sistema fechado que a consciência olha de fora, à maneira do entendimento divino. A superioridade desse método em relação aos outros dois é que ele é *vivido* na dor e no orgulho: assim, não conduz à consciência transcendental e universal de Husserl, nem ao pensamento formal e abstrato dos estoicos, nem ao *cogito* substancialista de Descartes, mas a *uma existência singular*, no mais extremo de sua tensão e de sua *lucidez*.

Como observei acima, a única obra de Sartre comparável a *Saint Genet* é o fascinante ensaio sobre Baudelaire. Baudelaire é analisado como um homem revoltado que vive continuamente sua vida em má consciência. Sua liberdade não é criativa, por rebelde que possa ser, porque nunca encontra um conjunto próprio de valores. Durante toda a sua vida, o Baudelaire devasso precisou da moral burguesa para condená-lo. Genet é um revolucionário autêntico. Em Genet, conquista-se a liberdade como fim em si. O triunfo de Genet, sua "santidade", é que ele rompeu com a estrutura social, contra todas as probabilidades, para encontrar sua moral própria. Sartre nos mostra Genet construindo um sistema lúcido e coerente a partir de *le mal*. Ao contrário de Baudelaire, Genet não ilude a si mesmo.

Saint Genet é um livro sobre a dialética da liberdade e é vazado, pelo menos formalmente, num molde hegeliano. O que Sartre quer mostrar é como Genet, pela ação e pela reflexão, passou toda a vida alcançando a ação livre lúcida. Lançado desde o nascimento ao papel do Outro, o marginal, Genet escolheu a si mesmo. Essa escolha original se afirma em três metamorfoses diferentes — o criminoso, o esteta, o escritor. Cada uma delas é necessária para atender à exigência de ir além de si. Cada novo nível de liberdade traz consigo um novo conhecimento do si. Assim, toda a discussão de Genet pode ser lida como uma sombria caricatura da análise hegeliana das relações entre o si e o outro. Sartre diz que as obras de Genet são, cada uma delas, pequenas edições de *A fenomenologia do espírito*. Por absurdo que pareça, Sartre está certo. Mas é igualmente verdade que todos os escritos de Sartre também são versões, retificações, comentários, sátiras do grande livro de Hegel. Esse é o estranho elo entre Sartre e Genet; difícil imaginar dois seres humanos mais diferentes.

Sartre encontrou em Genet seu tema ideal. Mergulhou nele, sem dúvida. Apesar disso, *Saint Genet* é um livro prodigioso, repleto de verdades sobre a linguagem moral e a escolha moral. (Tome-se, como um exemplo entre outros, a percepção de que "o mal é a substituição sistemática do concreto pelo abstrato".) E as análises das peças e narrativas de Genet são sistematicamente perspicazes. Sartre está impressionante, sobretudo, ao comentar o livro mais arrojado de Genet, *Pompas fúnebres*. E certamente é capaz não só de explicar, mas também de avaliar, como no justíssimo comentário de que "[o] estilo de *Nossa Senhora das Flores*, que é um poema onírico, um poema da futilidade, é muito levemente prejudicado por uma espécie de complacência onanista. Não tem a espirituosidade das obras subsequentes". Sartre diz muitas coisas tolas e supérfluas em *Saint Genet*. Mas tudo o que se pode dizer de verdadeiro e interessante sobre Genet também está nesse livro.

É, ademais, um livro essencial para entender Sartre em sua melhor forma. Depois de *O ser e o nada*, ele se viu numa encruzilhada. Poderia passar da filosofia e da psicologia para uma ética. Ou poderia passar da filosofia e da psicologia para uma política, uma teoria da história e da ação coletiva. Como todos sabem e muitos lamentam, Sartre escolheu o segundo caminho, e o resultado é a *Crítica da razão dialética*, publicada em 1960. *Saint Genet* é seu complexo aceno na direção que não tomou.

Entre todos os filósofos da tradição hegeliana (e aqui incluo Heidegger), Sartre foi quem entendeu a dialética entre o si e o outro na *Fenomenologia* de Hegel da maneira mais interessante e proveitosa. Mas Sartre não é apenas Hegel com o conhecimento da carne, como tampouco merece ser sumariamente descrito como um discípulo francês de Heidegger. Seu grande livro, *O ser e o nada*, decerto tem uma grande dívida para com a linguagem e os problemas de Hegel, Husserl e Heidegger. Mas sua intenção é fundamentalmente diferente. A obra de Sartre não é contemplativa, e sim movida por uma grande premência psicológica. Seu romance do pré-guerra, *A náusea*, de fato fornece a chave de toda a sua obra. Nele está exposto o problema fundamental da assimilabilidade do mundo em sua presença nauseante, viscosa, vazia ou incomodamente física — o problema que move todos os escritos de Sartre. *O ser e o nada* é uma tentativa de desenvolver uma linguagem capaz de registrar e lidar com os gestos de uma consciência atormentada pela náusea. Essa náusea, essa experiência do caráter supérfluo das coisas e dos valores morais é, ao mesmo tempo, uma crise psicológica e um problema metafísico.

A solução de Sartre é de uma impudência única. Ao rito primitivo da antropofagia, comer seres humanos, corresponde o rito filosófico da cosmofagia, comer o mundo. O grande marco da tradição filosófica herdada por Sartre começa com a consciência como o único dado. A solução de Sartre para a angústia da consciência perante a realidade bruta das coisas é a cosmofagia, a consciência devorando o mundo. Ou, em termos mais precisos, ele entende a consciência tanto constituindo quanto devorando o mundo. Todas as relações — sobretudo, nas passagens mais brilhantes de *O ser e o nada*, as eróticas — são analisadas como atitudes da consciência, apropriações do outro na interminável autodefinição do si.

Em *O ser e o nada*, Sartre se revela um psicólogo de primeira grandeza — comparável a Dostoiévski, Nietzsche e Freud. E o foco do ensaio sobre Baudelaire é a análise de sua obra e biografia, tratadas de um ponto de vista sintomatológico como textos equivalentes, revelando atitudes psicológicas fundamentais. O que torna *Saint Genet* ainda mais interessante do que o ensaio sobre Baudelaire (embora, ao mesmo tempo, também mais difícil de lidar) é que, ao pensar sobre Genet, Sartre vai além da ideia de ação como modo de autopreservação psicológica. Por intermédio de Genet, Sartre vislumbra algo da autonomia do estético. Mais precisamente, ele torna a demonstrar a ligação entre a dimensão estética e a liberdade, com argumentos diferentes dos de Kant. O artista que é o objeto de *Saint Genet* não é meramente psicologizado. As obras de Genet são interpretadas como um ritual de salvação, uma cerimônia da consciência. E é de uma curiosa congruência que essa cerimônia seja, em essência, onanista. Segundo a filosofia europeia desde Descartes, a principal atividade da consciência tem sido criar o mundo. Agora, um discípulo de Descartes interpreta a criação do mundo como uma forma de procriação do mundo, como masturbação.

Com acerto, Sartre descreve *Pompas fúnebres*, o livro espiritualmente mais ambicioso de Genet, como "um enorme esforço de transubstanciação". Genet conta como transformou o mundo todo no cadáver de seu amante morto, Jean Decarnin, e esse jovem cadáver em seu próprio pênis. "O Marquês de Sade sonhava em extinguir o fogo do Etna com seu esperma", comenta Sartre. "A loucura arrogante de Genet vai além: ele ejacula o Universo." Ejacular o universo é talvez o que pretende toda filosofia, todo pensamento abstrato: um prazer intenso, não muito sociável, que tem de ser constantemente retomado. O que aliás é uma boa descrição da fenomenologia da consciência do próprio Sartre. E, sem dúvida, uma descrição plenamente acertada do que faz Genet.

(1963)

Nathalie Sarraute e o romance

Uma nova modalidade de didatismo tem conquistado as artes; na verdade, é o elemento "moderno" na arte. Seu dogma central é a ideia de que a arte evolui. Seu resultado é a obra cuja principal intenção é promover o avanço da história do gênero, inovar em questões técnicas. As imagens paramilitares de *avant-garde* e *arrière-garde* [vanguarda e retaguarda] expressam de modo pleno o novo didatismo. A arte é o exército com que a sensibilidade humana avança inexoravelmente para o futuro, com a ajuda de técnicas sempre novas e cada vez mais potentes. A relação basicamente negativa do talento individual com a tradição, que dá origem à rápida obsolescência intrínseca de cada novo recurso técnico e cada novo uso dos materiais, derrotou a concepção da arte capaz de proporcionar um prazer conhecido e gerou um corpo de obras que é sobretudo didático e admoestador. Como agora todos sabem, a questão central de "Nu descendo uma escada", de Duchamp, não é propriamente representar coisa alguma, muito menos um nu descendo uma escada, mas ensinar como as formas naturais podem ser desmontadas numa série de planos cinéticos. A questão central das obras em prosa de Stein e Beckett é mostrar como a dicção, a pontuação, a sintaxe e a ordem narrativa podem ser remodeladas para expressar estados de consciência impessoais e contínuos. A questão central da música de Webern e Boulez é mostrar, por exemplo, como desenvolver a função rítmica do silêncio e o papel estrutural das cores tonais.

A vitória do didatismo moderno tem sido mais completa na música e na pintura, em que as obras mais respeitadas são aquelas que proporcionam pouco prazer à primeira vista e audição (exceto para um pequeno público altamente especializado), mas fazem avanços importantes nas revoluções técnicas que têm ocorrido nessas artes. Em comparação à música e à pintura, o romance, tal como o cinema, está lá atrás na retaguarda do campo de batalha. O território da literatura criticamente respeitável não foi invadido por nenhum corpo de romances "difíceis" comparável à pintura expressionista abstrata ou à *musique concrète*. Pelo contrário, as poucas incursões arrojadas do romance na linha de frente do modernismo encalharam, em sua maioria, ali mesmo. Passados alguns anos, parecem mera idiossincrasia, pois nenhum soldado seguiu o valente oficial de comando para respaldá-lo. Os romances que, em dificuldade e mérito, são comparáveis à música de Gian Carlo Menotti e à pintura de Bernard Buffet, recebem a máxima aclamação crítica. A facilidade de acesso e a falta de rigor que causam embaraço na música e na pintura não constituem embaraço algum no romance, que continua numa intransigente *arrière-garde*.

Mas, seja ou não uma forma artística de classe média, não há gênero mais necessitado de sistemáticos reexame e renovação. O romance (ao lado da ópera) é a forma artística arquetípica do século XIX, expressando à perfeição a concepção totalmente mundana de realidade daquele período, sua falta de uma espiritualidade de fato ambiciosa, sua descoberta do "interessante" (isto é, o lugar-comum, o secundário, o acidental, o miúdo, o transitório), sua afirmação daquilo que E. M. Cioran chama de "destino em letra minúscula". O romance, como todos os críticos que o enaltecem nunca se cansam de nos lembrar e de repreender aos escritores contemporâneos que se desviam, é sobre o-homem-em-sociedade; o romance dá vida a um pedaço do mundo e situa seus "personagens" dentro desse mundo. Pode-se, é claro, tratar o romance como o sucessor do épico e do conto picaresco. Mas todos sabem que essa herança é superficial. O que dá vida ao romance é algo de todo ausente dessas outras formas narrativas anteriores: a descoberta da psicologia, a transposição dos motivos em "experiências". Essa paixão pela documentação da "experiência", pelos fatos, fez do romance a forma artística mais aberta de todas. Toda forma artística trabalha com algum critério implícito do que é elevado e do que é vulgar — exceto o romance. Ele é capaz de abrigar qualquer nível de linguagem, qualquer enredo, qualquer ideia, qualquer informação. E isso, claro, acabou sendo a causa de sua destruição como forma artística séria. Mais cedo ou mais tarde, não daria para esperar que os leitores exigentes se interessassem por mais uma "história" agradável, por mais meia dúzia de vidas particulares expostas à sua inspeção. (Encontraram isso nos filmes, com mais liberdade e mais vigor.) Enquanto a música, as artes plásticas e a poesia se desvencilhavam penosamente dos dogmas inadequados do "realismo" oitocentista, num fervoroso compromisso com a ideia de progresso na arte e numa busca febril de novas linguagens e novos materiais, o romance se mostrava incapaz de incorporar qualquer coisa com autêntica qualidade e ambição espiritual realizada no século xx em seu nome. Ele decaiu ao nível de uma forma de arte profundamente, se não irreversivelmente, comprometida pelo filistinismo.

Quando pensamos em gigantes como Proust, Joyce, o Gide de *Lafcadio*, Kafka, o Hesse de *O lobo da estepe*, Genet ou em autores menores, mas também magistrais, como Machado de Assis, Svevo, Woolf, Stein, o jovem Nathanael West, Céline, Nabokov, o jovem Pasternak, a Djuna Barnes de *No bosque da noite*, Beckett (para citar apenas alguns), pensamos em escritores que mais encerram do que inauguram, com os quais não se aprende, no máximo imita-se, e os quais se imita com o risco de meramente repetir o que fizeram. Hesitamos em culpar ou louvar os críticos por qualquer coisa, boa ou má, que acontece numa forma artística. Mas é difícil evitar a conclusão de que o que falta ao romance, e que ele precisa ter se quiser se manter como forma artística geralmente (em oposição a esporadicamente) séria, é uma distância sólida e constante de suas premissas oitocentistas. (É precisamente essa reavaliação que inexiste no grande florescimento da crítica literária inglesa e americana dos últimos trinta anos, que começou com a crítica da poesia e depois passou para o romance. É uma crítica filosoficamente ingênua e acrítica, que não questiona o prestígio do "realismo".)

Essa chegada do romance à maioridade acarretará um compromisso com todos os tipos de noções questionáveis, como a ideia de "progresso" nas artes e a ideologia desafiadora e agressiva expressa na metáfora da vanguarda. Essa maioridade restringirá o público do romance, porque exigirá que se aceitem novos prazeres — como o prazer de resolver um problema — a se extraírem da prosa literária e que se aprenda como extraí-los. (Pode significar, por exemplo, que teremos de ler não só com os olhos, mas também em voz alta, o que significará que teremos de ler várias vezes um romance para entendê-lo por inteiro ou para nos sentirmos capazes de julgá-lo. Já aceitamos essa ideia de olhar, ouvir ou ler repetidamente na poesia, pintura, escultura e música contemporâneas sérias.) E ela converterá todos os que desejam praticar essa forma com seriedade em estetas e exploradores didáticos conscientes disso. (Todos os artistas "modernos" são estetas.) Essa rendição do compromisso do romance à facilidade, ao pronto acesso e à perpetuação de uma estética ultrapassada decerto fará surgir uma enorme quantidade de livros maçantes e pretensiosos; e até poderíamos querer de volta aquela velha ausência de uma consciência própria. Mas é um preço necessário. Uma nova geração de críticos precisa levar os leitores a verem a necessidade de dar tal passo, nem que seja enfiando-lhes goela abaixo esse período canhestro do romance com as mais variadas retóricas sedutoras e parcialmente enganosas. E quanto mais cedo, melhor.

Pois enquanto não tivermos uma séria tradição "moderna" *contínua* do romance, os romancistas intrépidos trabalharão num vazio. (Pouco importa se os críticos resolverem deixar de denominar de romance essas prosas literárias. A nomenclatura não colocou obstáculos à pintura, à música e à poesia, embora tenha colocado à escultura, de modo que agora nossa tendência é abandonar esse termo em favor de palavras como "construção" e "*assemblage*".) Continuaremos a ter coisas monstruosas enormes, como tanques abandonados, largados na paisagem. Um exemplo, talvez o maior deles, é *Finnegans Wake* — ainda em larga medida não lido e ilegível, entregue aos cuidados de exegetas acadêmicos que podem decifrar o livro para nós, mas não são capazes de nos dizer por que teríamos de lê-lo ou o que podemos aprender com ele. Parece uma exigência um tanto ofensiva de Joyce esperar que seus leitores dedicassem a vida inteira ao livro dele, mas é uma exigência bastante lógica, considerando-se a singularidade de sua obra. E o destino do último livro de Joyce prenuncia a insensibilidade na recepção de uma série de sucessores seus em inglês, menos mastodônticos, mas igualmente sem enredo — vêm-nos à mente os livros de Stein, Beckett e Burroughs. Não admira que eles se destaquem como arrojadas incursões avulsas num campo de batalha sinistramente pacificado.

Nos últimos tempos, porém, a situação parece estar mudando. Tem-se criado na França toda uma escola — devo dizer um batalhão? — de romances importantes e desafiadores. Na verdade, são duas ondas. A primeira foi liderada por Maurice Blanchot, Georges Bataille e Pierre Klossowski; esses livros foram, na maioria, escritos nos anos 1940 e ainda não têm tradução para o inglês. Uma "segunda onda" de livros, mais conhecidos e muitos deles traduzidos, foram escritos nos anos 1950 por (entre outros) Michel Butor, Alain Robbe-Grillet, Claude Simon e Nathalie Sarraute. Todos esses escritores — e eles diferem muito entre si, na intenção e na realização — têm em comum o seguinte: rejeitam a ideia do "romance" cuja tarefa é a de contar uma história e criar personagens segundo as convenções do realismo oitocentista, e tudo o que abjuram está resumido na noção de "psicologia". Seja tentando ultrapassar a psicologia com a fenomenologia de Heidegger (influência importante) ou tentando miná-la com uma descrição externa de tipo comportamentalista, os resultados são no mínimo negativamente semelhantes e constituem o primeiro conjunto de obras sobre a forma do romance que nos promete dizer algo de proveito sobre as novas formas que a literatura pode assumir.

Mas a realização talvez mais valiosa para o romance, vinda da França, é todo um conjunto de críticas inspiradas nos autores do nouveau roman (e, em alguns casos, escritas por eles), que constitui um esforço assaz impressionante de pensar de modo sistemático sobre o gênero. Essa crítica — penso nos ensaios de Maurice Blanchot, Roland Barthes, E. M. Cioran, Alain Robbe--Grillet, Nathalie Sarraute, Michel Butor, Michel Foucault e outros — é, de longe, a crítica literária mais interessante na atualidade. E nada impede que os romancistas no mundo de língua inglesa se alimentem do brilhante reexame das premissas do romance exposto por esses críticos, mas fazendo no romance um trabalho muito diferente do realizado pelos romancistas franceses. E esses ensaios podem se mostrar mais valiosos do que os romances, porque propõem critérios mais amplos e mais ambiciosos do que qualquer coisa já alcançada por qualquer escritor. (Robbe-Grillet, por exemplo, reconhece que seus romances são ilustrações inadequadas dos diagnósticos e recomendações apresentados em seus ensaios.)

É essa, para mim, a importância do lançamento em inglês de *L'Ère du soupçon*, coletânea de ensaios de Nathalie Sarraute que pretensamente expõem por completo a teoria por trás de seus romances.* Quer apreciemos ou não, admiremos ou não os romances de Sarraute (só gosto mesmo de *Portrait d'un inconnu* [Retrato de um desconhecido] e de *Le Planétarium* [O planetário]), quer ela efetivamente pratique ou não o que preconiza (num aspecto fundamental, penso que não), os ensaios levantam uma série de críticas ao romance tradicional que me parecem um bom começo para a reconsideração teórica há muito aguardada neste lado do Atlântico.

A melhor abordagem da polêmica de Sarraute para um leitor de língua inglesa seria, talvez, compará-la a dois outros manifestos sobre o que deveria ser o romance: "Mr. Bennett e Mrs. Brown", de Virginia Woolf, e "O fato na ficção", de Mary McCarthy. Sarraute desdenha e considera "ingênua" a rejeição de Virginia Woolf do naturalismo e do realismo objetivo, e seu apelo ao romancista moderno para que examine "os recessos sombrios da psicologia". Mas Sarraute é igualmente dura quanto à posição representada pelo ensaio de Mary McCarthy, que pode ser lido como uma refutação de Virginia Woolf, por defender um retorno

---

* *The Age of Suspicion*, de Nathalie Sarraute. Tradução de Maria Jolas. Nova York: Braziller.

às velhas virtudes romanescas de apresentar um mundo real, proporcionar uma sensação de verossimilhança e construir personagens memoráveis.

Os argumentos de Sarraute contra o realismo são convincentes. A realidade não é tão unívoca; a vida não é tão semelhante à vida. O reconhecimento imediato e reconfortante que é criado pela semelhança com a vida em muitos romances é e deve mesmo ser suspeito. (Com efeito, como diz Sarraute, o espírito da época é a suspeita. Ou, se não seu espírito, pelo menos seu vício constante.) Concordo plenamente com suas objeções ao romance no velho estilo: *A feira das vaidades* e *Os Buddenbrook*, quando reli pouco tempo atrás, por maravilhosos que ainda parecessem, também me fizeram recuar. Não consegui suportar o autor onipotente me mostrando como é a vida, despertando em mim lágrimas e compaixão; com sua estrondosa ironia, seu ar confidencial de conhecer plenamente seus personagens e levar a mim, a leitora, a sentir que também os conhecia. Não confio mais em romances que saciam toda a minha ardente vontade de entender. Sarraute tem razão, também, ao dizer que o instrumental tradicional do romance para criar uma cena, para descrever e discorrer sobre os personagens, não se justifica. Quem se importa de fato com os móveis do quarto de fulano de tal ou se ele acendeu um cigarro, se estava com um terno cinza-escuro ou se destampou a máquina de escrever depois de se sentar e antes de colocar nela uma folha de papel? Os grandes filmes têm mostrado que o cinema pode instilar na pura ação física — seja fugaz e miúda como a troca de perucas em *L'Avventura*, seja grandiosa como o avanço na floresta em *The Big Parade* — uma magia mais imediata do que jamais conseguiriam as palavras, e também de forma mais econômica.

Mais complexa e problemática, porém, é a insistência de Sarraute de que a análise psicológica no romance é igualmente obsoleta e equivocada. "'Psicologia' é uma palavra", diz ela, "que nenhum escritor atual é capaz de ouvir em relação a si mesmo sem desviar os olhos e corar." Por psicologia no romance ela entende Woolf, Joyce, Proust: romances que exploram uma camada de pensamentos e sentimentos ocultos sob a ação, cuja descrição substitui a preocupação com o personagem e o enredo. Tudo o que Joyce trouxe dessas profundezas, diz Sarraute, foi uma torrente ininterrupta de palavras. E Proust também falhou. No final, as elaboradas dissecações psicológicas de Proust se recompõem em personagens realistas, nos quais o leitor experiente "reconhece imediatamente um homem da alta sociedade apaixonado por uma amásia, um médico importante, desajeitado, crédulo, uma burguesa arrivista ou uma 'grande dama' esnobe, que logo ocuparão seus lugares na enorme coleção de personagens fictícios que povoam seu museu imaginário".

Na verdade, os romances de Sarraute não são tão diferentes dos de Joyce (e de Woolf) quanto ela pensa, e seu repúdio da psicologia está longe de ser integral. O que ela própria quer é exatamente o psicológico, mas (e esta é a base de sua reclamação contra Proust) sem a possibilidade de qualquer retorno ao "personagem" e ao "enredo". Ela é contra a dissecação psicológica, pois isso pressupõe que há um corpo a dissecar. Ela é contra uma psicologia passageira, contra a psicologia como novo meio para um velho fim. O uso do microscópio psicológico não pode ser intermitente, mero expediente para avançar no enredo. Isso significa uma remodelação radical do romance. Não só o romancista não deve contar uma história, como tampouco deve distrair o leitor com eventos maciços como um assassinato ou um grande amor. Quanto mais miúdo, quanto menos sensacional o evento, melhor. (Assim, *Martereau* consiste nas ruminações de um rapaz anônimo, um decorador de interiores, sobre a tia artística e o tio empresário rico com os quais ele mora, e sobre um homem mais velho, menos abastado, chamado Martereau, ruminações essas sobre as razões e as circunstâncias em que ele se sente à vontade com essas pessoas, e as razões e as circunstâncias em que ele se sente sucumbir à força de suas personalidades e aos objetos com que se cercam. O projeto do tio e da tia de comprar uma casa no campo é a única "ação" do livro; e, se por algum tempo se suspeita que Martereau enganou o tio sobre a casa, podemos apostar que, no final, todas as suspeitas se desfarão. Já em *O planetário*, acontece alguma coisa. Um rapaz arrivista, tentando descaradamente ser admitido ao círculo de uma escritora rica, vaidosa e muito famosa, consegue de fato desapropriar sua tia coruja e crédula do apartamento de cinco cômodos que pertence a ela.) Mas os personagens de Sarraute nunca agem efetivamente. Maquinam, vibram, estremecem — sob o impacto dos detalhes do cotidiano. Essas apalpadelas e preliminares da ação constituem o verdadeiro tema de seus romances. Como a análise é externa — isto é, o autor que fala e interpreta é externo —, os romances de Sarraute são, evidentemente, escritos apenas na primeira pessoa, mesmo quando as reflexões interiores usam "ela" e "ele".

O que Sarraute apresenta é um romance escrito num monólogo contínuo, em que o diálogo entre personagens é uma extensão funcional do monólogo, a fala "real" é uma continuação da fala silenciosa. Ela chama esse tipo de diálogo de "subconversação". É comparável ao diálogo teatral em que o autor não intervém nem interpreta, mas, ao contrário do diálogo teatral, não é dividido nem atribuído a personagens claramente discerníveis. (Ela faz alguns comentários argutos e trocistas sobre os ruídos dos *ele disse, ela respondeu, fulano declarou* que se disseminam na maioria dos romances.) O diálogo deve "ficar vibrante e repleto daqueles minúsculos movimentos internos que lhe dão impulso e continuação". O romance deve descartar o instrumento da psicologia clássica — a introspecção — e proceder por imersão. Deve mer-

143

gulhar o leitor "na corrente daqueles dramas subterrâneos que Proust só teve tempo de tratar numa rápida vista aérea, observando e reproduzindo senão seus contornos mais gerais e estáticos". O romance deve registrar sem comentários o contato direto e puramente sensorial com as coisas e pessoas relativas ao "eu" do romancista. Abstendo-se de qualquer esforço em criar verossimilhança (Sarraute deixa isso para o cinema), o romance deve preservar e promover "aquele elemento de indeterminação, de opacidade e mistério que as ações sempre têm para quem as vive".

Há algo de revigorante no programa de Sarraute para o romance, insistindo num respeito irrestrito pela complexidade dos sentimentos e sensações humanas. Mas, para mim, há uma certa fragilidade em sua argumentação, por se basear num diagnóstico da psicologia que é excessivamente doutrinário em suas prescrições e, ao mesmo tempo, equívoco. Uma concepção segundo a qual Henry James ou Proust usam pá e picareta "para desmontar as delicadas engrenagens de nossos mecanismos internos" tem critérios realmente bizarros de refinamento psicológico. Quem faria objeção a Sarraute quando ela caracteriza os sentimentos como uma imensa massa móvel na qual é possível encontrar praticamente qualquer coisa; ou quando ela diz que nenhuma teoria, muito menos uma chave de leitura como a psicanálise, é capaz de explicar todos os seus movimentos? Mas Sarraute ataca a psicologia no romance apenas para defender uma técnica melhor, mais apurada de descrição psicológica.

Suas noções sobre a complexidade dos sentimentos e sensações são uma coisa; seu programa para o romance é outra. Todas as explicações da motivação, é verdade, simplificam. Mas, admitindo-se isso, ainda permanecem muitas escolhas à disposição do romancista, além dessa busca de uma maneira microscópica e mais apurada de representar os motivos. Tenho certeza de que, por exemplo, alguns tipos de visões gerais — que eliminam totalmente as minúcias dos sentimentos — constituem uma solução para o problema levantado por Sarraute pelo menos tão válida quanto a técnica de diálogo e narração que ela adota como consequência lógica de sua crítica. O personagem pode ser (como insiste Sarraute) um oceano, uma confluência de correntes, marés e redemoinhos, mas não vejo qual seria o valor privilegiado da imersão. Nadar debaixo d'água tem seu papel, mas a cartografia oceânica, que Sarraute desdenha como "vista aérea", também tem. O homem é uma criatura destinada a viver na superfície; mora nas profundezas — sejam terrestres, oceânicas ou psicológicas — por conta e risco próprio. Não concordo com o desprezo de Sarraute pela tentativa do romancista de transmutar as profundezas líquidas e amorfas da experiência em matéria sólida, em impor contornos, dar forma fixa e corpo sensorial ao mundo. Que é tediosa a tentativa de fazer isso à velha maneira, nem é preciso dizer. Mas não concordo que não se deva fazê-lo de forma alguma.

Sarraute convida o escritor a resistir ao desejo de entreter seus contemporâneos, de melhorá-los, instruí-los ou lutar pela emancipação deles, e que simplesmente apresente a "realidade" (é a palavra que Sarraute usa) tal como a vê, sem aparar, suavizar ou superar as contradições, com toda a sinceridade e precisão de que é capaz. Aqui não vou discutir se o romance deve entreter, melhorar ou instruir (e por que não, desde que se justifique enquanto obra de arte?), mas apenas apontar como é tendenciosa sua definição de realidade. A realidade, para Sarraute, significa uma realidade carregada com as "ideias preconcebidas e imagens prontas que a envolvem". Opõe-se à "realidade de superfície que todos podem facilmente ver e, à falta de coisa melhor, usar". Segundo Sarraute, para ter contato com a realidade, o escritor precisa "alcançar algo que até agora é desconhecido e que ele julga ser o primeiro a ver".

Mas qual é o sentido dessa multiplicação de realidades? Pois, na verdade, é o plural que Sarraute deveria usar, em vez do singular. Se cada escritor precisa "trazer à luz esse fragmento de realidade que é seu" — e todas as baleias e tubarões estão catalogados; o que ela busca é uma nova espécie de plâncton —, então o escritor não só é um criador de fragmentos, mas está condenado a ser um expositor apenas do que há de original em sua subjetividade própria. Quando ele chega ao campo literário com seu vidro de minúsculos espécimes marinhos, ainda não catalogados, temos de acolhê-lo bem em nome da ciência? (O escritor como biólogo marinho.) Ou dos esportes? (O escritor como mergulhador.) Por que ele merece um público? De quantos fragmentos de realidade os leitores de romances precisam?

Por meramente invocar a noção de realidade, Sarraute, na verdade, estreitou e prejudicou seu argumento, sendo que não precisava fazer isso. A metáfora da obra de arte como representação da realidade deveria ser aposentada por algum tempo; prestou bons serviços ao longo da história da análise das obras de arte, mas agora mal consegue roçar as questões importantes. Na exposição de Sarraute, essa metáfora tem a infeliz consequência de instilar vida nas tediosas alternativas entre subjetividade e objetividade, entre o original e o preconcebido e pré-pronto. Não há por que o romancista não possa fazer novos arranjos e transformações do que todos já viram e não possa se restringir precisamente às ideias preconcebidas e às imagens já prontas.

A adesão de Sarraute a essa noção bastante vazia de realidade (uma realidade que se encontra nas profundezas e não na superfície) também é responsável pelo tom desnecessariamente severo de algumas admoestações suas. A fria exclusão da possibilidade de o escritor oferecer "gozo estético" aos leitores é mera retórica e faz séria injustiça à posição que ela, em parte, habilmente representa. O escritor, diz Sarraute, deve renunciar a "qualquer desejo de escrever 'bonito' pelo prazer disso, de oferecer gozo estético a si ou a seus leitores". O estilo é "capaz de beleza somente no sentido de que o gesto de um atleta é belo; quanto mais adaptado à sua finalidade, maior a beleza". A finalidade, lembremo-nos, é que o escritor registre sua apreensão única de uma realidade desconhecida. Mas não há absolutamente nenhuma razão para estabelecer uma equivalência entre o "gozo estético", que toda obra de arte, por definição, se destina a proporcionar, e a noção de um estilo frívolo, decorativo, meramente "bonito"... Com efeito, é a ciência ou, melhor ainda, o esporte que Sarraute tem em mente como modelo para o romance. A justificativa final para a busca do romancista, como a caracteriza Sarraute — o que, para ela, liberta o romance de todas as finalidades morais e sociais —, é que o romancista busca a verdade (ou um fragmento seu), tal como o cientista, e busca o exercício funcional, tal como o atleta. E, em princípio, não há nada de muito objetável nesses modelos, a não ser o significado que têm para ela. Apesar da solidez de base de sua crítica ao romance ao velho estilo, o romancista para Sarraute ainda está perseguindo a "verdade" e a "realidade".

Assim, cabe concluir que o manifesto de Sarraute não faz plena justiça à posição defendida, a qual merece mais. Pode-se encontrar uma apresentação mais rigorosa e penetrante dessa posição nos ensaios "Sur quelques notions périmées" [Sobre algumas noções datadas] e "Nature, humanisme, tragédie" [Natureza, humanismo, tragédia], de Robbe-Grillet. Saíram respectivamente em 1957 e 1958, ao passo que os de Sarraute foram publicados entre 1950 e 1955 e reunidos em livro em 1956; e Robbe-Grillet cita Sarraute de uma maneira que pode levar a crer que ele seria um adepto posterior da mesma posição. Mas a complexa crítica de Robbe-Grillet às noções de tragédia e humanismo, a implacável clareza com que demole o velho lema da forma versus conteúdo (sua disposição, por exemplo, em declarar que o romance, na medida em que pertence ao campo da arte, não tem conteúdo), a compatibilidade entre sua estética e inovações técnicas no romance muito diferentes das escolhidas por ele, colocam seus argumentos num nível muito mais elevado do que os de Sarraute. Os ensaios de Robbe-Grillet são verdadeiramente radicais e, ao aceitarmos nem que seja apenas uma de suas premissas, sentimo-nos plenamente convencidos. Os ensaios de Sarraute, por úteis que possam ser para apresentar o público letrado de língua inglesa à importante crítica do romance tradicional que foi iniciada na França, ao final cedem e transigem.

Muita gente, sem dúvida, há de achar que as perspectivas do romance apresentadas pelos críticos franceses são desoladoras e preferiria que os exércitos da arte continuassem lutando em outras frentes de batalha e deixassem o romance em paz. (Nesse mesmo espírito, alguns de nós gostaríamos de ser dotados de uma quantidade bem menor da excruciante autoconsciência psicológica, que é o fardo das pessoas cultas de nossos tempos.) Mas o romance como forma de arte não tem nada a perder e tem tudo a ganhar entrando na revolução que já se alastrou por grande parte das outras artes. É hora de o romance se tornar aquilo que ele não é na Inglaterra e nos Estados Unidos, salvo raras exceções: uma forma de arte que as pessoas com gosto sólido e sofisticado nas demais artes possam levar a sério.

(1963, revisto em 1965)

III

Ionesco

É bastante adequado que um dramaturgo cujas melhores obras são uma apoteose da banalidade tenha compilado um livro sobre o teatro repleto de banalidades.* Cito, ao acaso:

O didatismo é, acima de tudo, uma atitude do espírito e uma expressão da vontade de dominar.

Uma obra de arte é, acima de tudo, uma aventura do espírito.

Alguns disseram que *Os construtores do império*, de Boris Vian, foi inspirado por meu *Amédée*. Na verdade, ninguém é inspirado por nada, a não ser por si mesmo e por sua angústia.

Percebo uma crise do pensamento, que se manifesta numa crise da linguagem; as palavras não significam mais nada.

Nenhuma sociedade foi capaz de abolir a tristeza humana; ne-

---

* *Notes and Counter Notes: Writings on the Theatre*, de Eugène Ionesco. Tradução de Donald Watson. Nova York: Grove.

nhum sistema político pode nos libertar da dor de viver, de nosso medo da morte, de nossa sede pelo absoluto.

O que fazer com uma visão ao mesmo tempo tão altaneira e tão banal? Como se não bastasse, os ensaios de Ionesco estão repletos de explicações supérfluas e de untuosa vaidade. Mais uma vez, ao acaso:

> Posso afirmar que nem o público, nem os críticos me influenciaram.
> Talvez eu tenha preocupações sociais a despeito de mim mesmo.
> Comigo, toda peça brota de uma espécie de autoanálise.
> Não sou um ideólogo, pois sou direto e objetivo.
> O mundo não deveria me interessar tanto. Na verdade, sou obcecado por ele.

Etc. etc. etc. Os ensaios de Ionesco sobre o teatro oferecem muito desse humor, imagina-se que involuntário.

Há, sem dúvida, algumas ideias em *Notes and Counter Notes* que vale a pena levar a sério, nenhuma delas original de Ionesco. Uma é a ideia do teatro como instrumento que, deslocando o real, renova o senso de realidade. Tal função do teatro demanda claramente não só uma nova dramaturgia, mas um novo repertório de peças. "Chega de obras-primas", reivindicava Artaud em *O teatro e seu duplo*, o manifesto mais profundo e arrojado do teatro moderno. Como Artaud, Ionesco desdenha o teatro "literário" do passado: gosta de ler Shakespeare e Kleist, mas não de vê-los no palco, enquanto Corneille, Molière, Ibsen, Strindberg, Pirandello, Giraudoux e companhia lhe causam tédio seja lendo ou assistindo. Se é mesmo necessário montar alguma das peças antiquadas, Ionesco sugere (como sugeriu Artaud) lançar mão de um truque. Que se encene "contra" o texto: enxertando uma produção formal e séria num texto que é absurdo, louco, cômico, ou tratando um texto solene com espírito bufo. Além de rejeitar o teatro literário — o teatro de enredo e personagens individuais —, Ionesco defende que se evite escrupulosamente qualquer psicologia, pois psicologia significa "realismo", e o realismo é enfadonho e limita a imaginação. Sua rejeição da psicologia lhe permite reviver um expediente comum a todas as tradições teatrais não realistas (é o equivalente à frontalidade na pintura naïve), em que os personagens ficam de frente para o público (e não um para o outro), apresentando seus nomes, identidades, hábitos, gostos, ações... Tudo isso, claro, já é bem conhecido: o estilo moderno canônico no teatro. As ideias interessantes em *Notes and Counter Notes* são, em sua maioria, um Artaud diluído; ou, melhor, um Artaud bem-arrumadinho, gracioso e insinuante; Artaud sem seus ódios, Artaud sem sua loucura. Os momentos em que Ionesco mais se aproxima da originalidade são certas observações sobre o humor, que ele entende, enquanto o pobre louco Artaud simplesmente não entendia. A ideia de Artaud sobre um Teatro da Crueldade enfatizava os registros mais sombrios da fantasia: um espetáculo frenético, atitudes melodramáticas, aparições sangrentas, gritos, arrebatamentos. Ionesco, percebendo que qualquer tragédia fica cômica, bastando acelerá-la, dedicou-se ao violentamente cômico. Em vez da gruta, do palácio, do templo ou da charneca, ele ambienta a maioria de suas peças na sala de estar. Seu terreno cômico é a banalidade e o clima opressivo do "lar" — seja o quarto do celibatário, o gabinete do estudioso, a sala de visitas do casal. Sob as formas da vida convencional, Ionesco demonstra que jaz a loucura, o apagamento da personalidade.

Mas me parece que as peças de Ionesco não precisam de muita explicação. Caso se deseje uma apresentação de sua obra, o excelente livreto de Richard N. Coe sobre Ionesco, publicado em 1961 na coleção Writers and Critics, oferece uma defesa muito mais compacta e coerente das peças do que qualquer coisa de *No-*

tes and Counter Notes. O interesse em ler Ionesco falando a respeito de Ionesco não está na teoria teatral do autor, mas no que o livro sugere sobre a intrigante tenuidade — intrigante em vista da riqueza dos temas — das peças de Ionesco. O tom do livro é muito revelador. Pois por trás do incansável egocentrismo dos escritos de Ionesco sobre o teatro — as menções a batalhas intermináveis com críticos obtusos e um público apático — há um desconforto constante e lamuriento. Ionesco alega incessantemente que é um incompreendido. Assim, tudo o que Ionesco diz numa página de *Notes and Counter Notes*, ele desdiz em outra. (Embora esses escritos cubram os anos 1951 e 1961, não há nenhum desenvolvimento nos argumentos.) Suas peças são um teatro de vanguarda; teatro de vanguarda não existe. Ele escreve crítica social; crítica social não existe. Ele é um humanista; ele está moral e emocionalmente alheado da humanidade. Ionesco escreve o tempo inteiro como homem convicto — diga-se o que se disser dele, diga ele o que disser de si mesmo — de que seus verdadeiros talentos são incompreendidos.

Qual é a realização de Ionesco? A julgar pelos critérios mais rigorosos, ele escreveu apenas uma peça realmente bonita e admirável, *Jacques, ou a submissão* (1950); uma boa obra menor, *A cantora careca*, sua primeira peça (escrita em 1948-9), e várias peças curtas que funcionam bem e são pungentes reprises do mesmo material, *A lição* (1950), *As cadeiras* (1951) e *O novo inquilino* (1953). Todas essas peças — Ionesco é escritor prolífico — são do "primeiro" Ionesco. As obras posteriores são prejudicadas pela diluição da intenção dramática e por uma inflexível consciência de si, sempre crescente. Pode-se ver com clareza a diluição em *Vítimas do dever* (1952), obra com algumas partes vigorosas, mas infelizmente explícita demais. Ou pode-se comparar sua melhor peça, *Jacques*, com uma breve continuação usando os mesmos personagens, *O futuro está nos ovos* (1951). *Jacques* transborda de uma fantasia exuberante, estridente, lógica e engenhosa; é a única entre todas as peças de Ionesco que nos oferece algo à altura do padrão de Artaud: o Teatro da Crueldade como Comédia. Mas, em *O futuro está nos ovos*, Ionesco embarca no rumo catastrófico de seus escritos posteriores, invectivando contra as "concepções" e tediosamente atribuindo aos personagens uma preocupação com a situação do teatro, a natureza da linguagem, e assim por diante. Ionesco é um artista de talentos consideráveis que sucumbiu vítima das "ideias". Elas encharcaram sua obra e embotaram seus talentos. Em *Notes and Counter Notes* temos uma vasta amostra daquele trabalho interminável de autoexplicação e autojustificação como teatrólogo e pensador que ocupa toda a peça *O improviso da alma*, que dita os comentários sobre dramaturgia que se intrometem em *Vítimas do dever* e *Amédée*, que inspira a crítica simplista da sociedade moderna em *Assassino sem recompensa* e *O rinoceronte*.

O impulso artístico original de Ionesco foi sua descoberta da poesia da banalidade. A primeira peça, *A cantora careca*, foi escrita quase por acaso, diz ele, depois de descobrir os Smith e os Martin *en famille* no manual didático *Assimil*, que comprou quando resolveu aprender inglês. E todas as peças seguintes de Ionesco continuaram pelo menos a abrir com uma saraivada de clichês. Por extensão, a descoberta da poesia do clichê levou à descoberta da poesia do absurdo — a mútua convertibilidade de todas as palavras. (Tal é a litania da "conversa" no final de *Jacques*.) Diz-se que as primeiras peças de Ionesco são "sobre" o absurdo ou "sobre" a não comunicação. Mas isso deixa de lado o importante fato de que, em grande parte da arte moderna, não se pode mais falar realmente em tema, na velha acepção do termo. O tema, na verdade, é a técnica. O que Ionesco fez — e não é pouca coisa — foi adotar no teatro uma das grandes descobertas técnicas da poesia moderna: a saber, que toda linguagem pode ser vista de fora, como por um estrangeiro. Ionesco desvendou os recursos *dramáticos* dessa posição, conhecida desde longa data, mas até então restrita à poesia moderna. Suas primeiras peças não são "sobre" o absurdo. São tentativas de usar teatralmente o absurdo.

Essa descoberta do clichê por Ionesco significava que ele deixou de ver a linguagem como instrumento de comunicação ou expressão de si, passando a enxergá-la como uma substância exótica secretada — numa espécie de transe — por pessoas intercambiáveis. Sua descoberta seguinte, também conhecida pela poesia moderna desde muito tempo antes, foi que poderia tratar a linguagem como coisa tangível. (Assim, em *A lição*, o professor mata o aluno com a palavra "faca".) O recurso central para converter a linguagem em coisa é a repetição. Essa repetição verbal é ainda mais dramatizada mediante outro tema persistente nas peças de Ionesco: a multiplicação irracional e descontrolada das coisas materiais. (Assim temos o ovo em *O futuro está nos ovos*, as cadeiras em *As cadeiras*, os móveis em *O novo inquilino*, as caixas em *Assassino sem recompensa*, as xícaras em *Vítimas do dever*, os narizes e dedos de Roberta II em *Jacques*, o cadáver em *Amédée, ou como se livrar da coisa*.) Essas palavras repetidas, essas coisas que proliferam diabolicamente só podem ser exorcizadas como num sonho, sendo obliteradas. Por uma questão lógica, poética — e *não* por causa de qualquer "ideia" que Ionesco tenha sobre a natureza do indivíduo e da sociedade —, suas peças precisam terminar ou numa repetição *da capo* ou numa incrível violência. Alguns finais típicos são: o massacre do público (final proposto de *A cantora careca*), o suicídio (*As cadeiras*), o sepultamento e o silêncio (*O novo inquilino*), a ininteligibilidade e gemidos animais (*Jacques*), uma monstruosa coerção física (*Vítimas do dever*), o desmoronamento do palco (*O futuro está nos ovos*). Nas peças de Ionesco, o pesadelo recorrente é o de um mundo totalmente espraiado e atravancado. (O pesadelo fica explícito com os móveis em *O novo inquilino* e os rinocerontes em *O rinoceronte*.) Assim, as peças têm de terminar no caos ou no não ser, na destruição ou no silêncio.

Essas descobertas da poesia do clichê e da linguagem-como--coisa forneceram a Ionesco alguns materiais teatrais admiráveis. Mas, nascidas as ideias, instalou-se na obra de Ionesco uma teoria sobre o sentido desse teatro da falta de sentido. Invocaram-se as mais avançadas experiências modernas. Ionesco e seus defensores alegaram que ele partira de sua própria experiência do absurdo da existência contemporânea e depois desenvolveu seu teatro do clichê para expressá-lo. Parece mais provável que ele tenha começado com a descoberta da poética da banalidade e então, infelizmente, invocou uma teoria para sustentá-la. Essa teoria consiste nos mais puros clichês da crítica à "sociedade de massa", todos misturados — alienação, homogeneização, desumanização. Para resumir essa conhecidíssima insatisfação, o insulto favorito de Ionesco é "burguês" ou, às vezes, "pequeno-burguês". O burguês de Ionesco tem pouco em comum com o alvo favorito da retórica de esquerda, embora talvez o tenha adotado dessa fonte. Para Ionesco, "burguês" significa tudo o que lhe desagrada: significa "realismo" no teatro (mais ou menos como Brecht usava o adjetivo "aristotélico"); significa ideologia; significa conformismo. Claro que nada disso teria importância se fosse uma mera questão dos pronunciamentos de Ionesco sobre seu trabalho. O problema é que isso começou a infectar cada vez mais a obra. Cada vez mais Ionesco passou a "indicar" descaradamente o que estava fazendo. (A gente se encolhe quando, no final de *A lição*, o professor põe uma braçadeira com suástica enquanto se prepara para dar fim ao cadáver de seu aluno.) Ionesco começou com uma fantasia, a visão de um mundo habitado por marionetes linguísticas. Não estava criticando coisa alguma, muito menos descobrindo o que, num ensaio inicial, chamou de "A tragédia da linguagem". Estava apenas descobrindo uma maneira de usar a linguagem. Só depois é que se extraiu dessa descoberta artística um conjunto de atitudes toscas e simplistas — atitudes sobre a homogeneização e desumanização contemporâneas do homem, depostas aos pés de um ogro empalhado, chamado "burguês", "sociedade" etc. Então veio o momento da afirmação do indivíduo contra esse ogro. Assim, o trabalho de Ionesco passou por uma triste fase dupla, bastante conhecida: primeiro, obras de antiteatro, paródias; depois, as peças socialmente construtivas. Estas últimas são fracas. E as peças mais fracas de toda a sua *oeuvre* são as peças de Bérenger — *Assassino sem recompensa* (1957), *O rinoceronte* (1960) e *O pedestre aéreo* (1962) — em que Ionesco (diz ele) criou em Bérenger um alter ego, um homem comum, um herói acuado, um personagem "para reingressar na humanidade". O problema é que não basta querer essa afirmação do homem, seja na moral ou na arte. Se é meramente deliberada, o resultado sempre será inconvincente e, em geral, pretensioso.

Nisso, o desenvolvimento de Ionesco é o exato contrário do de Brecht. As primeiras obras de Brecht — *Baal, Na selva das cidades* — dão lugar às peças "positivas" que são suas obras-primas: *A alma boa de Setsuan, O círculo de giz caucasiano, Mãe Coragem.* Mas é que Brecht — independentemente das teorias que os dois esposam — é um escritor simplesmente muito maior do que Ionesco. Claro que, para Ionesco, Brecht representa o arquivilão, o arquiburguês. Ele é político. Mas os ataques de Ionesco a Brecht e aos brechtianos — e à ideia de uma arte politicamente engajada — são triviais. As atitudes políticas de Brecht são, em sua melhor forma, ocasião para seu humanismo, dão foco e permitem ampliar sua dramaturgia. A escolha entre a afirmação política e a afirmação do homem, em que Ionesco insiste, é espúria e, além disso, perigosa.

Comparado a Brecht, Genet e Beckett, Ionesco é um autor menor, mesmo em suas melhores coisas. Seu trabalho não tem o mesmo peso, a mesma intensidade, a mesma grandeza e relevância. As peças de Ionesco, sobretudo as mais curtas (forma à qual seus talentos se adéquam melhor), têm virtudes consideráveis: encanto, humor, uma boa intuição do macabro; acima de tudo, teatralidade. Mas os temas recorrentes — identidades se desmontando, a monstruosa proliferação de coisas, o horrendo da proximidade e intimidade — raramente são tão aterradores e impactantes quanto poderiam ser. Talvez porque — à exceção de *Jacques*, em que Ionesco permite que sua fantasia aflore — o terrível esteja sempre circunscrito de alguma maneira pelo engraçadinho. As farsas mórbidas de Ionesco são as comédias de bulevar da sensibilidade vanguardista; como apontou um crítico inglês, na verdade a excêntrica ideia de conformidade de Ionesco pouco difere da excêntrica ideia de adultério de Feydeau. Ambas são habilidosas, frias, autorreferentes.

As peças de Ionesco — e seus textos sobre teatro — sem dúvida juram ser fiéis às emoções. A respeito de *A cantora careca*, por exemplo, Ionesco diz que a peça versa sobre "falar e não dizer nada por causa [da] ausência de qualquer vida interior". Os Smith e os Martin representam o homem totalmente absorvido em seu contexto social; "esqueceram o significado da emoção". Mas e as inúmeras descrições de Ionesco, em *Notes and Counter Notes*, sobre sua própria incapacidade de sentir — uma incapacidade que, segundo ele, o salva de ser um homem das massas, em vez de convertê-lo num deles? O que move Ionesco não é um protesto contra a falta de emoções, e sim uma espécie de misantropia, que ele encobre com elegantes clichês de um diagnóstico cultural. A sensibilidade por trás desse teatro é rígida, defensiva, carregada de asco sexual. O asco é o motor potente das peças de Ionesco: por asco, ele faz comédias sobre o asqueroso.

O asco pela condição humana é um material plenamente válido para a arte. Mas o asco pelas ideias, expresso por um homem com pouco talento para as ideias, é outro assunto. É isso o que prejudica muitas das peças de Ionesco e torna sua coletânea de textos sobre o teatro mais irritante do que interessante. Sentindo asco pelas ideias como mais uma sórdida excrescência humana, Ionesco fica se agitando para lá e para cá nesse livro repetitivo, adotando e desadotando todas as posições. O tema que unifica *Notes and Counter Notes* é sua vontade de manter uma posição que não é posição, uma visão que não é visão nenhuma — em suma, a vontade de ser intelectualmente invulnerável. Mas isso é impossível, visto que de início ele percebe a ideia como mero cliché: "Sistemas de pensamento por todos os lados nada mais são que álibis, coisas para nos ocultar a realidade (outro termo cliché)". Num deslize vertiginoso da argumentação, as ideias passam a ser identificadas com a política, e toda política identificada com um mundo de pesadelo fascista. Quando Ionesco diz: "Acredito que o que nos separa uns dos outros é simplesmente a própria sociedade ou, se preferirem, a política", está expressando mais seu anti-intelectualismo do que uma posição política. Isso se vê com especial clareza na seção mais interessante do livro (pp. 87-108), a chamada Controvérsia de Londres, uma troca de cartas e ensaios com Kenneth Tynan, supostamente representando um ponto de vista brechtiano, que primeiro apareceu no semanário inglês *The Observer* em 1958. O ponto alto dessa controvérsia é uma digna e eloquente carta de Orson Welles, assinalando que a separação entre arte e política não pode surgir e muito menos prosperar a não ser em determinado tipo de sociedade. Como escreveu Welles: "Tudo o que tem valor provavelmente tem um nome bastante gasto", e todas as liberdades — inclusive o privilégio de Ionesco de dar de ombros para a política — "foram, num ou noutro momento, conquistas políticas". Não é "a política que é a arqui-inimiga da arte; é a neutralidade... [a qual é] uma posição política como outra qualquer... Se estamos de fato condenados, que o sr. Ionesco tombe lutando junto conosco. Que tenha a coragem de nossas banalidades".

Assim, o que há de desconcertante na obra de Ionesco é a complacência intelectual que ela defende. Não tenho nenhuma reclamação contra obras de arte que não contêm ideia nenhuma; pelo contrário, a mais elevada arte é, em grande medida, desse tipo. Pense-se nos filmes de Ozu, em *Ubu rei*, de Jarry, *Lolita*, de Nabokov, *Nossa Senhora das Flores*, de Genet — para citar quatro exemplos modernos. Mas o vazio intelectual é uma coisa (muitas vezes bastante salutar), enquanto a renúncia intelectual é outra. No caso de Ionesco, o intelecto que se rendeu não é interessante, por se basear numa visão de mundo que cria uma oposição entre o totalmente monstruoso e o totalmente banal. No começo, podemos ter prazer com a monstruosidade do monstruoso, mas no fim nos resta a banalidade da banalidade.

(1964)

Reflexões sobre *O vigário*

O evento trágico supremo dos tempos modernos é o assassinato dos 6 milhões de judeus europeus. Numa época a que não faltam tragédias, tal acontecimento é o que mais merece essa honra nada invejável — devido à magnitude, à unidade temática, à importância histórica e à pura e simples opacidade. Pois ninguém entende esse acontecimento. É impossível explicar por completo o assassinato dos 6 milhões de judeus por uma questão de paixões públicas ou privadas, por erro, por loucura, por ruína moral ou por forças sociais irresistíveis e avassaladoras. Cerca de vinte anos depois, ele é mais controverso do que nunca. O que aconteceu? Como aconteceu? Como deixaram que acontecesse? Quem são os responsáveis? Esse grande acontecimento é uma ferida que nunca fechará; até o bálsamo da inteligibilidade nos é negado.

Mas, mesmo que soubéssemos mais, não seria suficiente. Ao dizer que esse acontecimento foi "trágico", abrimos espaço a outras questões além das referentes ao entendimento histórico factual. Por trágico entendo um acontecimento — deplorabilíssimo e aterrador ao extremo — cuja causalidade é sobredeterminada e sobrecarregada, e que é de uma natureza exemplar ou edificante que impõe aos sobreviventes o dever solene de enfrentá-lo e assimilá-lo. Ao qualificar o assassinato dos 6 milhões como uma tragédia, reconhecemos um motivo além do intelectual (saber o que e como aconteceu) e do moral (capturar os criminosos e levá-los à Justiça) para compreendê-lo. Reconhecemos que o acontecimento é, em certo sentido, incompreensível. Em última análise, a única reação é continuar a tê-lo em mente, a relembrá-lo. Essa capacidade de aceitar o peso da memória nem sempre é prática. Às vezes, lembrar alivia a dor ou a culpa; às vezes, piora. Muitas vezes, lembrar não faz bem nenhum. Mas podemos sentir que é o *certo*, o adequado ou o devido. Essa função moral da rememoração é algo que percorre os diferentes mundos do conhecimento, da ação e da arte.

Vivemos numa época em que a tragédia não é uma forma de arte, mas uma forma de história. Os dramaturgos não escrevem mais tragédias. Mas temos obras de arte (nem sempre reconhecidas como tais) que refletem ou tentam resolver as grandes tragédias históricas de nossa época. Entre as formas de arte não reconhecidas como tais e que têm sido criadas ou aprimoradas na era moderna para essa finalidade, estão a sessão de psicanálise, o debate parlamentar, o comício político e o julgamento político. E, como o acontecimento trágico supremo dos tempos modernos é o assassinato dos 6 milhões de judeus europeus, uma das obras de arte mais comoventes e interessantes dos últimos dez anos é o julgamento de Adolf Eichmann em Jerusalém, em 1961.

Como Hannah Arendt e outros assinalaram, a base jurídica do julgamento de Eichmann, a pertinência de todas as provas apresentadas e a legitimidade de certos procedimentos estão abertas a questionamentos em termos estritamente legais. Mas a verdade é que o julgamento de Eichmann não só não se conformou, como nem poderia se conformar a critérios exclusivamente jurídicos. Não era apenas Eichmann que estava em julgamento. Ele enfrentou o julgamento num duplo papel: como particular e como genérico; como homem, carregando uma pavorosa culpa específica, e como símbolo, representando toda a história do antissemitismo, que atingiu seu clímax nesse martírio inimaginável.

O julgamento, portanto, foi uma ocasião para tentar tornar o incompreensível compreensível. Para isso, enquanto um impassível Eichmann de óculos se mantinha sentado em sua cela de vidro blindado — de lábios cerrados, mas, apesar disso, como uma daquelas grandes criaturas que guincham sem ser ouvidas dos quadros de Francis Bacon —, encenava-se na sala do tribunal um grande ofício fúnebre coletivo. Montanhas de fatos sobre o extermínio dos judeus somavam-se aos autos; instaurou-se um grande clamor de angústia histórica. Desnecessário dizer que não havia nenhuma maneira estritamente legal de justificá-lo. A função do julgamento era similar à do teatro trágico: além e acima do julgamento e da sentença, a catarse.

O apreço muito moderno pelo devido processo a que apelava o julgamento era genuíno, sem dúvida, mas as antigas ligações entre o teatro e o tribunal eram mais profundas. O julgamento é, acima de tudo, uma forma teatral (com efeito, a primeira descrição de um julgamento na história vem do teatro — está em *As Eumênides*, a terceira peça da trilogia *Oresteia* de Ésquilo). E, como o julgamento é acima de tudo uma forma teatral, o teatro é uma sala de tribunal. A forma clássica do drama é sempre uma disputa entre protagonista e antagonista; o desfecho da peça é o "veredicto" sobre a ação. Todas as grandes tragédias teatrais assumem essa forma de um julgamento do protagonista — sendo que a peculiaridade da forma trágica de julgamento consiste na possibilidade de perder a ação (isto é, ser condenado, sofrer, morrer) e, mesmo assim, de certa maneira vencer.

O julgamento de Eichmann foi um desses dramas. Foi não

uma tragédia em si, mas a tentativa, em termos dramáticos, de lidar com uma tragédia e lhe dar um desfecho. Foi, no sentido mais profundo do termo, teatro. E, como tal, deve ser julgado por outros critérios, além dos da legalidade e da moralidade. Como seus objetivos não se resumiam aos de uma investigação histórica dos fatos, uma tentativa de determinar a culpa e estabelecer a penalidade, o julgamento de Eichmann nem sempre "funcionou". Mas o problema do julgamento de Eichmann não eram suas falhas legais, e sim a contradição entre sua forma jurídica e sua função dramática. Como assinalou Harold Rosenberg: "O julgamento tomou a si a função da poesia trágica, a de reviver no espírito o passado patético e aterrador. Mas também teve de desempenhar essa função num palco mundial, regido pelo código utilitário". Havia um paradoxo fundamental no julgamento de Eichmann: era basicamente um grande ato de participação por meio da memória e renovação da dor, mas revestido pelas formas da legalidade e da objetividade científica. O julgamento é uma forma dramática que atribui aos eventos certa neutralidade provisória; o resultado está por ser decidido, e a própria palavra *defendant* [réu] supõe a possibilidade de uma defesa. Nesse sentido, embora Eichmann, como todos esperavam, tenha sido condenado à morte, a forma do julgamento o favoreceu. Talvez seja por isso que muitos sentem, retrospectivamente, que o julgamento foi frustrante, um anticlímax.

Resta ver se a arte de um tipo mais fácil de identificar — a arte que não precisa fingir neutralidade — consegue se sair melhor. Entre todas as obras de arte que assumem as mesmas funções de memória histórica desempenhadas pelo julgamento de Eichmann, a mais celebrada é, de longe, *Der Stellvertreter* [*O vigário*], a longa peça do jovem dramaturgo alemão Rolf Hochhuth.*

---

* *The Deputy*, de Rolf Hochhuth. Tradução de Richard e Clara Winston. Nova

Aqui temos uma obra de arte tal como costumamos entendê-la — uma obra para o habitual teatro das oito e meia da noite, com cortinas e intervalos, e não para o austero palco público da sala de tribunal. Aqui há atores, e não assassinos reais e sobreviventes reais do inferno. Apesar disso, não seria falso compará-la ao julgamento de Eichmann, porque *O vigário* é, em primeiro lugar, uma compilação, um registro. O próprio Eichmann e muitos outros indivíduos reais do período estão representados na peça; as falas dos personagens foram extraídas de documentos históricos.

Nos tempos modernos, tem-se deixado de lado esse uso do teatro como fórum para o julgamento moral e público. O teatro se tornou, em larga medida, um lugar onde se encenam angústias e brigas privadas; o veredicto que os eventos pronunciam sobre os personagens, em muitas peças modernas, só se aplica dentro da própria peça. *O vigário* rompe as fronteiras totalmente privadas do teatro mais moderno. E assim como seria uma obtusidade recusar-se a avaliar o julgamento de Eichmann como uma obra de arte pública, do mesmo modo seria frívolo julgar *O vigário* como mera obra de arte.

Uma parcela da arte — mas não toda ela — elege como finalidade central *dizer a verdade*, e deve ser julgada por sua fidelidade à verdade e pela relevância da verdade que enuncia. Por esses critérios, *O vigário* é uma peça importante. A peça de acusação contra o partido nazista, as ss, a elite empresarial alemã e a maioria do povo alemão — Hochhuth não deixa de lado nenhum deles — já é conhecida demais para precisar da concordância de quem quer que seja. Mas *O vigário* também insiste, e esta é a parte controvertida da peça, numa sólida acusação sobre a cumplicidade da Igreja católica alemã e do papa Pio XII. Essa acusação,

---

York: Grove. [Ed. bras.: *O vigário*. Tradução de João Alves dos Santos. São Paulo: Grijalbo, 1965.]

estou convicta de que é verdadeira e muito pertinente. (Vejam-se a ampla documentação que Hochhuth apresenta ao final da peça e o excelente livro de Guenter Lewy, *The Catholic Church and Nazi Germany*.) E nos dias de hoje não há como exagerar a importância histórica e moral dessa penosa verdade.

Num prefácio (infelizmente não traduzido)* à edição alemã da peça, o diretor teatral Erwin Piscator, que fez a primeira montagem de *O vigário* em Berlim, escreveu que considerava a peça de Hochhuth uma sucessora dos dramas históricos de Shakespeare e Schiller e do teatro épico de Brecht. Deixando de lado as questões de qualidade, tais comparações — com o drama histórico clássico e com o teatro épico, quando trata de temas históricos — são enganosas. O grande elemento central da peça de Hochhuth é que ele não fez praticamente nenhuma alteração em seu material. Ao contrário das peças de Shakespeare, Schiller ou Brecht, a peça de Hochhuth se mantém ou cede, dependendo de sua fidelidade, à verdade histórica integral.

Essa intenção documental da peça também indica suas limitações. O fato é que, assim como nem todas as obras de arte visam educar e dirigir a consciência, do mesmo modo nem todas as obras de arte que conseguem desempenhar a contento uma função moral satisfazem muito enquanto arte. Consigo pensar apenas numa obra dramática do tipo de *O vigário*, o curta-metragem *Noite e neblina*, de Alain Resnais, que satisfaz tanto como gesto moral quanto como obra de arte. *Noite e neblina*, que é também um memorial à tragédia dos 6 milhões, é altamente seletivo, emocionalmente incansável, historicamente escrupuloso e — se a palavra não parecer ofensiva — belo. *O vigário* não é uma bela peça. E ninguém pede necessariamente que seja. Mesmo assim, já que se pode admitir o imenso interesse e importância moral da peça,

* Consta, porém, na edição brasileira. (N. T.)

é preciso encarar as questões estéticas. Seja *O vigário* o que for como evento moral, não é dramaturgia de primeira categoria.

Há, por exemplo, a questão de sua extensão. Não faço objeções à extensão de *O vigário*. Com efeito, ela é provavelmente uma daquelas obras de arte — como *Uma tragédia americana*, de Dreiser, as óperas de Wagner, as melhores peças de O'Neill — que se beneficiam muito com sua extravagante extensão. A linguagem, porém, é um autêntico problema. Nessa tradução em inglês, é rasa, nem formal nem realmente fluente. (*"The Legation is extraterritorial — be off with you/ Or I'll send for the police"* ["A Legação é extraterritorial — suma daqui/ Ou chamarei a polícia."]) Hochhuth pode ter colocado as falas em forma de verso livre na página para ressaltar a seriedade do tema ou para revelar a banalidade da retórica nazista. Mas não consigo imaginar nenhuma maneira plausível de dizer essas linhas que transmita o efeito (qualquer um deles) pretendido pelo autor. Uma falha artística maior é a enorme quantidade de documentação com que Hochhuth sobrecarregou a peça. *O vigário* está entupido de exposições não digeridas. Há, sem dúvida, várias cenas poderosíssimas, em especial as referentes ao diabólico médico das ss. Mas permanece o fato de que uma das principais e recorrentes razões — e quase, por natureza, não dramáticas — para que os personagens se confrontem numa cena é *se informarem mutuamente de alguma coisa*. Nos diálogos, foram introduzidas centenas de nomes, fatos, estatísticas, relatos de conversas, trechos de noticiários de época. Se a leitura de *O vigário* — ainda não assisti no palco — é tremendamente emocionante, é por causa da envergadura do tema, não do estilo ou da dramaturgia, que são, ambos, convencionais ao extremo.

Imagino que *O vigário* possa ser altamente satisfatório no palco. Mas sua eficácia teatral depende de que o diretor possua uma espécie rara de tato moral e estético. Uma boa montagem de

O vigário, creio eu, precisaria ser engenhosamente estilizada. Ainda assim, ao lançar mão dos recursos do teatro moderno avançado, com sua tendência mais para o ritualismo do que para o realismo, o diretor precisaria ter cuidado para não diminuir a força da peça, que reside em sua autoridade factual, sua evocação de uma historicidade concreta. Parece-me exatamente o que Hochhuth fez sem querer, na única sugestão que apresenta para a encenação de *O vigário*. Ao arrolar os personagens, Hochhuth reuniu os papéis menores em alguns grupos; todos os papéis num determinado grupo devem ser interpretados pelo mesmo ator. Assim, o mesmo ator faz Pio XII e o barão Rutta do cartel de armamentos do Reich. Outro grupo permite que um padre da Legação Papal, um sargento das SS e um Kapo judeu sejam, todos eles, interpretados por um ator só. "Pois a história recente", explica Hochhuth, "nos ensinou que, na era do recrutamento militar universal, não é mérito nem vergonha de ninguém, nem mesmo uma questão de caráter, o uniforme que se veste ou o lado em que se está, se das vítimas ou dos carrascos." Não consigo crer que Hochhuth realmente concorde com essa visão fácil, que anda em voga, de que as pessoas e os papéis são intercambiáveis (sua peça inteira contradiz essa visão mesma), e eu ficaria indignada se visse isso encarnado no palco, como sugere Hochhuth. Todavia, essa objeção não se aplica à ideia teatral, superficialmente semelhante, concebida por Peter Brook para sua montagem da peça em Paris: que todos os atores usem roupas iguais de algodão azul, sobre as quais, quando é necessária uma identificação, se coloca o manto escarlate do cardeal, a sotaina do padre, a braçadeira com suástica do oficial nazista, e assim por diante.

O fato de que a peça de Hochhuth tem gerado tumultos em Berlim, Paris, Londres e em quase todos os lugares em que é apresentada, por mostrar (e não apenas informar) o falecido Pio XII recusando-se a usar a influência da Igreja católica e a se opor, seja abertamente ou por meio de canais diplomáticos privados, à política nazista em relação aos judeus, é uma indicação irrefutável do precioso lugar que *O vigário* ocupa — entre a arte e a vida. (Em Roma, a peça foi vetada pela polícia no dia em que ia estrear.)

Há boas razões para crer que os protestos da Igreja poderiam ter salvado muitas vidas. Dentro da Alemanha, quando a hierarquia católica foi de todo contrária ao programa de eutanásia de Hitler para arianos idosos e com doenças incuráveis — o teste de ensaio para a Solução Final do Problema Judaico —, ele foi sustado. E não é possível invocar como desculpa do Vaticano o precedente da neutralidade política, visto que ele havia feito pronunciamentos enérgicos em assuntos de política internacional como a invasão russa da Finlândia. O mais danoso para a defesa dos que consideram a peça uma calúnia a Pio XII são os documentos existentes indicando que o papa, como muitos dirigentes europeus conservadores da época, de fato aprovava a guerra de Hitler contra a Rússia e por isso hesitou em se opor ativamente ao governo alemão. Pela cena que apresenta esse fato, a peça de Hochhuth tem sido difamada por muitos católicos como um panfleto anticatólico. Mas o que Hochhuth informa ou é verdade ou não é. E, admitindo que Hochhuth está correto em seus fatos (e em sua ideia de coragem cristã), um bom católico tem tanto o dever de defender todas as ações de Pio XII quanto de admirar os papas libertinos da Renascença. Dante, que ninguém acusaria de ser anticatólico, pôs Celestino V no inferno. Por que um cristão moderno — Hochhuth é luterano — não pode apresentar como critério para o então vigário de Cristo o comportamento do prelado de Berlim, Bernard Lichtenberg (que em seu púlpito orou em público pelos judeus e se dispôs a acompanhar os judeus a Dachau), ou do monge franciscano, o padre Maximilian Kolbe (que teve uma morte pavorosa em Auschwitz)?

De todo modo, o ataque ao papa não é o único tema de *O vigário*. O papa aparece apenas numa cena da peça. A ação se concentra nos dois heróis — o padre jesuíta Riccardo Fontana (baseado principalmente no prelado Lichtenberg, com alguns traços do padre Kolbe) e o admirável Kurt Gerstein, que ingressou nas ss para reunir fatos e apresentá-los ao núncio papal em Berlim. Hochhuth não incluiu Gerstein e Fontana (Lichtenberg) em nenhum "grupo", para serem interpretados com outros papéis pelo mesmo ator. Não há nada de intercambiável nesses homens. Assim, o ponto principal defendido por *O vigário* não é recriminador. Não é apenas um ataque à hierarquia da Igreja católica alemã e ao papa com seus conselheiros, mas uma declaração de que a genuína honra e decência — ainda que possam acarretar o martírio — são possíveis e obrigatórias para um cristão. O que Hochhuth está dizendo é que, exatamente porque houve alemães que escolheram, temos o direito de acusar os outros que se recusaram a escolher, a se erguer, por uma covardia imperdoável.

(1964)

A morte da tragédia

As discussões modernas sobre a possibilidade da tragédia não são exercícios de análise literária; são exercícios de diagnósticos culturais, mais ou menos disfarçados. O tema da literatura se apropriou de grande parte da energia que antes ia para a filosofia, até ser expurgado pelos lógicos e empiristas. Os dilemas modernos da sensibilidade, da ação e da crença são discutidos no campo das obras-primas literárias. Vê-se a arte como espelho das capacidades humanas num determinado período histórico, como a forma principal como uma cultura se define, se nomeia, se dramatiza. Sobretudo as indagações sobre a morte das formas literárias — o poema narrativo longo ainda é possível, ou morreu? E o romance? O teatro em versos? A tragédia? — são da máxima importância. O sepultamento de uma forma literária é uma ação moral, uma alta realização da moral moderna da honestidade. Pois, como ato de autodefinição, é também um autossepultamento.

Tais enterros costumam vir acompanhados por todas as manifestações de luto; é a nós mesmos que pranteamos quando citamos a perda do potencial de sensibilidade e propósito encarnado pela forma defunta. Nietzsche, em *O nascimento da tragédia*, que na verdade trata da morte da tragédia, apontava o prestígio radicalmente inédito do conhecimento e da inteligência consciente — que surgiram na Grécia antiga com a figura de Sócrates — como responsável pelo definhamento do instinto e do senso de realidade que tornou impossível a existência da tragédia. Todas as discussões posteriores do tema são analogamente elegíacas ou, pelo menos, defensivas: ou pranteiam a morte da tragédia, ou se empenham esperançosas em extrair a tragédia "moderna" do teatro naturalista-sentimental de Ibsen e Tchékhov, de O'Neill, Miller e Williams. Um dos méritos singulares do livro de Lionel Abel[*] é a ausência desse costumeiro tom de lamento. Ninguém mais escreve tragédias? Muito que bem. Abel convida os leitores a saírem do velório e irem a uma festa, uma festa celebrando a forma dramática que é nossa, que na verdade tem sido nossa há trezentos anos: a metapeça.

De fato, mal há motivo para luto, visto que o defunto era apenas um parente distante. A tragédia, diz Abel, não é e nunca foi a forma característica do teatro ocidental; em grande medida, os dramaturgos ocidentais que decidiram escrever tragédias não conseguiram. Por quê? Numa palavra: autoconsciência. Em primeiro lugar, a autoconsciência do dramaturgo; a seguir, a dos protagonistas. "O dramaturgo ocidental é incapaz de crer na realidade de um personagem que não tenha consciência de si. A falta de autoconsciência é característica de Antígona, Édipo e Orestes, assim como a autoconsciência é característica de Hamlet, a figura máxima do metateatro ocidental." Assim, é a metapeça — enredos que mostram a autodramatização de personagens conscientes,

---

[*] *Metatheatre: A New View of Dramatic Form*, de Lionel Abel. Nova York: Hill & Wang. [Ed. bras.: *Metateatro: Uma visão nova da forma dramática*. Tradução de Barbara Heliodora. Rio de Janeiro: Zahar, 1968.]

um teatro cujas metáforas principais afirmam que a vida é um sonho e o mundo é um palco — que tem ocupado a imaginação dramática do Ocidente na mesma medida em que a imaginação dramática grega foi ocupada pela tragédia. Dessa tese decorrem duas importantes observações históricas. Uma é que a tragédia é simplesmente muito mais rara do que se costuma supor — as peças gregas, uma peça de Shakespeare (*Macbeth*) e umas poucas peças de Racine. A tragédia não é a forma característica do teatro elisabetano ou do espanhol. A dramaturgia elisabetana séria consiste, na maioria, em tragédias malogradas (*Lear, Doutor Fausto*) ou em metapeças exitosas (*Hamlet, A tempestade*). A outra observação está relacionada ao drama contemporâneo. Segundo Abel, Shakespeare e Calderón são as duas grandes fontes de uma tradição que tem sido gloriosamente revivida no teatro "moderno" de Shaw, Pirandello, Beckett, Ionesco, Genet e Brecht.

Como diagnóstico cultural, o livro de Abel se insere na grandiosa tradição continental de reflexão sobre as atribulações da subjetividade e da consciência de si, inaugurada pelos poetas românticos e Hegel e continuada por Nietzsche, Spengler, o jovem Lukács e Sartre. Seus problemas e suas terminologias avultam por trás dos ensaios concisos e não técnicos de Abel. Onde os europeus são pesados, Abel anda de leve, sem notas de rodapé; onde escrevem volumes alentados, ele escreveu um conjunto de ensaios muito diretos; onde são sombrios e melancólicos, ele é de uma revigorante vivacidade. Em suma, Abel expôs um argumento continental à maneira americana: compôs o primeiro tratado existencialista em estilo americano. Seu argumento é enxuto, combativo, propenso a slogans, ultrassimplificado — e, no geral, absolutamente correto. Seu livro não se afunda nas turbilhonantes profundezas (mas são profundezas) de *Le Dieu caché* [O deus oculto], a grande obra de Lucien Goldmann sobre Pascal, Racine e a ideia de tragédia, no qual imagino que Abel tenha se abeberado. Mas suas virtudes, entre elas a concisão e o tom direto, são enormes. Para um público de língua inglesa pouco familiarizado com os textos de Lukács, Goldmann, Brecht, Dürrenmatt et al., os próprios problemas apresentados por Abel são uma revelação. Seu livro é muito mais estimulante do que *A morte da tragédia*, de George Steiner, e *O teatro do absurdo*, de Martin Esslin. Na verdade, nenhum autor inglês ou americano recente escrevendo sobre o teatro fez algo tão interessante e sofisticado.

Como sugeri, o diagnóstico pressuposto em *Metateatro* — o homem moderno vive com uma carga cada vez maior de subjetividade, em detrimento de seu senso da realidade do mundo — não é novo. Tampouco as peças teatrais constituem os principais textos que revelam tal atitude e sua respectiva ideia, a razão como automanipulação e desempenho de um papel. Os dois maiores documentos dessa postura são os *Ensaios* de Montaigne e *O príncipe* de Maquiavel — ambos manuais de estratégia que reconhecem um abismo entre o "eu público" (o papel) e o "eu privado" (o verdadeiro si). O valor do livro de Abel consiste na aplicação direta desse diagnóstico ao teatro. Ele tem plena razão, por exemplo, em afirmar que, na maioria, as peças de Shakespeare qualificadas como tragédias pelo próprio autor e, depois dele, por todos os demais não são de maneira alguma, estritamente falando, tragédias. Aliás, Abel poderia ter ido além. Não só as supostas tragédias são, na maioria, "metapeças", mas também a maioria das comédias e das peças históricas. As peças principais de Shakespeare são peças sobre a autoconsciência, sobre personagens que não tanto *agem*, e sim *interpretam a si mesmos* em seus papéis. O príncipe Hal é o homem de aprimorada autoconsciência e autocontrole, triunfando sobre Hotspur, o homem de integridade espontânea e inconsciente de si, e sobre Falstaff, o homem dos prazeres, sentimental, covarde e consciente de si. Aquiles e Édipo não se veem como herói e rei — eles o *são*. Mas Hamlet e Henrique v se veem como intérpretes de papéis — o papel do vingador, o papel do rei heroico e confiante conduzindo seus soldados à batalha. O apreço de Shakespeare pela peça-dentro-da-peça e pelo recurso de colocar os personagens disfarçados durante longos trechos do enredo mostra claramente sua adesão ao estilo metateatral. De Próspero ao chefe de polícia em *O balcão* de Genet, as figuras do metateatro são personagens em busca de uma ação.

Afirmei que a tese principal de Abel é correta. Mas, em três questões, está errada ou incompleta.

Primeiro, sua tese seria mais completa — e creio que se alteraria um pouco — se ele avaliasse o que é a comédia. Sem pretender sugerir que a comédia e a tragédia dividem entre si todo o universo dramático, eu afirmaria que elas se definem da melhor maneira quando relacionadas uma à outra. A omissão da comédia é especialmente marcante quando lembramos que o fingimento, o engodo, a interpretação de um papel, a manipulação, a autodramatização — elementos básicos do que Abel chama de metateatro — são itens correntes da comédia desde Aristófanes. Os enredos cômicos são histórias ou de deliberada manipulação de si e interpretação de um papel (*Lisístrata, O asno de ouro, Tartufo*), ou de personagens implausivelmente inconscientes de si — subconscientes, diríamos —, como Cândido, Buster Keaton, Gulliver, Dom Quixote, interpretando papéis estranhos aos quais assentem com uma obtusidade lépida e fagueira que lhes assegura invulnerabilidade. Poderíamos muito bem alegar que a forma que Abel chama de metapeça, em especial em suas versões modernas, representa uma fusão entre o espírito póstumo da tragédia e os mais antigos princípios da comédia. Algumas metapeças modernas, como as de Ionesco, são obviamente comédias. Também é difícil negar que Beckett, em *Esperan-*

do Godot, *A última gravação de Krapp* e *Dias felizes*, está escrevendo uma espécie de *comédie noire*.

Segundo, Abel simplifica excessivamente, e creio que na verdade distorce, a visão de mundo que é necessária para a criação de tragédias. Ele diz: "Não é possível criar tragédias sem aceitar como verdadeiros alguns valores implacáveis. Ora, a imaginação ocidental como um todo tem sido liberal e cética; tende a considerar falsos *todos* os valores implacáveis". Essa afirmativa me parece errada e, quando não é errada, é superficial. (Aqui, Abel talvez esteja sob exagerada influência da análise da tragédia feita por Hegel e da análise feita pelos divulgadores de Hegel.) Quais são os valores implacáveis de Homero? Honra, posição, coragem pessoal — os valores de uma casta militar aristocrática? Mas não é disso que a *Ilíada* trata. Seria mais correto dizer, como Simone Weil, que a *Ilíada* — o exemplo mais puro da visão trágica que se pode encontrar — trata da vacuidade e arbitrariedade do mundo, da falta de sentido último de todos os valores morais e do aterrador império da morte e da força inumana. Se o destino de Édipo era representado e percebido como trágico, não era porque ele ou seu público acreditassem em "valores implacáveis", mas exatamente porque esses valores tinham sido atingidos por uma crise. O que a tragédia demonstra não é a implacabilidade dos "valores", e sim a implacabilidade do mundo. A história de Édipo é trágica na medida em que mostra a opacidade bruta do mundo, a colisão entre a intenção subjetiva e o destino objetivo. Afinal, Édipo é inocente, no sentido mais profundo do termo; é enganado pelos deuses, como ele mesmo diz em *Édipo em Colona*. A tragédia é uma visão do niilismo, uma visão heroica ou enobrecedora do niilismo.

Tampouco é verdade que a cultura ocidental tem sido liberal e cética. A cultura ocidental pós-cristã, sim. Montaigne, Maquiavel, o Iluminismo, a cultura psiquiátrica da saúde e autonomia pessoal do século xx, sim. Mas e as tradições religiosas dominantes da cultura ocidental? Paulo, Agostinho, Dante, Pascal e Kierkegaard eram céticos liberais? Dificilmente. Portanto cabe perguntar: por que não existe nenhuma tragédia cristã? — pergunta que Abel não levanta no livro, embora pareça inevitável que a tragédia cristã exista, se nos ativermos à afirmativa de que a crença em valores implacáveis é ingrediente necessário para a criação de tragédias.

Como todos sabem, não houve nenhuma tragédia cristã, em termos estritos, porque o conteúdo dos valores cristãos — pois é uma questão de *quais* valores, não interessa quão implacavelmente adotados; não serve qualquer um — é oposto à visão pessimista da tragédia. Por isso o poema teológico de Dante, como o de Milton, é uma "comédia". Ou seja, Dante e Milton, como cristãos, encontram sentido no mundo. No mundo visto pelo judaísmo e pelo cristianismo, não existem acontecimentos soltos e arbitrários. Todos os acontecimentos fazem parte do plano de uma divindade justa, boa e providencial; a toda crucificação segue-se uma ressurreição. Todo desastre ou calamidade deve ser visto como algo que leva a um bem maior ou, então, como um castigo justo e adequado plenamente merecido pelo sofredor. Essa adequação moral do mundo sustentada pelo cristianismo é precisamente o que a tragédia nega. A tragédia diz que existem desastres que não são de todo merecidos, que o mundo, ao fim e ao cabo, é injusto. Assim, poderíamos dizer que o otimismo final das tradições religiosas dominantes no Ocidente e sua vontade de enxergar um sentido no mundo impediram o renascimento da tragédia sob os auspícios cristãos — tal como, segundo Nietzsche, a razão, o espírito essencialmente otimista de Sócrates, matou a tragédia na Grécia antiga. A era liberal e cética do metateatro apenas herda essa vontade de entender do judaísmo e do cristianismo. Apesar do esgotamento dos sentimentos religiosos, a vontade de entender e encontrar sentido persiste, ainda que reduzida à ideia de uma ação como projeção de uma ideia de si mesmo.

Minha terceira ressalva se refere ao tratamento que Abel dá às metapeças modernas, aquelas peças tantas vezes lançadas indiscriminadamente sob o rótulo condescendente de "teatro do absurdo". Abel tem razão em assinalar que essas peças seguem, em termos formais, uma velha tradição. Todavia, as considerações sobre a forma que Abel tece em seus ensaios não podem toldar as diferenças de grau e de tom, as quais ele deixa de lado. Shakespeare e Calderón constroem *jeux d'esprit* teatrais abrigados no regaço de um mundo repleto de sentimentos assentes e uma sensação de abertura. O metateatro de Genet e Beckett reflete os sentimentos de uma era cujo maior prazer artístico é a autolaceração, uma era sufocada pelo senso do eterno retorno, uma era que vive a inovação como um ato de terror. Que a vida é um sonho, é o pressuposto de todas as metapeças. Mas existem sonhos tranquilos, sonhos inquietos e pesadelos. O sonho moderno — que as metapeças modernas projetam — é um pesadelo, um pesadelo de repetição, ação tolhida, sentimento esgotado. Existem descontinuidades entre o pesadelo moderno e o sonho renascentista que Abel (como, mais recentemente, Jan Kott) ignora, ao preço de distorcer os textos.

Para Brecht, em particular, que Abel inclui entre os metadramaturgos modernos, a categoria é enganosa. Às vezes, Abel parece utilizar "peça naturalista" em vez de "tragédia" como contraste para o metateatro. As peças de Brecht são antinaturalistas, didáticas. Mas, a menos que Abel se disponha a considerar a *A peça de Daniel* uma metapeça — pois tem músicos no palco e um narrador que explica tudo ao público e convida os espectadores a verem a peça como peça, como performance —, não consigo ver como Brecht se encaixa na categoria. E boa parte da discussão de Abel sobre Brecht vem tristemente desfigurada por bisonhas banalidades próprias da Guerra Fria. Abel argumenta que as peças de Brecht têm de ser metapeças porque, para escrever tragédias, a pessoa precisa acreditar que "os indivíduos são reais" e "crer na importância do sofrimento moral". (Será que Abel quis dizer "a importância moral do sofrimento"?) Visto que Brecht era comunista e visto que os comunistas "não acreditam no indivíduo nem na experiência moral" (o que significa "acreditar" na experiência moral? Abel quererá dizer "princípios morais"?), Brecht não dispunha do equipamento essencial para escrever tragédias; portanto, dogmático como era, Brecht só podia escrever metateatro — isto é, tornar "teatrais todas as ações, reações e expressões humanas do sentimento". Isso é bobagem. Hoje em dia, não existe no estrangeiro nenhuma doutrina mais moralizante do que o comunismo, nenhum defensor mais obstinado de "valores implacáveis". O que mais pretendem dizer os liberais ocidentais quando chamam vulgarmente o comunismo de "religião secular"? Quanto à velha acusação de que o comunismo não acredita no indivíduo, também é bobagem. Não é tanto a teoria marxista, mas sim a sensibilidade e as tradições históricas dos países onde o comunismo assumiu o poder que não adotam e nunca adotaram a dita ideia ocidental do indivíduo, que traça uma separação entre o eu "privado" e o eu "público", vendo o eu privado como o verdadeiro eu que apenas com muita relutância se presta às atividades da vida pública. Os gregos, os criadores da tragédia, também não possuíam uma noção de indivíduo no sentido ocidental moderno. Há uma grande confusão no argumento de Abel — suas generalizações históricas são em geral superficiais — quando ele tenta erigir a ausência do indivíduo em critério do metateatro.

Brecht era reconhecidamente um guardião furtivo e ambivalente da "moralidade" comunista. Mas deve-se buscar o segredo das peças brechtianas em sua ideia do teatro como instrumento moralizador. Daí sua utilização de técnicas de palco que tomou de empréstimo ao teatro não naturalista da China e do Japão e sua famosa teoria da montagem e interpretação — o Efeito de Distanciamento ou Estranhamento — que visa incutir no público uma atitude intelectual e distanciada. (O Efeito de Distanciamento parece ser basicamente um método de escrever e montar peças de maneira não naturalista; seu efeito como método de atuação, pelo que vi do Berliner Ensemble, consiste sobretudo em moderar, atenuar o estilo naturalista de atuação — e não de se contrapor fundamentalmente a ele.) Ao incluir Brecht entre os metadramaturgos, com os quais, sem dúvida, Brecht tem algo em comum, Abel obscurece a diferença entre o didatismo de Brecht e a deliberada neutralidade — a anulação mútua de todos os valores — que os verdadeiros metadramaturgos representam. É mais ou menos como a diferença entre Agostinho e Montaigne. Tanto as *Confissões* quanto os *Ensaios* são autobiografias didáticas; mas, enquanto o autor das *Confissões* vê sua vida como um drama ilustrando o movimento linear da consciência desde o egocentrismo ao teocentrismo, o autor dos *Ensaios* vê sua vida como uma exploração variada e desapaixonada das inúmeras maneiras de ser o que se é. Brecht tem tão pouco em comum com Beckett, Genet e Pirandello quanto o exercício de autoanálise de Agostinho com o de Montaigne.

(1963)

Ir ao teatro etc.

O teatro tem uma longa história como arte pública. Mas, fora dos territórios do realismo socialista, hoje são poucas as peças que lidam com problemas sociais-e-locais. As melhores peças modernas são as que se dedicam a esquadrinhar infernos pessoais e não públicos. A voz pública no teatro hoje é rouca, áspera e, com excessiva frequência, vacilante.

O exemplo mais notável de vacilação mental disponível no momento é *Depois da queda*, a nova peça de Arthur Miller, que abriu a primeira temporada do Lincoln Center Repertory Theater. A qualidade da peça de Miller depende da autenticidade de sua seriedade moral e da abordagem de "grandes" questões. Mas, infelizmente, Miller escolheu como método da peça o monólogo verborrágico do confessionário psicanalítico e, titubeante, designou ao público o papel do Grande Ouvinte. "A ação da peça se dá na mente e na memória de Quentin, um homem contemporâneo." O herói prosaico (lembre-se Willy Loman) e o cenário interior atemporal e aespacial já revelam a que vem o espetáculo: toda e qualquer questão pública instigante que *Depois da queda* aborde será tratada como mobília mental. Isso coloca um fardo tremendo para o "Quentin, um homem contemporâneo" de Miller, que precisa literalmente carregar o mundo na cabeça. Para sair dessa, tem de ser uma cabeça muito boa, uma cabeça muito interessante e inteligente. E a cabeça do herói de Miller não é nada disso. O homem contemporâneo (como é representado por Miller) parece preso num desajeitado projeto de autojustificativa. Para alguém se justificar e se eximir de algo, é preciso, claro, que se exponha; e há muito disso em *Depois da queda*. Muita gente se dispõe a ver um grande mérito em Miller pela maneira ousada como se expôs — como marido, amante, político e artista. Mas essa autoexposição só é louvável em arte quando tem uma qualidade e complexidade que permita aos outros aprenderem sobre si mesmos a partir dela. Nessa peça, o expor-se de Miller é um mero comprazer-se consigo mesmo.

Depois da queda não apresenta uma ação, mas ideias sobre a ação. Suas ideias psicológicas devem mais a Franzblau do que a Freud. (A mãe de Quentin queria que ele tivesse uma caligrafia bonita para, por meio do filho, se desforrar do marido, empresário bem-sucedido mas quase analfabeto.) Quanto a suas ideias políticas, ali onde a política não foi previamente amaciada pelo assistencialismo psiquiátrico, Miller ainda escreve no nível de chargista de jornal de esquerda. Para ser aprovada na avaliação, claro que a jovem namorada alemã de Quentin — e isso em meados dos anos 1950 — tem de se revelar mensageira da conspiração de oficiais de 20 de julho; "foram todos enforcados". O que demonstra a valentia política de Quentin é sua triunfal interrupção da fala do presidente do Comitê do Senado sobre Atividades Antiamericanas, perguntando: "Quantos negros são autorizados a votar no distrito patriótico de vocês?". Essa vacilação intelectual de *Depois da queda* leva, como sempre, à desonestidade moral. *Depois da queda* alega ser nada menos do que o homem moderno fazendo um inventário de sua humanidade — vendo onde é culpado, onde é inocente, onde é responsável. O que me parece objetável não é a curiosa conjunção de questões, as questões visivelmente exemplares da metade do século xx (o comunismo, Marilyn Monroe, os campos de extermínio nazistas), que Quentin, esse escritor *manqué* que posa de advogado durante toda a peça, sintetizou em sua própria pessoa. Contesto o fato de que todas essas questões em *Depois da queda* se encontrem no mesmo nível — não de forma inesperada, visto que todas elas estão na mente de Quentin. O cadáver curvilíneo de Maggie-Marilyn Monroe fica estendido no palco durante longos trechos em que ela não tem nenhuma participação na peça. Nesse mesmo espírito, uma coisa oblonga denteada feita de gesso e arame farpado — apresso-me em explicar que representa os campos de concentração — fica suspensa no alto e no fundo do palco, de vez em quando iluminada por um holofote quando o monólogo de Quentin volta aos nazistas etc. A abordagem como que psiquiátrica da culpa e da responsabilidade em *Depois da queda* eleva tragédias pessoais e rebaixa tragédias públicas — dispondo-as no mesmo plano morto. De certo modo — impertinência espantosa! — tudo parece meio igual: se Quentin é responsável pela deterioração e pelo suicídio de Maggie e se ele (homem moderno) é responsável pelas inimagináveis atrocidades dos campos de concentração.

O recurso de colocar a história dentro da cabeça de Quentin permitiu, de fato, que Miller detonasse qualquer possibilidade de exploração séria de seu material, embora ele obviamente achasse que esse recurso iria "aprofundar" sua trama. Os acontecimentos reais se tornam ornamentos e febres intermitentes da consciência. A peça é especialmente desconjuntada, repetitiva, indireta. As "cenas" vêm e vão — recuando e avançando, indo e voltando do primeiro casamento de Quentin, de seu segundo casamento (com Maggie), o namoro indeciso com a alemã candidata a esposa, a infância, as brigas dos pais histéricos e opressivos, sua sofrida decisão de defender um amigo e professor da faculdade de direito, ex-comunista, contra um amigo que "entregou nomes". Todas as "cenas" são fragmentos, arrancados da mente de Quentin quando ficam dolorosos demais. Apenas mortes, e sempre fora de cena, parecem dar andamento à vida de Quentin: os judeus (a palavra "judeus" nunca é mencionada) morreram tempos atrás; a mãe morre; Maggie se mata com uma overdose de barbitúricos; o professor de direito se atira debaixo de um vagão do metrô. Durante toda a peça, Quentin parece muito mais um sofredor passivo do que um agente ativo em sua própria vida — no entanto, é exatamente isso o que Miller nunca reconhece, nunca deixa Quentin ver que é esse o seu problema. Pelo contrário, isenta e exonera continuamente Quentin (e, por extensão, o público) da maneira mais convencional. Em todas as decisões incômodas, em todas as lembranças dolorosas, Miller concede a Quentin a mesma quitação moral, o mesmo consolo. Eu (nós) sou (somos) *ao mesmo tempo* culpado(s) e inocente(s), responsável(is) e não responsável(is). Maggie tinha razão quando acusou Quentin de ser frio e rancoroso; mas Quentin estava certo em desistir de Maggie, insaciável, mentalmente perturbada, autodestrutiva. O professor que se recusou a "entregar nomes" perante o Comitê de Atividades Antiamericanas tinha razão, mas o colega que cooperou no depoimento também tinha lá certa dignidade. E (a conclusão mais primorosa de todas), conforme Quentin se dá conta ao passear por Dachau com sua Boa Alemãzinha, qualquer um de nós podia ter sido vítima ali; mas também poderíamos ter sido um dos assassinos.

As circunstâncias e a montagem da peça trazem certos toques distorcidos de realismo que ressaltam a má-fé, a índole relativista da peça. Aquele enorme palco inclinado, pintado de cinza-escuro e sem nenhum acessório, a mente do homem contemporâneo, é tão gritantemente nu que a gente leva um susto quando Quentin, que passa grande parte do tempo sentado numa espécie de caixa na frente do palco, fumando sem parar, de repente bate as cinzas em um misterioso cinzeiro de bolso ali apoiado. A gente se espanta outra vez ao ver Barbara Loden vestida e maquiada como Marilyn Monroe, mostrando seus maneirismos e tendo alguma semelhança física com ela (embora sem toda aquela presença de Monroe necessária para criar uma ilusão completa). Mas talvez a mescla mais assustadora entre realidade e peça esteja no fato de a direção de *Depois da queda* ser de Elia Kazan, que é sabidamente o modelo para o colega que entregou nomes ao Comitê. Ao me lembrar da história das relações turbulentas entre Miller e Kazan, senti a mesma náusea que tinha sentido na primeira vez em que assisti a *Crepúsculo dos deuses*, com sua atordoante paródia e fortes referências explícitas à carreira e aos antigos relacionamentos da vida real de Gloria Swanson, num retorno da velha rainha do cinema, e de Erich von Stroheim, o grande diretor agora esquecido. Qualquer audácia que *Depois da queda* possa ter, não é moral nem intelectual; é a audácia de uma espécie de distorção pessoal. Mas é muito inferior a *Crepúsculo dos deuses*: não reconhece sua morbidez, suas qualidades de exorcismo pessoal. *Depois da queda* insiste a todo custo em ser séria, em lidar com grandes temas sociais e morais; como tal, é preciso concluir que, lamentavelmente, a peça deixou muito a desejar, tanto em inteligência quanto em honestidade moral.

Já que insiste em ser séria, desconfio que, daqui a poucos anos, *Depois da queda* vai parecer tão surrada e batida quanto parece agora *Marco Milhão*, de O'Neill, a segunda peça do Lincoln Center Repertory. As duas peças são desfiguradas por uma aflitiva cumplicidade (ainda que, imagina-se, inconsciente) com o que dizem criticar. O ataque que *Marco Milhão* lançou contra os valores filistinos da civilização empresarial americana fede, ele mesmo, a filistinismo; *Depois da queda* é um longo sermão perorando que o indivíduo seja duro consigo mesmo, mas o argumento é mole feito mingau. Na verdade, é difícil escolher entre as duas peças ou suas montagens. Não sei qual das duas força mais a mão: a exuberância babbittiana de Marco Polo sobre as maravilhas de Catai ("É mesmo um belo palacetezinho que você tem aqui, hein, Cã" — estão vendo como os americanos são grosseiros e materialistas?) ou as estranhas perorações, às vezes altamente poéticas e empoladas, às vezes melosas como novelas de rádio, do herói milleriano Quentin (estão vendo como os americanos são complexos e atormentados?). Não sei qual é a interpretação mais monótona, menos agradável — se o Quentin esgotado e desajeitado de Jason Robards Jr. ou se o Marco Polo histericamente infantil de Hal Holbrook. Mal consigo distinguir entre a Zohra Lampert fazendo a garota do Bronx que vive aparecendo na cabeça de Quentin, toda se derretendo por ele ter lhe dado coragem de fazer uma plástica no nariz, e a Zohra Lampert que supostamente devia encarnar aquela elegante flor loucamente encantadora do Oriente, a princesa Kukachin, em *Marco Milhão*. Bom, é inegável que a montagem de Elia Kazan para *Depois da queda* era ousada, *moderne*, repetitiva, enquanto a de José Quintero para *Marco Milhão* era bonitinha e cheia das manhas, com a vantagem dos belos figurinos de Beni Montresor, embora num palco tão mal iluminado que nem dava para saber direito o que estávamos vendo. Mas as diferenças nas montagens são triviais, se considerarmos que Kazan labutou muito em cima de uma peça ruim e Quintero em cima de uma peça tão pueril que nenhuma montagem, por melhor que fosse, conseguiria salvá-la. O grupo do Lincoln Center Repertory (nosso National Theater?) é uma tremenda decepção. Difícil acreditar que tudo o que sua alardeada independência do comercialismo da Broadway gerou resume-se a montagens medíocres dessa peça horrorosa de Miller, uma peça de O'Neill tão ruim que não tem sequer interesse histórico e uma comédia tão boba de S.

N. Behrman que, ao lado dela, *Depois da queda* e *Marco Milhão* ficam parecendo obras geniais.

Se *Depois da queda* é um fiasco como peça séria por causa de sua fraqueza intelectual, *O vigário* de Rolf Hochhuth peca por causa da simplicidade intelectual e da ingenuidade artística. Mas esse é um fiasco de outra categoria. *O vigário* foi vertido para um inglês capenga, e é evidente que Hochhuth não está nem aí para a verdade aristotélica de que a poesia é mais filosófica do que histórica; os personagens de Hochhuth praticamente se resumem a porta-vozes expondo fatos históricos, a ilustrações do choque entre princípios morais. Mas, depois da maneira como Miller converte todos os acontecimentos em reverberações subjetivas, a fragilidade artística de *O vigário* parece quase desculpável. *O vigário* tem todo o tratamento direto do tema que falta à peça de Arthur Miller. Sua virtude consiste justamente em recusar sutilezas sobre o assassinato dos 6 milhões de judeus.

Mas a montagem de Herman Shumlin está tão longe da peça (escrita) de Hochhuth quanto a peça (escrita) está longe de ser uma grande peça. Seu documentário em forma de peça, pouco trabalhado, mas de grande força, com seis a oito horas de duração, passou pelo liquidificador da Broadway e saiu dali como uma história em quadrinhos de duas horas e quinze minutos, mortalmente chata — a história do mocinho bonito e bem-nascido, de dois ou três bandidos e uns isentões em cima do muro, intitulada *A história do padre Fontana* ou *O papa falará?*.

Não estou dizendo, claro, que deviam encenar todas as seis a oito horas da peça. O texto escrito é mesmo repetitivo. Mas um público de teatro que se dispõe a assistir a quatro ou cinco horas de O'Neill com certeza se deixaria convencer a assistir a — digamos — quatro horas de Hochhuth. E não é difícil imaginar uma versão de quatro horas que fizesse justiça à narrativa. Pela atual versão da Broadway, nunca ninguém adivinharia que o nobre tenente da ss Kurt Gerstein (pessoa real) é um personagem com a mesma importância e o mesmo papel de herói do padre jesuíta Fontana (figura compósita baseada em dois padres heroicos do período). E tampouco Eichmann, ou o notório professor Hirt, ou o industrial Krupp — todos personagens importantes na peça de Hochhuth, tal como a escreveu — sequer aparecem, por um instante que seja, na versão da Broadway. (Entre as cenas omitidas, sente-se sobretudo a falta do Ato i, Cena 2, com a festa dada por Eichmann.) Concentrando-se exclusivamente na história dos vãos apelos de Fontana ao papa, Shumlin contribui muito para enterrar as memórias históricas que a peça de Hochhuth pretende preservar. Mas essa simplificação drástica do tema histórico de Hochhuth nem chega a ser o pior crime da versão de Shumlin. O pior crime é a recusa em dramatizar qualquer coisa realmente penosa de assistir. Certas cenas em *O vigário* são de leitura muito dolorosa. Nada disso — o terror e a tortura, os horrendos gracejos e as fanfarronices, nem mesmo a recitação de estatísticas inimagináveis — foi mantido. Todo o horror do assassinato dos 6 milhões foi reduzido a uma cena de interrogatório policial de alguns judeus convertidos ao catolicismo e a uma única imagem, repetida três vezes durante a peça: uma fila de figuras curvadas e esfarrapadas passa arrastando os pés no fundo escuro do palco; no meio do palco fica um ss, de costas para o público, gritando algo que parece "Mexam-se!". Imagem convencional; imagem totalmente palatável; imagem que não inquieta, não repugna, não aterroriza. Até o longo monólogo de Fontana, a cena discursiva sobre o vagão com destino a Auschwitz — a sétima das oito cenas na versão mutilada de Shumlin —, foi eliminado logo antes da noite de estreia. Agora a peça pula direto do confronto entre o papa e o padre Fontana no Vaticano para a cena final em Auschwitz, da qual a única coisa que resta é o debate filosófico amadorístico entre o demoníaco médico das ss e Fontana, que colocou a estrela amarela e optou pelo martírio nas câmaras de gás. O reencontro de Gerstein e Fontana, a descoberta aterradora de ambos sobre a captura de Jacobson, a tortura de Carlotta, a morte de Fontana — tudo foi omitido.

Embora o estrago decisivo já tenha sido feito pela versão recortada de Shumlin, vale notar que a montagem também é imprópria em inúmeros aspectos. Os cenários despojados e alusivos de Rouben Ter-Arutunian caberiam para outro diretor; somem numa montagem à qual falta qualquer ponta de sutileza ou estilização. Os atores não são mais, mas tampouco menos, ineptos e incompetentes do que o elenco médio da Broadway. Como de hábito, há o mesmo derramamento exagerado de emoções, a mesma monotonia nos movimentos, a mesma mistura de entonações, a mesma banalidade de estilo que contribuem para o baixo nível da interpretação americana. Os atores principais, que são ingleses, parecem ter mais talento — embora suas atuações sejam fracas. Emlyn Williams interpreta o papa Pio XII com falas e movimentos hesitantes e rígidos, provavelmente para indicar a solenidade papal, o que me fez suspeitar se ele na verdade não seria o papa defunto, exumado para a ocasião, daí sua compreensível fragilidade. Pelo menos, era parecidíssimo com a estátua de Pio XII em tamanho natural atrás de um vidro, na entrada da Catedral de São Patrício. Jeremy Brett, que faz o padre Fontana, tem presença agradável e ótima dicção, embora se atrapalhasse tremendamente quando tinha de transmitir terror ou desespero genuíno.

Essas peças recentes — e algumas outras, como *Dylan*, sobre as quais é um gesto de misericórdia manter silêncio — ilustram mais uma vez que o teatro americano é regido por uma extraordinária e irreprimível paixão pela simplificação intelectual. Toda ideia é redutível a um clichê, e a função do clichê é castrar uma ideia. Bom, a simplificação intelectual tem lá seu uso e seu valor.

É, por exemplo, absolutamente indispensável para a comédia. Mas é inimiga do sério. Hoje em dia, a seriedade do teatro americano é pior do que a frivolidade.

A esperança para uma vida inteligente no teatro não está na "seriedade" convencional, seja em forma de análise (exemplo de má qualidade: *Depois da queda*) ou de documentário (exemplo de qualidade fraca: *O vigário*). Está, penso eu, na comédia. Quem melhor entendeu isso no teatro moderno foi Brecht. Mas a comédia também tem seus enormes riscos. O perigo aqui não é tanto a simplificação intelectual, e sim a falha no tom e no gosto. Talvez nem todos os temas possam receber tratamento cômico.

Esse problema da adequação do tom e do gosto ao tema sério não se restringe, é claro, apenas ao teatro. Temos uma excelente ilustração das vantagens e dos dilemas próprios da comédia — se me for permitido passar por um momento para o cinema — em dois filmes exibidos recentemente em Nova York: *O grande ditador*, de Charlie Chaplin, e *Dr. Fantástico*, de Stanley Kubrick. As virtudes e os defeitos dos dois filmes me parecem curiosamente análogos e instrutivos.

No caso de *O grande ditador*, o problema é fácil de enxergar. A concepção inteira da comédia é totalmente, dolorosamente, ofensivamente inadequada à realidade que ela pretende representar. Os judeus são judeus, e vivem no que Chaplin chama de O Gueto. Mas seus opressores não exibem a suástica, e sim o emblema da cruz dupla; o ditador não é Adolf Hitler, e sim um bufão bailante com bigode, chamado Adenoid Hynkel. A opressão em *O grande ditador* consiste em valentões uniformizados atirando tantos tomates em Paulette Goddard que ela é obrigada a ficar lavando roupa sem parar. É impossível assistir a *O grande ditador* em 1964 sem pensar na pavorosa realidade por trás do filme, e o espectador fica deprimido com a superficialidade da visão política de Chaplin. A gente se contrai à descabida fala final, quando o Judeuzinho Barbeiro sobe ao palanque em lugar de Der Phooey, defendendo o "progresso", a "liberdade", a "fraternidade", "um mundo unido" e até a "ciência". E assistir a Paulette Goddard fitando o amanhecer e sorrindo por entre as lágrimas — em 1940!

O problema de *Dr. Fantástico* é mais complexo, embora talvez daqui a vinte anos venha a parecer tão simples quanto *O grande ditador*. Se as declarações positivas no final de *O grande ditador* parecem triviais e ofensivas ao tema, as manifestações do pensamento negativo de *Dr. Fantástico* logo poderão parecer (se já não parecem) igualmente triviais. Mas isso não explica sua atração atual. Intelectuais liberais que viram *Dr. Fantástico* em suas várias pré-estreias em outubro e novembro passados se maravilharam com sua ousadia política e ficaram com medo de que o filme enfrentasse problemas terríveis (turbas da Legião Americana em fúria atacando os teatros etc.). Na verdade, todos, de *The New Yorker* ao *Daily News*, só têm tido palavras elogiosas para *Dr. Fantástico*; não há piquetes de protesto e o filme está quebrando recordes de bilheteria. Intelectuais e adolescentes amam o filme da mesma maneira. Mas a garotada de dezesseis anos que faz fila no cinema entende o filme e suas reais virtudes melhor do que os intelectuais, que exageram imensamente nos elogios. Pois na verdade *Dr. Fantástico* não é de forma alguma um filme político. Ele usa os alvos consensuais dos liberais de esquerda (o sistema militarista, o Texas, o chiclete, a mecanização, a vulgaridade americana), abordando-os de um ponto de vista totalmente pós-político, estilo revista *Mad*. De fato *Dr. Fantástico* é um filme muito agradável. Tem um vigor que faz um bom contraste com a esterilidade (retrospectiva) do filme de Chaplin. O final de *Dr. Fantástico*, com uma imagem prosaica do apocalipse e uma trilha sonora irreverente ("We'll Meet Again"), é curiosamente tranquilizante, pois o niilismo é nossa forma contemporânea de elevação moral. Assim como *O grande ditador* era o otimismo da Frente Popular para as massas, *Dr. Fantástico* é o niilismo para as massas, um niilismo filistino.

O que há de bom em *O grande ditador* são as cenas autistas solitárias engraçadas, como Hynkel brincando com o balão-globo, e o humor do "homenzinho", como na sequência em que os judeus tiram a sorte nas fatias de uma torta para ver quem vai numa missão suicida e Chaplin acaba ficando com todas as fichas na fatia dele. Esses são os permanentes elementos da comédia, tais como foram desenvolvidos por Chaplin, nos quais foi sobreposta essa charge política pouco satisfatória. Da mesma maneira, o que há de bom em *Dr. Fantástico* tem a ver com outra fonte permanente da comédia, a aberração mental. As melhores coisas no filme são as fantasias de contaminação expostas pelo general psicótico Jack D. Ripper (interpretado de uma maneira aflitivamente magnífica por Sterling Hayden), os clichês e gestos superamericanos do general Buck Turgidson, um militar-empresário à Ring Lardner (interpretado por George C. Scott) e o satanismo eufórico do próprio Dr. Fantástico, o cientista nazista odiado por seu braço direito (Peter Sellers). A especialidade do filme mudo cômico (e *O grande ditador* ainda é, em essência, um filme mudo) é a mistura puramente visual de graça, insanidade e emoção. *Dr. Fantástico* opera com outro filão clássico da comédia, ao mesmo tempo verbal e visual — a ideia dos humores. (Daí os trocadilhos com os nomes dos personagens em *Dr. Fantástico*, exatamente como em Ben Jonson.) Mas note-se que os dois filmes recorrem ao mesmo expediente para criar um distanciamento emocional do público: empregar o mesmo ator para interpretar papéis-chave diferentes. Chaplin faz o Judeuzinho Barbeiro e o ditador Hynkel. Sellers faz o oficial britânico relativamente são, o presidente americano fraco e o cientista nazista; originalmente, faria ainda um quarto papel — o do texano, interpretado no filme por Slim Pickens, o qual pilota o avião que solta a Bomba H que aciona a Máquina russa do Juízo Final. Sem esse recurso de usar o mesmo ator em papéis moralmente opostos, assim prejudicando em nível subliminar a realidade de todo o enredo, o distanciamento cômico perderia nos dois filmes sua precária ascendência sobre o que há de moralmente feio ou aterrorizante.

Dr. Fantástico falha fragorosamente na escala. Grande parte (embora não tudo) do que tem de cômico parece-me repetitivo, pueril, exagerado. E, quando o cômico falha, o sério volta a se infiltrar. Começamos a fazer perguntas sérias sobre a misantropia, que é a única perspectiva pela qual a aniquilação em massa é cômica... Para mim, o único espetáculo sobre questões públicas, apresentado neste inverno, que deu certo foi uma obra que era ao mesmo tempo documentário *e* comédia — a edição feita por Daniel Talbot e Emile de Antonio num filme de noventa minutos das gravações de TV das audiências de McCarthy e das Forças Armadas de 1954. Todos os mocinhos causam má impressão — o ministro militar Stevens, o senador Symington, o advogado Welch e todos os demais pareciam dopados, bobos, arrogantes, emproados ou oportunistas —, enquanto o filme nos dá um irresistível incentivo a gostar esteticamente dos bandidos. Roy Cohen, com o rosto moreno, cabelo brilhantinado e terno listrado com paletó de abotoamento duplo, parecia um mafioso de um filme de gângster da Warner Brothers do começo dos anos 1930; McCarthy, com a barba por fazer, agitado, dando risadinhas, parecia e agia como W. C. Fields em seus papéis mais alcoolizados, maldosos e inaudíveis. Em sua estetização de um importante acontecimento público, *Point of Order!* [Questão de ordem!] foi o melhor drama político e a verdadeira *comédie noire* da temporada.

(Primavera de 1964)

2

A moeda corrente para a maioria das atitudes sociais e morais é aquele recurso antigo do drama: as personificações e as máscaras. Tanto para a encenação quanto para a edificação, a mente monta essas figuras, simples e definidas, cuja identidade é fácil de perceber e que desperta imediatos ódios e amores. As máscaras constituem uma maneira especialmente eficaz e sintética de definir o vício e a virtude.

Outrora figura grotesca e extravagante — infantil, lasciva, desregrada —, "o negro" está se tornando rapidamente a principal máscara da virtude no teatro americano. Pela aparência muito definida, sendo negro, ele chega a superar "o judeu", cuja identidade física é ambígua. (Fazia parte do repertório progressista sobre o judaísmo que os judeus não precisassem parecer "judeus". Mas os negros sempre parecem "negros", a não ser, claro, que não sejam autênticos.) E pelo sofrimento e condição de vítima, o negro supera de longe qualquer outro concorrente nos Estados Unidos. Em poucos anos, o velho liberalismo, cuja figura arquetípica era o judeu, veio a enfrentar a nova militância, cujo herói é o negro. Mas, ainda que o espírito que dá origem à nova militância — e a "o negro" como herói — possa de fato desprezar as ideias do liberalismo, um traço da sensibilidade liberal persiste. Ainda temos a tendência de escolher nossas imagens da virtude entre nossas vítimas.

No teatro, assim como, de modo geral, entre os americanos educados, o liberalismo sofreu uma derrota ambígua. Aquela ampla corrente de moralismo, de pregação, em peças como *Waiting for Lefty*, *Watch on the Rhine*, *Tomorrow the World*, *Deep Are the Roots*, *The Crucible* — os clássicos do liberalismo da Broadway —, seria hoje inaceitável. Mas o que havia de errado com essas peças, do ponto de vista mais contemporâneo, não é que pretendiam converter o público, em vez de simplesmente entretê-lo. É que eram otimistas demais. Achavam que os problemas podiam ser resolvidos. *Blues for Mister Charlie*, de James Baldwin, também é um sermão. Para deixar isso claro e oficial, Baldwin disse que a peça se inspira vagamente no caso Emmett Till, e podemos ler no programa, abaixo do nome do diretor, que a peça é "dedicada à memória de Medgar Evers, à sua viúva e a seus filhos, e à memória das crianças mortas de Birmingham". Mas é um novo tipo de sermão. Em *Blues for Mister Charlie*, o liberalismo da Broadway foi derrotado pelo racismo da Broadway. O liberalismo pregava política, isto é, soluções. O racismo considera a política superficial (e procura um nível mais profundo); ele enfatiza o que é inalterável. Por sobre um abismo praticamente intransponível, a nova máscara do "negro", viril, firme, mas sempre vulnerável, encara seu antípoda, outra máscara nova, "o branco" (subgênero: "o liberal branco") — de cara pálida, sem graça, mentiroso, sexualmente embotado, assassino.

Ninguém em sã consciência iria querer as velhas máscaras de volta. Mas nem por isso as novas máscaras são de todo convincentes. E quem as aceita deve levar em conta que a nova máscara do "negro" só se tornou visível ao preço de enfatizar a fatalidade dos antagonismos raciais. Se D. W. Griffith pôde dar a seu famoso filme supremacista sobre as origens da Ku Klux Klan o título de *O nascimento de uma nação*, então James Baldwin poderia muito bem — e com mais justiça à mensagem política explícita de seu *Blues for Mister Charlie* ("Mister Charlie" é a gíria dos negros para "homem branco") — ter dado à sua peça o título de "A morte de uma nação". A peça de Baldwin, que se passa numa cidadezinha do Sul, começa com a morte de seu herói, Richard, um impetuoso e atormentado jazzista negro, e termina com a absolvição de seu assassino branco, um rapagão ressentido e inarticulado de nome Lyle, e o colapso moral do liberal do lugar, Parnell. Há essa mesma insistência no final doloroso, apresentado de modo ainda mais cabal em *Dutchman*, peça de um ato de LeRoi Jones, agora se apresentando fora do circuito da Broadway. Em *Dutchman*, um rapaz negro que está sentado no metrô, lendo e cuidando da própria vida, primeiro é abordado, depois insultado e escarnecido com requintes de fúria, e então subitamente esfaqueado por uma jovem e afetada prostituta; enquanto os demais passageiros, brancos, retiram o corpo, a moça volta sua atenção para outro jovem negro que acaba de entrar no vagão. Nas novas peças edificantes pós-liberais, é essencial que a virtude seja derrotada. As duas peças, *Blues for Mister Charlie* e *Dutchman*, giram em torno de um assassinato chocante — embora, no caso de *Dutchman*, o assassinato simplesmente não seja plausível em termos da ação mais ou menos realista que se passou antes e pareça tosco (dramaticamente), forçado, deliberado. Só o assassinato libera da obrigação de se ser comedido. É fundamental, dramaticamente, que o branco vença. O assassinato justifica a fúria do autor e desarma os espectadores brancos, que precisam saber o que vai acontecer com *eles*.

Pois é realmente um sermão extraordinário que se está pregando. Baldwin não se interessa em dramatizar o fato incontestável de que os americanos brancos têm tratado os americanos negros de forma brutal. O que se demonstra não é a culpa social dos brancos, mas sua inferioridade como seres humanos. Isso significa, acima de tudo, sua inferioridade sexual. Enquanto Richard zomba das experiências insatisfatórias que teve com brancas no Norte, ficamos sabendo que as únicas paixões — num caso carnal, no outro romântica — vividas pelos dois brancos com presença importante na peça, Lyle e Parnell, foram com negras. Assim, a opressão dos brancos sobre os negros se torna um caso clássico de ressentimento, como descreve Nietzsche. É muito estranho sentar no ANTA Theatre na 52nd Street e ouvir aquele público — com muitos negros, mas ainda majoritariamente branco — gargalhar, gritar e aplaudir a cada fala maldizendo a América branca. Afinal, não é um exótico Outro do outro lado do oceano que está sendo insultado — como o judeu ganancioso ou o italiano traiçoeiro do teatro elisabetano. É a maioria dos próprios espectadores. A culpa social não basta para explicar essa surpreendente concordância da maioria com sua própria condenação. As peças de Baldwin, como seus ensaios e romances, sem dúvida tocaram num ponto sensível que não é o político. Somente por atingir a insegurança sexual que domina a maioria dos americanos brancos educados é que a retórica virulenta de Baldwin poderia parecer tão razoável.

Mas, depois dos aplausos e aclamações, o que fica? As máscaras apresentadas pelo teatro elisabetano eram exóticas, fantasiosas, divertidas. O público de Shakespeare não saía em massa do Globe Theatre para ir esquartejar um judeu ou enforcar um florentino. A lição de moral de *O mercador de Veneza* não é incendiária, e sim meramente simplificadora. Mas as máscaras que *Blues for Mister Charlie* expõe a nosso escárnio são nossa realidade. E a retórica de Baldwin é incendiária, embora se derramando numa situação cuidadosamente protegida contra incêndios. O resultado não é uma ideia de ação — mas um prazer vicário na fúria expressa no palco, com um inegável subtom de ansiedade.

Considerada como arte, a peça *Blues for Mister Charlie* encalha por algumas das mesmas razões pelas quais emperra como propaganda. Baldwin podia ter feito algo muito melhor com o esquema *agitprop* da peça (jovem estudante negro belo e digno lançado contra brancos interioranos broncos e maldosos), pois quanto a isso em si não tenho nenhuma objeção. Algumas das maiores obras de arte nascem da simplificação moral. Mas essa peça fica atolada em repetições, incoerências e nas mais variadas pontas soltas no enredo e nas motivações. Por exemplo: é difícil crer que, numa pequena cidade tomada por protestos em defesa dos direitos civis e com um homicídio racial nas mãos, o liberal branco Parnell consiga se mover com tanta desenvoltura, com tão pouca recriminação, entre uma comunidade e outra. E mais: é implausível que Lyle, amigo íntimo de Parnell, e sua esposa não fiquem perplexos e furiosos quando Parnell providencia que Lyle seja chamado a juízo por acusação de homicídio. Talvez essa surpreendente equanimidade se deva ao lugar que o amor ocupa na retórica de Baldwin. O amor está sempre no horizonte, uma solução universal quase à maneira de Paddy Chayefsky. E mais: pelo que vemos do romance que surgiu entre Richard e Juanita — que começa poucos dias antes do assassinato dele —, a declaração de Juanita dizendo que aprendeu com Richard o que é o amor não convence. (O que parece, de fato, é que era ele quem começava a aprender com ela a amar pela primeira vez.) Mais importante: a motivação de todo o confronto entre Richard e Lyle, com seus tons explícitos de rivalidade sexual masculina, parece inadequada. Richard simplesmente não tem razão suficiente — a não ser a vontade do autor em dizer tais coisas — para introduzir o tema da inveja sexual em todas as ocasiões em que o faz. E, deixando de lado qualquer consideração sobre os sentimentos expressos, é grotesco, em termos humanos e dramáticos, que as palavras finais de Richard, enquanto se arrasta aos pés de Lyle com três tiros na barriga, sejam: "Branco! Não quero nada de você. Você não tem nada para me dar! Você não conversa porque ninguém conversa com você. Você não dança porque não tem ninguém com quem dançar... Tudo bem. Tudo bem. Guarde a mulher em casa, viu? Não deixe chegar perto de nenhum negro. Ela pode gostar. E você pode gostar, também".

Talvez a origem do que parece forçado, histérico, implausível em *Blues for Mister Charlie* — e em *Dutchman* — seja um complexo deslocamento do verdadeiro tema da peça. Supostamente, as duas peças seriam sobre o conflito racial. No entanto, nas duas, o problema racial é tratado basicamente em termos de atitudes sexuais. Baldwin é muito claro sobre a razão disso. Ele acusa a América branca de ter roubado a masculinidade do negro. O que os brancos retiram dos negros é aquilo a que os negros aspiram é o reconhecimento sexual. A retirada desse reconhecimento — e seu inverso, tratar o negro como mero objeto de desejo — é o cerne da dor do negro. Tal como Baldwin formula em seus ensaios, o argumento acerta em cheio. (E não impede que se considerem outras consequências, políticas e econômicas, da opressão sobre o negro.) Mas o que se lê no último romance de Baldwin ou se vê no palco em *Blues for Mister Charlie* é bem menos persuasivo. No romance e na peça, penso eu, a situação racial se tornou uma espécie de código ou metáfora para o conflito sexual. Mas um problema sexual não pode ser totalmente mascarado como problema racial. Estão envolvidas outras tonalidades, outras espécies de emoção.

A verdade é que *Blues for Mister Charlie* não trata realmente daquilo que diz tratar. Supõe-se que trata da luta racial. Mas, na realidade, é sobre a angústia dos desejos sexuais que são tabu, sobre a crise de identidade decorrente de enfrentar esses desejos, sobre a fúria e a destrutividade (muitas vezes, autodestrutividade) por meio das quais se tenta vencer a crise. É, em suma, um tema psicológico. A superfície pode ser Clifford Odets, mas o interior é puro Tennessee Williams. O que Baldwin fez foi pegar o principal tema do teatro sério dos anos 1950 — a angústia sexual — e elaborá-lo como peça política. Por dentro de *Blues for Mister Charles* está o enredo de vários sucessos da década passada: o horrendo assassinato de um rapaz másculo e bonito por aqueles que invejam sua masculinidade.

O enredo de *Dutchman* é parecido, com a ressalva de que aqui há um toque adicional de angústia. Em vez dos problemas homoeróticos velados de *Blues for Mister Charlie*, aqui há uma angústia de classe. Como contribuição pessoal para a mística da sexualidade negra, Jones levanta a questão — nunca apresentada em *Blues for Mister Charlie* — de ser autenticamente negro. (A peça de Baldwin se passa no Sul; talvez só se possa ter esse problema no Norte.) Clay, o herói de *Dutchman*, é um negro de classe média de Nova Jersey que cursou a faculdade e queria escrever poesia como Baudelaire, e que tem amigos negros que falam com sotaque britânico. Na parte inicial da peça, ele está no limbo. Mas no final, atiçado e espicaçado por Lula, Clay se desnuda e assume seu verdadeiro eu; deixa de ser simpático, sensato, bem-falante e abraça sua plena identidade de negro: isto é, proclama a fúria homicida contra os brancos que os negros trazem no coração, quer partam para a ação ou não. Ele não matará, diz. Com isso, ele é morto.

Dutchman é, sem dúvida, uma obra menor do que *Blues for Mister Charlie*. Tendo um ato só e apenas dois personagens falando, é um descendente dos duelos sexuais mortais dramatizados por Strindberg. Em suas melhores partes, alguns dos diálogos iniciais entre Lula e Clay, é direta e vigorosa. Mas, como conjunto — e de fato reavaliamos a peça à luz da desconcertante fantasia revelada ao final —, é toda ela frenética demais, exagerada demais. Robert Hooks interpretou Clay com certa sutileza, mas achei a rouquidão e as contorções sexuais espasmódicas da atuação de Jennifer West como Lula quase insuportáveis. Há traços de um estilo novo e verborrágico de selvageria emocional em *Dutchman* que, por falta de nome melhor, eu chamaria de albeeano. Certamente veremos mais disso... *Blues for Mister Charlie*, por seu lado, é uma peça longa, longuíssima, tortuosa, praticamente uma antologia, um compêndio das tendências de grandes peças americanas sérias dos últimos trinta anos. Tem montes de mensagens de elevação moral. Prossegue no bom combate de falar palavrões no palco convencional, levando a novas e magníficas vitórias. E adota uma forma de narrativa complexa e pretensiosa — a história é narrada em flashbacks desajeitados, ornamentada com um coro inoperante, uma espécie de DJ histórico-mundial escondido à direita do palco, com fones de ouvido, lidando com seus aparelhos a noite toda. A montagem em si, dirigida por Burgess Meredith, oscila entre vários estilos diferentes. As partes realistas são as que se saem melhor. Mais ou menos no final, na terceira parte, que se passa no tribunal, a peça é um malogro só; abandona-se qualquer pretensão de verossimilhança, sem nenhuma fidelidade aos ritos judiciais observados até nos fundões do Mississippi, e a peça se esfarela em pedacinhos de monólogo interior, cujos assuntos pouco têm a ver com a ação em curso, que é o julgamento de Lyle. Na última parte de *Blues for Mister Charlie*, Baldwin parece decidido a acabar com a força dramática da peça; bastava o diretor continuar. Apesar da direção frouxa, porém, há várias interpretações comoventes. Rip Torn, um Lyle sensual agressivo, roubou as cenas; foi divertido assistir. Al Freeman Jr. estava bom como Richard, embora sobrecarregado com algumas falas de surpreendente sentimentalismo, em especial na cena do Momento da Verdade com o Pai, que tem sido obrigatória no teatro sério da Broadway nesses últimos dez anos. Diana Sands, uma das atrizes mais encantadoras da atualidade, se saiu bem no papel pouco desenvolvido de Juanita, exceto na parte que tem sido a mais elogiada, sua ária de lamento por Richard, na dianteira central do palco, de frente para a plateia, que considerei forçada ao extremo. Pat Hingle, ator magnificamente embalsamado em seus maneirismos próprios, continua a ser no papel de Parnell o mesmo sujeito simpático, indeciso e pesadão que foi no ano passado como marido de Nina Leeds na montagem do Actors Studio de *Estranho interlúdio* [de Eugene O'Neill].

As melhores ocasiões no teatro nesses últimos meses foram tentativas independentes, com um uso absolutamente cômico da máscara, do clichê do personagem.

Num pequeno teatro na East Fourth Street, foram apresentadas duas peças curtas em duas segundas-feiras à noite, em março passado: *The General Returns From One Place to Another*, de Frank O'Hara, e *The Baptism*, de LeRoi Jones. A peça de O'Hara é um conjunto de quadros envolvendo uma espécie de general MacArthur e comitiva em órbita incessante em torno do Pacífico; a peça de Jones (como seu *Dutchman*) começa mais ou menos realista e termina em fantasia; é sobre o sexo e a religião, e se passa numa igreja evangélica. Nenhuma das duas pareceu muito interessante enquanto peça, mas, de todo modo, o teatro não se resume às peças, isto é, à literatura. Para mim, o principal interesse delas foi a presença do incrível Taylor Mead, poeta e ator de cinema "underground". (Ele esteve em *Flower Thief*, de Ron Rice.) Mead é um rapaz magrelo, barrigudo, ficando careca, de ombros arredondados, encurvado, muito pálido — uma espécie de Harry Langdon homossexual e tísico. É até difícil explicar como um sujeito de físico tão apagado, de aparência tão pouco privilegiada, é capaz de ser tão atraente no palco. A gente não consegue tirar os olhos dele. Em *The Baptism*, Mead está uma delícia de engraçado e criativo como homossexual de ceroula vermelha acampando dentro da igreja, se pavoneando, soltando piadas, peruando, flertando, enquanto transcorrem os serviços religiosos. Em *The General Returns From One Place to Another*, ele estava mais variado e ainda mais cativante. É mais do que um papel, é como uma sequência de cenas avulsas: o general batendo continência enquanto a calça escorrega, o general cortejando uma viúva fútil que vive aparecendo ao longo do percurso dele, o general fazendo um discurso político, o general ceifando um campo florido com sua bengala, o general tentando se enfiar num saco de dormir, o general dando bronca nos dois ajudantes, e assim por diante. Evidentemente, não era o que Mead fazia, mas a concentração de sonâmbulo com que fazia. Sua arte tem a mais pura e profunda fonte de todas: ele simplesmente se entrega por completo e sem reservas a alguma bizarra fantasia autista. Não há nada mais atraente numa pessoa, mas é raríssimo depois dos quatro anos de idade. Essa é a qualidade que Harpo Marx tem; entre os grandes cômicos mudos, Langdon e Keaton a têm; e a têm também aqueles quatro maravilhosos bonecos desengonçados, tipo Raggedy Andy, que são os Beatles. Tammy Grimes mostra algo parecido em sua ótima interpretação estilizadíssima num musical que está passando agora na Broadway e que, afora isso, nada tem de especial, *High Spirits*, baseado em *Blithe Spirit*, de Noel Coward. (A maravilhosa Bea Lillie também está no elenco; mas, ou ela não tem espaço suficiente na peça para seus talentos, ou simplesmente não está em forma.)

O que todos esses atores, de Buster Keaton a Taylor Mead, têm em comum é a ausência completa de qualquer percepção de si mesmos, na busca de alguma ideia de atuação totalmente inventada. Basta um leve toque de consciência de si, e o efeito se estraga. Torna-se insincero, desagradável, até grotesco. Estou falando, claro, de algo mais raro do que a habilidade na atuação. E, visto que as condições usuais de trabalho no teatro promovem uma enorme carga de consciência da própria atuação, o mais provável é encontrar esse tipo de coisa em circunstâncias informais, como aquelas em que *The General* e *The Baptism* se apresentaram. Duvido que as interpretações de Taylor Mead prosperariam em outro contexto.

Meu evento teatral favorito dos meses recentes, porém, realmente sobreviveu ao salto da produção semiamadora saindo do circuito da Broadway; pelo menos, ainda sobrevivia na última vez em que o vi. *Home Movies* estreou em março no balcão do coro da Judson Memorial Church, na Washington Square, e depois passou para a Provincetown Playhouse. A cena é Um Lar. Os personagens são: uma Margaret Dumont mãe, um pai superatlético de bigode, uma filha virgem lamurienta e enrugada, um rapaz efeminado, um poeta gago e vermelhusco de cachecol, uma dupla religiosa exuberante, formada pelo padre Shenaningan e pela irmã Thalia, e um entregador negro simpático com um lápis grosso de uns trinta centímetros de comprimento. Há alguns acenos de um enredo. O pai é dado por morto, mãe e filha lamentam a ausência dele, amigos da família e religiosos fazem visitas de pêsames e, no meio de tudo isso, o pai é entregue vivo e esperneando dentro de um guarda-roupa. Mas não interessa. Em *Home Movies*, existe apenas o presente — gente agradável entrando e saindo, aparecendo em vários tableaux, cantando entre si. O roteiro ágil e espirituoso é de Rosalyn Drexler, em que os clichês mais batidos e os absurdos mais descabelados são enunciados com a mesma solenidade. "É verdade", diz um personagem. "Sim", responde outro, "uma verdade terrível como uma urticária." O clima afável e cordial de *Home Movies* me agradou ainda mais do que o humor, parecendo ser obra da música encantadora composta e interpretada ao piano por Al Carmines (que é pastor auxiliar na Judson Memorial Church). Os melhores números são a irmã Thalia (Sheindi Tokayer) e o padre Shenanigan (Al Carmines) cantando e dançando um tango, o striptease encantador de Peter (Freddy Herko) e seus duetos com a sra. Verdun (Gretel Cummings), e a virgem Violet (Barbara Ann Teer) cantando a plenos pulmões a música "Peanut Brittle". *Home Movies* é divertidíssimo. Os atores no palco também parecem felizes com o que estão fazendo. Não se pode pedir muito mais ao teatro — exceto grandes peças, grandes atores e grandes espetáculos. À falta disso, o que se espera é vitalidade e alegria, e estas parecem mais prováveis de aparecer em palcos inesperados, como a Judson Memorial Church ou o pavilhão de Serra Leoa na Exposição Mundial, do que em teatros do centro ou mesmo fora da Broadway. Um fator que colabora é que *Home Movies*, *The General* e *The Baptism* não são, estritamente falando, peças. São eventos teatrais de tipo descartável — paródicos, divertidos e despreocupados, cheios de irreverência em relação a "o teatro" e "a peça". Está acontecendo algo parecido no cinema: há mais arte e vitalidade em *What's Happening*, o filme dos irmãos Maysles sobre os Beatles nos Estados Unidos, do que em todos os filmes de enredo feitos neste ano.

Por último, e suponho que menos importantes, algumas palavras sobre duas produções shakespearianas.

A partir do excelente ensaio de John Gielgud, "The Hamlet Tradition — Some Notes on Costume, Scenery and Stage", publicado em 1937, poderíamos inferir a maioria dos erros específicos na atual montagem de Gielgud para *Hamlet* em Nova York. Por exemplo, Gielgud alerta que o Ato I, Cena 2 — em que Hamlet, Cláudio e Gertrudes aparecem pela primeira vez — não deve ser interpretado como uma discussão em família, e sim como a reunião formal de um conselho privado, a primeira (de acordo com a tradição) a se realizar desde a ascensão de Cláudio ao trono. No entanto, foi exatamente isso que Gielgud fez na montagem nova-iorquina, com Cláudio e Gertrudes parecendo um casal suburbano enfadonho brigando com o filho único mimado. Outro exemplo: ao encenar o Fantasma, Gielgud é convincente ao defender no ensaio que não se use uma voz ao microfone nos bastidores, em lugar da voz do ator que está no palco e é visto pela plateia. Tudo deve funcionar para conferir o máximo de realidade possível ao Fantasma. Mas, nessa montagem atual, Gielgud omitiu toda a presença física do Fantasma. Dessa vez, o Fantasma é realmente fantasmagórico: uma voz gravada, a do próprio Gielgud, ressoando cavernosa por todo o teatro, e uma silhueta enorme no fundo do palco... Todavia, é perda de tempo procurar as razões de tal ou tal característica dessa montagem. A impressão geral é de total indiferença, como se a peça, na verdade, não tivesse tido nenhuma direção — exceto nossa sensação de que uma parte da insipidez, pelo menos a insipidez visual, é mesmo deliberada. Há a questão das roupas: os atores, sejam cortesãos ou soldados, na maioria usam uma calça larga velha, suéter e blusão, embora a calça e a camisa de Hamlet combinem (são pretas), Cláudio e Polônio estejam com elegantes ternos sociais, Gertrudes e Ofélia com vestidos longos (Gertrudes também está com uma pele de marta), e o Rei e a Rainha da Trupe usem belos costumes e máscaras douradas. Essa ideia tola e extravagante parece ser a única da peça e se chama "encenar *Hamlet* com as roupas do ensaio".

A montagem oferece duas satisfações, e só. Ao ouvirmos a voz de John Gielgud na gravação, mesmo como um cinerama, lembramos como são belos os versos de Shakespeare quando declamados com graça e inteligência. E o excelente George Rose, no curto papel do coveiro, transmitiu todos os deleites da prosa de Shakespeare. As demais interpretações só provocaram graus variados de sofrimento. Todos falavam rápido demais; tirando esse problema, algumas interpretações eram o cúmulo da mediocridade, ao passo que outras, por exemplo, as de Laerte e Ofélia, merecem destaque por sua especial imaturidade e frieza. Mas poderíamos acrescentar que Eileen Herlie, que faz uma Gertrudes muito superficial, teve um desempenho marcante no mesmo papel no filme de Olivier, uns quinze anos atrás. E que Richard Burton, que dá o mínimo possível no papel de Hamlet, é realmente um sujeito muito bonitão. Retificação: ele faz toda a cena da morte de Hamlet de pé, sendo que poderia ter se sentado.

Porém, mal havíamos nos recuperado da desfaçatez de Gielgud em apresentar uma peça de Shakespeare totalmente nua, sem nenhuma interpretação, chegou uma montagem de Shakespeare que, na melhor das hipóteses, foi desfigurada pelo excesso de interpretação e demasiado intelectualismo. Era o celebrado *Rei Lear* de Peter Brook, que foi apresentado dois anos atrás em Stratford--on-Avon, recebido com grande aclamação em Paris, por toda a Europa Oriental e na Rússia, e encenado — de maneira mais ou menos inaudível — no New York State Theater (que, como agora se descobriu, foi projetado para apresentações de música e balé), no Lincoln Center. Se o *Hamlet* de Gielgud não tinha pensamento nem estilo, o *Rei Lear* de Brook veio lotado de ideias. Lemos que Brook, inspirado em um recente ensaio de Jan Kott, o estudioso shakespeariano polonês, comparando Shakespeare e Beckett, decidira encenar *Rei Lear* como *Fim de partida*, digamos assim. Gielgud comentou numa entrevista neste mês de abril, na Inglaterra, que Brook lhe disse que extraiu a ideia básica para essa sua montagem do controvertido *Rei Lear* "japonês" de Gielgud (com cenografia e figurinos de Noguchi), de 1955. E, se consultarmos o "Lear Log", de Charles Marowitz, assistente de Brook em Stratford em 1962, também podemos encontrar outras influências. Mas, no fundo, nenhuma das ideias utilizadas na montagem tem importância. O que importa é o que vimos e, tendo sorte, ouvimos. O que eu vi foi bem maçante — se preferir, foi austero — e também arbitrário. Não consigo entender o que se ganha anulando os ápices emocionais da peça — aplainando os longos discursos de Lear, colocando a trama de Gloucester quase no mesmo nível da trama de Lear, eliminando as passagens "humanistas", como quando os criados de Regan vão ajudar Gloucester, que acaba de ficar cego, e quando Edmund tenta revogar a execução de Cordélia e Lear ("Algum bem quero fazer/ Apesar de minha natureza"). Houve várias interpretações graciosas e inteligentes — Edmund, Gloucester, o Bobo. Mas todos os atores pareciam atuar sob uma coerção quase palpável, o desejo simultâneo de explicitar e atenuar, que deve ter sido o que levou Brook, numa das escolhas mais intrigantes da montagem, a manter o palco totalmente nu e iluminado durante as cenas da tempestade. O Lear de Paul Scofield é um papel admiravelmente estudado. Tem especial excelência na velhice de Lear, com seu egocentrismo, seus movimentos e impulsos esquisitos. Mas não consigo entender por que deixou tanto o papel de lado — a loucura de Lear, por exemplo —, substituindo-o por maneirismos vocais arbitrários que amorteciam boa parte da força emocional das falas. A única interpretação que me pareceu sobreviver a essa encenação estranha e mutiladora que Brook impôs a seus atores — e até vicejar nessas condições — foi a de Irene Worth no papel da complexa Goneril e sua parcial solidariedade. Irene Worth parece ter pesquisado todos os ângulos de seu papel e, ao contrário de Scofield, ter encontrado mais, e não menos, do que outros haviam encontrado antes.

(Verão de 1964)

Marat/Sade/Artaud

A primeira e mais bela qualidade da natureza é o movimento que a agita sem cessar; mas esse movimento não é senão uma sequência perpétua de crimes; não é senão por meio de crimes que ela o conserva.

Sade

Tudo o que age é crueldade: é sobre essa ideia de ação levada ao limite e ao extremo que o teatro deve se renovar.

Artaud

A teatralidade e a insanidade — os dois temais mais potentes do teatro contemporâneo — estão em brilhante fusão na peça de Peter Weiss *Perseguição e assassinato de Jean-Paul Marat conforme encenado pelo Grupo Teatral do Hospício de Charenton sob a direção do senhor Marquês de Sade.* O tema é uma apresentação teatral encenada diante da audiência; o cenário é um hospício. Os fatos históricos por trás da peça são os seguintes: no manicômio nos arrabaldes de Paris onde Sade ficou internado por ordem de Napoleão e passou os onze anos finais de vida (1803-14), seu diretor, M. Coulmier, adotava a política iluminista de permitir que os internos encenassem suas próprias produções teatrais, que eram abertas ao público parisiense. Nesse contexto, sabe-se que Sade escreveu e encenou várias peças (todas perdidas), e a peça de Weiss recria explicitamente essa atividade. Ela se passa no ano de 1808 e o palco é a casa de banhos azulejada do hospício.

A teatralidade permeia a habilidosa peça de Weiss, num sentido especialmente moderno: grande parte de *Marat/Sade* consiste numa peça dentro de uma peça. Na montagem de Peter Brook, que estreou em Londres em agosto passado, um Sade idoso, flácido e desgrenhado (interpretado por Patrick Magee) fica sentado no lado esquerdo do palco — dando as deixas (com o auxílio de um colega de hospício que opera como contrarregra e narrador), supervisionando, comentando. O sr. Coulmier, com roupas formais e usando uma espécie de faixa honorífica vermelha, acompanhado de esposa e filha, ambas trajadas com elegância, passa a peça toda sentado no lado direito do palco. Há também uma profusa teatralidade no sentido mais tradicional: o enfático apelo do espetáculo e do som aos sentidos. Quatro internos de tranças e cara pintada, usando sacos coloridos e chapéus moles, entoam cantorias lunáticas e sardônicas enquanto imitam a ação descrita nas cantigas; os trajes variegados contrastam com as camisas de força, as túnicas brancas amorfas e a cara leitosa da maioria dos outros internos que atuam na peça da paixão de Sade sobre a Revolução Francesa. A ação verbal, conduzida por Sade, é constantemente interrompida por breves lances geniais dos lunáticos, sendo o mais impressionante deles uma sequência de guilhotinamento em massa, em que alguns internos fazem sons metálicos rascantes, batem um no outro com acessórios do cenário improvisado e despejam baldes de tinta (sangue) em ralos, enquanto outros loucos saltam alegremente dentro de um poço no meio do palco, amontoando as cabeças no nível do palco perto da guilhotina.

Na produção de Brook, a insanidade se mostra como o tipo mais sensual e abalizado de teatralidade. A insanidade estabelece a inflexão, a intensidade de *Marat/Sade*, desde a imagem de abertura com os fantasmagóricos internos que atuarão na peça de Sade, encolhidos em posição fetal, paralisados num estupor catatônico, tomados de tremores ou entregues a algum ritual obsessivo, que então avançam aos tropeços para saudar o afável M. Coulmier e família entrando no palco e vão montar a plataforma onde se sentarão. A insanidade é também o registro da intensidade das interpretações individuais: de Sade, que recita suas longas falas com uma lentidão penosa, monótona e concentrada; de Marat (interpretado por Clive Revill), embrulhado em panos molhados (um tratamento para sua doença de pele), que passa toda a peça enfiado numa banheira de metal transportável, mesmo no auge da mais apaixonada declamação, olhando fixo para cima, como se já estivesse morto; de Charlotte Corday, assassina de Marat, que é interpretada por uma sonâmbula bonita que volta e meia tem um branco, esquece as falas, até se deita no palco e precisa ser acordada por Sade; de Duperret, o deputado girondino amante de Corday, interpretado por um paciente peludo e desengonçado, um erotômano que volta e meia deixa seu papel de cavalheiro amoroso e arremete em investidas lascivas sobre a paciente que faz Corday (ao longo da peça, precisam colocá-lo em camisa de força); de Simone Everard, amante e enfermeira de Marat, interpretada por uma paciente quase totalmente incapacitada que mal consegue falar e se limita a gestos espasmódicos e desconjuntados enquanto troca as roupas de Marat. A insanidade se torna a metáfora mais autêntica e privilegiada da paixão; ou, o que no caso é a mesma coisa, aparece como o término lógico de qualquer emoção forte. Os estados oníricos (como na sequência "O pesadelo de Marat") e semioníricos terminam necessariamente em violência. Ser ou estar "calmo" corresponde a uma incapacidade da pessoa em entender sua verdadeira situação. Assim, depois da encenação em câmera lenta do assassinato de Marat pelas mãos de Corday (história, isto é, teatro), tem-se a gritaria e a cantoria dos internos sobre os quinze anos sangrentos desde então, e por fim o "elenco" ataca os Coulmier, que tentam deixar o palco.

É por essa descrição da teatralidade e da insanidade que a peça de Weiss é também uma peça conceitual. O centro da peça consiste num debate contínuo entre Sade na cadeira e Marat na banheira sobre o significado da Revolução Francesa, isto é, sobre as premissas psicológicas e políticas da história moderna, mas vistas pelas lentes de uma sensibilidade muito moderna, carregada com a visão retrospectiva dada pelos campos de concentração nazistas. Mas *Marat/Sade* não se deixa formular como uma teoria específica sobre a experiência moderna. A peça de Weiss parece tratar da amplitude da sensibilidade que diz respeito à — ou que está em jogo na — experiência moderna, mais do que apresentar um argumento ou uma interpretação dessa experiência. Weiss não expõe ideias; ele imerge o público nelas. O debate intelectual é o material da peça, mas não seu tema nem seu objetivo. A ambientação em Charenton permite que esse debate se dê numa atmosfera constante de violência quase incontida: sob essa temperatura, todas as ideias são explosivas. Aqui também a insanidade demonstra ser o modo drástico e mais sóbrio (e até abstrato) de expressar em termos teatrais a reencenação de ideias, enquanto os integrantes do elenco revivem os rumos ensandecidos da Revolução e precisam ser contidos, enquanto os gritos de liberdade da multidão parisiense se convertem subitamente nos uivos dos pacientes para serem libertados do manicômio.

Tal espécie de teatro, cuja ação fundamental é o encaminhamento irreversível para estados emocionais extremos, só pode terminar de duas maneiras. Pode voltar sobre si mesmo, tornar-se formal e terminar num estrito *da capo*, retomando as falas de abertura. Ou pode se voltar para o exterior, rompendo o "enquadramento", e atacar o público. Ionesco admitiu que, originalmente, concebera sua primeira peça, *A cantora careca*, terminando com um massacre do público; em outra versão da mesma peça (que agora termina *da capo*), o autor subia de um salto ao palco e berrava xingamentos aos espectadores, até que saíssem do teatro. Brook ou Weiss, ou ambos, criaram para o final de *Marat/Sade* um equivalente da mesma atitude hostil com a plateia. Os internos, isto é, o "elenco" da peça de Sade, entraram num surto frenético e atacaram os Coulmier; mas essa revolta furiosa — isto é, a peça — é interrompida pela entrada da contrarregra do Aldwych Theater, de blusa e suéter modernos e tênis de ginástica. Ela solta um assobio; os atores param de chofre, se viram e encaram a plateia; mas, quando o público aplaude, a companhia responde com um aplauso lento e sinistro, afogando o aplauso "espontâneo" e criando um desconforto geral.

Minha admiração pessoal — e meu prazer — por *Marat/Sade* é praticamente irrestrita. A peça, que estreou em Londres em agosto passado e, ao que dizem, logo estará em Nova York, é uma das grandes experiências da vida de qualquer frequentador de teatros. No entanto, quase todos, dos resenhistas de jornal aos críticos mais sérios, têm manifestado graves reservas, quando não um franco desagrado, diante da montagem de Brook para a peça de Weiss. Por quê?

Creio que há três ideias prontas que se ocultam capciosamente por trás da montagem de Brook para a peça de Weiss.

A ligação entre teatro e literatura. Uma ideia pronta: as peças teatrais formam um ramo da literatura. Na verdade, algumas peças teatrais podem ser julgadas basicamente como obras literárias, outras não.

Isso porque não se admite, ou geralmente não se entende, que lemos com excessiva frequência que *Marat/Sade* é, teatralmente, uma das coisas mais assombrosas que já se viram no palco, mas é uma "peça de diretor", ou seja, uma montagem de primeira categoria de uma peça de segunda categoria. Um conhecido poeta inglês me disse que detestou a peça por esta razão: embora a tenha considerado maravilhosa quando a viu, ele *sabia* que, se não fosse a montagem de Peter Brook, não teria gostado dela. Consta também que a peça montada por Konrad Swinarski, encenada em Berlim Ocidental no ano passado, nem de longe causou a mais remota impressão que tem causado a montagem atual em Londres.

Certo, *Marat/Sade* não é a obra-prima suprema da literatura dramatúrgica contemporânea, mas dificilmente é uma peça de segunda categoria. Como texto em si, *Marat/Sade* é bom, é estimulante. O problema não é a peça, mas sim uma concepção estreita do teatro, que insiste apenas numa imagem do diretor — como servidor do escritor, extraindo sentidos já presentes no texto.

Afinal, sendo verdade que o texto de Weiss, na atraente tradução de Adrian Mitchell, ganha muito com a montagem de Peter Brook, e daí? Além de um teatro de diálogo (de linguagem), em que o texto é básico, existe também um teatro dos sentidos. O primeiro pode se chamar "peça", o segundo "obra teatral". No caso de uma pura obra teatral, o escritor que registra as palavras que serão ditas pelos autores e encenadas pelo diretor perde sua primazia. Nesse caso, o "autor" ou "criador" não é outro senão, citando Artaud, "a pessoa que controla a condução direta do palco". A arte do diretor é uma arte material — uma arte em que ele lida com o corpo dos atores, com os acessórios, as luzes, a música. E o que Brook montou é fantástico, tremendamente inventivo — o ritmo das cenas, os figurinos, as mímicas do grupo. Em todos os detalhes da produção — que tem como um de seus elementos mais notáveis a música melodiosa e estridente (de Richard Peaslee) com sinos, címbalos e órgão —, há uma inventividade material inesgotável, um apelo incessante aos sentidos. No entanto, há algo nesse puro virtuosismo de Brook nos efeitos de palco que ofende. Parece, a muitos, sobrepujar o texto. Mas talvez seja exatamente essa a questão.

Não estou dizendo que *Marat/Sade* é apenas um teatro dos sentidos. Weiss apresenta um texto altamente culto e complexo que requer uma reação em resposta. Mas *Marat/Sade* também requer ser abordado no nível sensorial, e é somente o mais deslavado preconceito sobre o que deve ser o teatro (qual seja, o preconceito de que uma obra teatral deve ser julgada, em última análise, como um ramo da literatura) que está por trás da exigência de que o texto escrito e posteriormente falado de uma obra teatral traga em si a peça inteira.

A ligação entre teatro e psicologia. Outra ideia pronta: o drama consiste na revelação do personagem, que se constrói sobre o conflito de motivos realisticamente plausíveis. Mas o teatro moderno mais interessante é um teatro que vai além da psicologia.

Citando Artaud mais uma vez: "Precisamos de ação verdadeira, mas sem consequência prática. Não é no plano social que a ação do teatro se desenrola. Menos ainda no plano moral e psicológico [...]. Essa obstinação em fazer os personagens dialogarem sobre sentimentos, paixões, apetites e pulsões de ordem estritamente psicológica, em que uma palavra supre inúmeras mímicas, essa obstinação é a razão pela qual o teatro perdeu sua verdadeira razão de ser".

É desse ponto de vista, formulado tendenciosamente por Artaud, que se pode abordar devidamente o fato de que Weiss tenha ambientado seu tema num hospício. O fato é que, com a exceção das figuras-público no palco — M. Coulmier, que interrompe várias vezes a encenação para repreender Sade, e sua esposa e sua filha, que não têm nenhuma fala —, todos os personagens da peça são loucos. Mas a ambientação de *Marat/Sade* não constitui uma declaração de que o mundo é insano. Tampouco é um exemplo do atual interesse em voga pela psicologia do comportamento psicopata. Pelo contrário, o interesse pela insanidade na arte atual geralmente reflete o desejo de ultrapassar a psicologia. Ao representarem personagens com distúrbios de comportamento ou de fala, dramaturgos como Pirandello, Genet, Beckett e Ionesco dispensam seus personagens de encarnar nas ações ou expressar na fala a exposição de seus motivos de maneira coerente e plausível. Liberta das limitações do que Artaud chama de "pintura psicológica e dialógica do indivíduo", a representação dramática se abre a níveis de experiência mais heroicos, mais imaginativos, mais filosóficos. A questão não se restringe, evidentemente, ao teatro. A escolha do comportamento "insano" como tema da arte é, agora, a estratégia já potencialmente clássica dos artistas modernos que querem transcender o "realismo" tradicional, isto é, a psicologia.

Tome-se a cena que tem especialmente despertado objeções de muitas pessoas, na qual Sade persuade Charlotte Corday a açoitá-lo (na montagem de Peter Brook, ela o açoita com os cabelos) enquanto ele, nesse meio-tempo, continua a recitar em tom agoniado alguma peroração sobre a Revolução e a natureza da natureza humana. O objetivo da cena certamente não é informar ao público que, como disse um crítico, Sade é "doentio, doentio, doentio", e tampouco cabe censurar o Sade de Weiss, como faz o mesmo crítico, por "usar o teatro mais para se excitar do que para apresentar um argumento". (Seja como for, por que não as duas coisas?) Ao combinar a argumentação racional ou quase racional com o comportamento irracional, Weiss não está pedindo ao público que julgue o caráter, a competência intelectual ou o estado mental de Sade. O que ele faz, em vez disso, é passar para um tipo de teatro focado não nos personagens, e sim nas intensas emoções intersubjetivas vividas pelos personagens. Ele oferece um tipo de experiência emocional vicária (neste caso, francamente erótica) que o teatro tem evitado por demasiado tempo.

A linguagem é usada em *Marat/Sade* basicamente como uma forma de encantamento, em vez de se limitar à revelação do caráter e à troca de ideias. Esse uso encantatório da linguagem é o tema central de outra cena que muitos espectadores consideram questionável, inquietante e gratuita — o brilhante solilóquio de Sade, em que ele ilustra a crueldade no coração humano ao narrar com dolorosos detalhes a execução pública pelo lento esquartejamento de Damiens, o pretenso assassino de Luís xv.

A ligação entre teatro e ideias. Outra ideia pronta: deve-se entender uma obra de arte como sendo "sobre" ou representando ou defendendo uma "ideia". Nesse caso, um critério implícito para uma obra de arte é o valor das ideias que ela encerra, e se tais ideias são expressas com coerência e clareza.

É mesmo de se esperar que *Marat/Sade* se submetesse a tais critérios. A peça de Weiss, teatral até o âmago, também é de grande inteligência. Traz discussões das mais profundas questões da história, da sensibilidade e da moral contemporâneas que botam no chinelo as banalidades baratas de pretensos diagnosticadores dessas questões, como Arthur Miller (vejam-se seus atuais *Depois da queda* e *Incidente em Vichy*), Friedrich Dürrenmatt (*A visita*, *Os físicos*) e Max Frisch (*Os incendiários*, *Andorra*). Mas não há dúvida de que *Marat/Sade* é intelectualmente intrigante. Apresenta-se um argumento, apenas para ser (aparentemente) negado pelo contexto da peça — o manicômio e a explícita teatralidade dos procedimentos. As pessoas parecem mesmo representar posições na peça de Weiss. Em termos gerais, Sade representa a ideia da permanência da natureza humana, em toda a sua sordidez, contra o ardor revolucionário de Marat e sua crença de que o homem pode ser transformado pela história. Sade pensa que "o mundo é feito de corpos", Marat pensa que é feito de forças. Os personagens secundários também têm seus momentos de defesa apaixonada: Duperret saúda a superveniente aurora da liberdade, o padre Jacques Roux denuncia Napoleão. Mas Sade e "Marat" são loucos, ambos, cada qual com um estilo próprio; "Charlotte Corday" é sonâmbula, "Duperret" tem satiríase, "Roux" é histericamente violento. Isso não invalida seus argumentos? E, afora a questão do contexto de insanidade em que se apresentam as ideias, há ainda o recurso da peça-dentro-de-outra-peça. Num certo nível, o debate corrente entre Sade e Marat, em que o idealismo moral e social atribuído a Marat enfrenta a contraposição da defesa transmoral de Sade em favor da paixão individual, parece uma discussão entre iguais. Mas, em outro nível, visto que a ficção da peça de Weiss é que Marat está recitando o roteiro de Sade, supõe-se que Sade vença o debate. Um crítico chega ao ponto de dizer que é um debate natimorto, visto que Marat tem de fazer duplo papel, como marionete no psicodrama de Sade e como oponente de Sade numa disputa ideológica empatada. E, por fim, alguns críticos atacam a peça por não manter fidelidade histórica às concepções efetivas de Marat, Sade, Duperret e Roux.

Essas são algumas das dificuldades que têm levado as pessoas a acusar *Marat/Sade* de ser obscura ou intelectualmente superficial. Mas essas dificuldades e as objeções feitas a elas são, na maioria, fruto de um entendimento equivocado — um entendimento errôneo da ligação entre teatro e didatismo. A peça de Weiss não pode ser tratada como um argumento de Arthur Miller ou mesmo de Brecht. Aqui temos de lidar com um tipo de teatro diferente do deles, tal como Antonioni e Godard são diferentes de

Eisenstein. A peça de Weiss tem um argumento ou, melhor, emprega o material do debate intelectual e da reavaliação histórica (a natureza da natureza humana, a traição da Revolução etc.). Mas a peça de Weiss apenas secundariamente é um argumento. Em arte, há outro uso das ideias a se levar em conta: as ideias como estimulantes sensoriais. Antonioni disse querer que seus filmes dispensem "a casuística ultrapassada de positivos e negativos". Esse mesmo impulso se revela de maneira complexa em *Marat/Sade*. Tal posição não significa que esses artistas queiram dispensar as ideias. O que significa é que as ideias, inclusive as morais, são proferidas num novo estilo. As ideias podem funcionar como cenário, acessórios, material sensorial.

Podemos, talvez, comparar a peça de Weiss com as longas narrativas em prosa de Genet. Genet não está realmente argumentando que "a crueldade é boa" ou que "a crueldade é santa" (afirmação moral, embora oposta à moral tradicional), mas sim transferindo o argumento para outro plano, do moral para o estético. Não é esse, de forma alguma, o caso de *Marat/Sade*. Embora a "crueldade" em *Marat/Sade* não seja, em última instância, uma questão moral, tampouco é estética. É uma questão ontológica. Enquanto os que propõem a versão estética da "crueldade" se interessam pela riqueza da superfície da vida, os proponentes da versão ontológica da "crueldade" querem que sua arte abra o contexto mais amplo possível para a ação humana, pelo menos um contexto mais amplo do que o oferecido pela arte realista. Esse contexto mais amplo é o que Sade chama de "natureza" e o que Artaud quer dizer quando afirma que "tudo que age é uma crueldade". Há uma visão moral em obras como *Marat/Sade*, ainda que, evidentemente, não possa ser resumida (e é isso que gera incômodo no público) com os lemas do "humanismo". Mas "humanismo" não é sinônimo de moralidade. Obras de arte como *Marat/Sade* trazem, precisamente, uma rejeição do "humanismo", da tarefa de moralizar o mundo e, com isso, recusar-se a reconhecer os "crimes" de que fala Sade.

Citei várias vezes os escritos de Artaud sobre teatro ao comentar *Marat/Sade*. Mas Artaud — ao contrário de Brecht, o outro grande teórico do teatro do século xx — não criou um conjunto de obras que ilustrasse sua teoria e sua sensibilidade.

Muitas vezes, a sensibilidade (a teoria, num certo nível de discurso) que rege certas obras de arte é formulada antes que existam obras substanciais que encarnem essa sensibilidade. Ou a teoria pode se aplicar a obras que não são aquelas para as quais ela se desenvolveu. Assim, agora na França há escritores e críticos como Alain Robbe-Grillet (*Pour un nouveau roman*), Roland Barthes (*Essais critiques*) e Michel Foucault (ensaios em *Tel Quel* e outros) que têm elaborado uma estética antirretórica elegante e persuasiva para o romance. Mas os romances criados e analisados pelos escritores do nouveau roman não são, na verdade, uma ilustração tão importante ou satisfatória quanto certos filmes e, ademais, filmes de diretores não só franceses, mas também italianos, sem nenhuma ligação com essa escola de novos escritores franceses, como Bresson, Melville, Antonioni, Godard e Bertolucci (*Antes da revolução*).

Da mesma forma, é um tanto questionável que a única produção teatral com a supervisão pessoal de Artaud, *The Cenci*, de Shelley, ou a emissão radiofônica de 1948 *Pour en Finir avec le Jugement de Dieu* sigam sequer de longe as magníficas receitas para o teatro que ele expõe em seus textos, como tampouco suas leituras públicas das tragédias de Sêneca. Até o momento, falta-nos um exemplo cabal da categoria artaudiana do "teatro da crueldade". A coisa mais próxima a ele são os eventos teatrais apresentados em Nova York e outros locais nos últimos cinco anos, basicamente realizados por pintores (como Allan Kaprow, Claes Oldenburg, Jim Dine, Bob Whitman, Red Grooms, Robert Watts), sem texto nem, ao menos, uma fala inteligível, chamados *happenings*. Outro exemplo de obra num espírito como que artaudiano: a magnífica encenação do poema em prosa "What Happened", de Gertrude Stein, por Lawrence Kornfield e Al Carmines, no ano passado, na Judson Memorial Church. Outro exemplo: *The Brig*, de Kenneth H. Brown, a última produção do The Living Theatre em Nova York, com direção de Judith Malina.

No entanto, todas as obras que mencionei até aqui sofrem, sem contar todas as questões de execução individual, de uma estreiteza de perspectiva e concepção — bem como de uma escassez de meios sensoriais. Daí o grande interesse de *Marat/Sade*, pois é, entre todas as obras teatrais modernas que conheço, a que mais se aproxima da perspectiva e da intenção do teatro de Artaud. (Mesmo relutante, devo abrir uma exceção, pois não conheço e nunca vi, para aquele que hoje parece ser o grupo teatral mais ambicioso e interessante no mundo — o Laboratório de Teatro de Jerzy Grotowski em Opole, na Polônia. Para uma apresentação desse trabalho, que é uma extensão ambiciosa dos princípios artaudianos, veja-se *Tulane Drama Review*, primavera de 1965.)

Todavia, Artaud não é a única grande influência que se reflete na produção Weiss-Brook. Consta que Weiss declarou que, nessa peça, pretendia — ambição desmesurada! — somar Brecht e Artaud. E sem dúvida podemos entender o que ele quis dizer. Certos aspectos de *Marat/Sade* fazem lembrar o teatro de Brecht — a ação construída em torno de um debate de princípios e razões; as canções; os apelos de um mestre de cerimônias ao público. E esses aspectos se combinam bem com a textura artaudiana da situação e da encenação. Mas a questão não é tão simples assim. Com efeito, a questão final levantada pela peça de Weiss se refere precisamente à compatibilidade última entre essas duas sensibilidades e ideais. Como *conseguir* reconciliar a concepção brechtiana de um teatro didático, de um teatro do intelecto, com a concepção artaudiana de um teatro da magia, da gestualidade, da "crueldade", do sentimento?

Aparentemente, a resposta é que, sendo possível realizar tal síntese ou reconciliação, a peça de Weiss representa um grande avanço nesse sentido. Daí a obtusidade do crítico que reclamou: "Ironias inúteis, enigmas insolúveis, sentidos duplos que podem se multiplicar indefinidamente: a maquinaria de Brecht sem a incisividade ou o firme engajamento de Brecht", esquecendo Artaud por completo. Juntando os dois, vê-se que é preciso dar espaço a novas percepções e conceber novos critérios. Pois um teatro artaudiano do engajamento, e ainda mais um "firme engajamento", não é uma contradição em termos? Ou não? Não se resolve o problema ignorando que Weiss em *Marat/Sade* pretende empregar as ideias na forma de uma fuga musical (e não em asserções literais) e, com isso, remete necessariamente a um espaço para além do campo do material social e da formulação didática. O entendimento equivocado dos objetivos artísticos implícitos em *Marat/Sade*, devido a uma visão estreita do teatro, explica a insatisfação da maioria dos críticos diante da peça de Weiss — uma insatisfação ingrata, em vista da extraordinária riqueza do texto e da montagem de Brook. Se as ideias adotadas em *Marat/Sade* não são resolvidas em sentido intelectual, isso importa muito menos do que o fato de que realmente operam juntas no campo sensorial.

(1965)

IV

O estilo espiritual nos filmes de Robert Bresson

1

Existe uma arte cujo objetivo direto é despertar os sentimentos; existe outra arte que apela aos sentimentos passando pela inteligência. Existe uma arte que envolve e cria empatia. Existe outra arte que se distancia e desperta reflexão.

A grande arte reflexiva não é fria. Pode arrebatar o espectador, pode apresentar imagens aterradoras, pode fazê-lo chorar. Mas seu poder emocional é mediado. O impulso para um envolvimento emocional é contrabalançado por elementos na obra que promovem distância, neutralidade, imparcialidade. O envolvimento emocional é sempre, em maior ou menor grau, adiado.

Pode-se explicar o contraste em termos de técnicas ou meios — até de ideias. Mas, sem dúvida, o decisivo, ao fim e ao cabo, é a sensibilidade do artista. É uma arte reflexiva, uma arte distanciada que Brecht defende quando fala sobre o "efeito de distanciamento" ou "estranhamento". Os objetivos didáticos que Brecht reivindicava para seu teatro são, na verdade, um veículo para o temperamento frio que concebeu tais peças.

2

No cinema, o mestre da modalidade reflexiva é Robert Bresson. Embora tenha nascido em 1911, sua obra existente no cinema foi inteiramente realizada nos últimos vinte anos e consiste em seis longas-metragens. (Ele fez um curta em 1934 chamado *Affaires publiques* do qual não restou nenhuma cópia e que, ao que consta, era uma comédia ao estilo de René Clair; participou no roteiro de dois filmes comerciais obscuros nos meados dos anos 1930; em 1940, foi assistente de direção de Clair num filme que nunca foi terminado.) Bresson começou seu primeiro filme completo ao voltar para Paris em 1941, depois de passar dezoito meses num campo de prisioneiros alemão. Conheceu um escritor e padre dominicano, padre Bruckberger, que propôs trabalharem juntos num filme sobre Béthanie, a ordem de irmãs dominicanas francesas dedicada ao atendimento e reabilitação de ex-detentas. Escreveu-se um roteiro, Jean Giraudoux foi convocado para escrever os diálogos, e o filme — inicialmente chamado *Béthanie* e ao final, por insistência dos produtores, *Les Anges du peché* [*Anjos do pecado*] — foi lançado em 1943. Teve aclamação entusiástica dos críticos e também foi um sucesso de público.

O enredo de seu segundo filme, iniciado em 1944 e lançado em 1945, era uma versão moderna de uma das histórias interpoladas no grande antirromance de Diderot, *Jacques, o fatalista*; Bresson escreveu o roteiro e Jean Cocteau os diálogos. O sucesso do primeiro filme, porém, não se repetiu. *Les Dames du Bois de Boulogne* [*As damas do Bois de Boulogne*] foi malhado pela crítica e também um fracasso de bilheteria.

O terceiro filme de Bresson, *Journal d'un curé de campagne* [*Diário de um pároco de aldeia*], só saiu em 1951; o quarto, *Un condamné à mort s'est échappé* [*Um condenado à morte escapou*], em 1956; o quinto filme, *Pickpocket* [*O batedor de carteiras*], em 1959; e o sexto, *Procès de Jeanne d'Arc* [*O processo de Joana d'Arc*], em 1962. Todos tiveram algum sucesso de crítica, mas quase nenhum de público — salvo o último filme, do qual a maioria dos críticos também não gostou. Antes saudado como a nova esperança do cinema francês, Bresson agora carrega o rótulo de diretor esotérico. Nunca teve a atenção do público de cinema que acorre em bandos a Buñuel, Bergman, Fellini — embora seja um diretor muito maior do que eles; até mesmo Antonioni tem quase um público de massa em comparação ao de Bresson. E, salvo um pequeno círculo, a crítica não lhe concede quase nenhuma atenção.

Bresson não ocupa, em geral, o lugar que lhe cabe por seus méritos porque a tradição à qual se filia sua arte, a reflexiva ou contemplativa, não é bem entendida. Os filmes de Bresson costumam ser descritos, especialmente na Inglaterra e nos Estados Unidos, como frios, distantes, ultraintelectualizados, geométricos. Mas dizer que uma obra de arte é "fria" não significa nada, senão compará-la (muitas vezes de maneira inconsciente) a uma obra que é "quente". E nem toda arte é — nem poderia ser — quente, da mesma forma que nem todas as pessoas têm o mesmo temperamento. As noções habitualmente correntes sobre a gama de temperamentos na arte são provincianas. Sem dúvida, ao lado de Pabst ou de Fellini, Bresson é frio. (Assim como Vivaldi é frio ao lado de Brahms e Keaton é frio ao lado de Chaplin.) É preciso entender a estética — isto é, encontrar a beleza — dessa frialdade. E Bresson oferece um excelente exemplo para esboçar essa estética, graças à sua amplitude. Explorando as possibilidades de uma arte reflexiva, em oposição a uma arte emocionalmente imediata, Bresson vai desde a perfeição esquemática de *Les Dames du Bois de Boulogne* à tepidez quase lírica, quase "humanista" de *Un condamné à mort s'est échappé*. Ele também mostra — e isso é igualmente instrutivo — em seu último filme, *Procès de Jeanne d'Arc*, como essa arte pode se tornar demasiadamente rarefeita.

3

Na arte reflexiva, a *forma* da obra de arte tem uma presença enfática.

O fato de o espectador ter consciência da forma gera o efeito de alongar ou retardar as emoções. Pois na medida em que estamos conscientes da forma numa obra de arte, tornamo-nos um tanto distanciados; nossas emoções não reagem como reagiriam na vida real. A consciência da forma opera duas coisas em simultâneo: oferece um prazer sensorial independente do "conteúdo" e faz um convite à inteligência. Esse convite pode ser feito para um nível muito baixo de reflexão, por exemplo, a forma narrativa (o entrelaçamento das quatro histórias separadas) de *Intolerância*, de Griffith. Mesmo assim, é reflexão.

Geralmente, a "forma" molda o "conteúdo" na arte dobrando, duplicando. Alguns exemplos óbvios são a simetria e a repetição de motivos na pintura, o enredo duplo no teatro elisabetano e os esquemas de rima na poesia.

A evolução das formas na arte é, em parte, independente da evolução dos temas. (A história das formas é dialética. Assim como os tipos de sensibilidade se tornam banais, tediosos e são subvertidos por seus opostos, da mesma maneira as formas na arte se esgotam periodicamente. Tornam-se banais, incapazes de gerar estímulos, e são substituídas por novas formas que, ao mesmo tempo, são antiformas.) Às vezes alcançam-se os mais belos efeitos quando o material e a forma visam a fins opostos. Brecht faz isso com frequência: pôr um tema quente numa estrutura fria. Outras vezes, o que gera prazer é a plena adequação da forma ao tema. É o caso de Bresson.

Se Bresson é um diretor não só muito maior, mas também mais interessante do que, digamos, Buñuel, é porque ele desenvolve uma forma que expressa e acompanha com perfeição aquilo que quer dizer. De fato, *é isso* o que ele quer dizer.

Aqui é preciso distinguir cuidadosamente entre forma e maneira. Welles, o primeiro René Clair, Sternberg, Ophuls são exemplos de diretores com invenções estilísticas inconfundíveis. Mas nunca criaram uma forma narrativa rigorosa. Bresson, como Ozu, criou. E a forma dos filmes de Bresson se destina (como os de Ozu) a disciplinar as emoções, ao mesmo tempo que as desperta: induzir uma certa tranquilidade no espectador, um estado de equilíbrio espiritual que é, ele próprio, o tema do filme.

A arte reflexiva é a arte que tem o efeito de impor uma certa disciplina ao público — adiando a gratificação fácil. Mesmo o tédio pode ser um meio admissível para impor essa disciplina. Outro meio é dar destaque ao que há de artifício na obra de arte. Aqui pensamos na ideia de Brecht sobre o teatro. Brecht defendia estratégias de encenação — como ter narrador, colocar músicos no palco, intercalar cenas filmadas — e uma técnica de atuação para que o público se distanciasse e não ficasse acriticamente "envolvido" no enredo e no destino dos personagens. Bresson também quer a distância. Mas seu objetivo, imagino eu, não é manter frias as emoções quentes para que a inteligência possa prevalecer. A distância emocional típica dos filmes de Bresson parece existir por uma razão totalmente diversa, qual seja, toda identificação com os personagens, profundamente concebidos, é uma impertinência — uma afronta ao mistério que é a ação humana, o coração humano.

Mas — deixando de lado todas as pretensões de frieza intelectual ou respeito pelo mistério da ação — Brecht certamente sabia, como Bresson deve saber, que tal distanciamento é fonte de grande força emocional. E o defeito do teatro ou do cinema naturalista é precisamente que, ao se entregar depressa demais, logo esgota e dissipa seus efeitos. Em última análise, a maior fonte de força emocional na arte não reside num tema específico, por mais apaixonado e universal que seja. Reside na forma. O distanciamento e o adiamento das emoções, por meio da consciência da forma, acabam por torná-las muito mais fortes e intensas.

4

Apesar do venerando slogan crítico de que o filme é primariamente um meio visual, e apesar do fato de que Bresson era pintor antes de passar a fazer filmes, a forma para Bresson não é basicamente visual. É, acima de tudo, uma forma característica de narração. Para Bresson, o filme é uma experiência narrativa, e não plástica.

A forma de Bresson atende belamente à prescrição de Alexandre Astruc, em seu famoso ensaio "La Caméra-Stylo", escrito no final dos anos 1940. Segundo Astruc, o cinema se tornará, idealmente, uma linguagem.

> Uma linguagem, isto é, uma forma na qual e pela qual um artista pode exprimir seu pensamento, por abstrato que seja, ou traduzir suas obsessões exatamente como se dá hoje no ensaio ou no romance [...] o cinema se arrancará aos poucos dessa tirania do visual, da imagem pela imagem, da anedota imediata, do concreto, para se tornar um meio de escrita tão maleável e tão sutil quanto a palavra escrita [...]. O que nos interessa no cinema hoje é a criação dessa linguagem.

O cinema como linguagem significa uma ruptura com o modo visual e dramático tradicional de contar uma história num filme. Na obra de Bresson, essa criação de uma linguagem para os filmes acarreta uma ênfase maciça sobre a palavra. Dos dois primeiros filmes, em que a ação ainda é relativamente dramática e o enredo utiliza um grupo de personagens,* a linguagem (no sentido literal) aparece em forma de diálogo. Esse diálogo definitivamente atrai a atenção sobre si. É um diálogo muito teatral, conciso, aforístico, estudado, literário. É o contrário do diálogo que soa improvisado, adotado pelos novos diretores franceses — inclusive Godard em *Vivre sa vie* e *Une femme mariée*, o filme mais bressoniano da nouvelle vague.

Mas nos últimos quatro filmes, em que a ação se reduz, passando do que acontece a um grupo para as vicissitudes do indivíduo solitário, o diálogo é muitas vezes substituído pela narração em primeira pessoa. Às vezes, pode-se justificar a narração por oferecer uma ligação entre as cenas. Porém o mais interessante é que, muitas vezes, ela não nos diz nada que já não saibamos ou que logo viremos a saber. Ela "duplica" a ação. Nesse caso, geralmente temos antes a palavra e depois a cena. Por exemplo, em *Pickpocket*: vemos o protagonista escrevendo (e ouvimos sua voz lendo) suas memórias. Depois vemos o evento que ele já descreveu resumidamente.

Mas às vezes temos antes a cena e depois a explicação, a descrição do que acaba de acontecer. Por exemplo, em *Journal d'un*

---

* Mesmo aqui, porém, há um desenvolvimento. Em *Les Anges du péché*, há cinco personagens principais — a jovem noviça Anne-Marie, outra noviça (Madeleine), a Abadessa, a assistente da Abadessa (Madre Saint-Jean) e a assassina Thérèse —, além de um amplo pano de fundo: a vida diária no convento, e assim por diante. Em *Les Dames du Bois de Boulogne*, já há uma simplificação e menos pano de fundo. São quatro os personagens claramente delineados — Hélène, seu ex-amante Jean, Agnès e a mãe de Agnès. Os demais são praticamente invisíveis. Nunca vemos o rosto das criadas, por exemplo.

curé de campagne, há uma cena em que o pároco, nervoso, vai visitar o vigário de Torcy. Vemos o padre pedalando a bicicleta até a porta da casa do vigário, depois a empregada respondendo (o vigário obviamente não está em casa, mas não ouvimos a voz da empregada), depois a porta se fechando e o pároco se apoiando nela. Então ouvimos: "Fiquei tão desapontado que tive de me apoiar na porta". Outro exemplo: em *Un condamné à mort s'est échappé*, vemos Fontaine rasgando o pano de seu travesseiro e em seguida retorcendo o pano em volta do fio de arame que arrancou da armação da cama. E então a voz: "Retorci com força".

O efeito dessa narração "supérflua" é criar intervalos na cena. Serve de freio à participação imaginativa direta do espectador na ação. Tanto faz se a ordem é do comentário para a cena ou da cena para o comentário, o efeito é o mesmo: essas duplicações da ação detêm e ao mesmo tempo intensificam a sequência emocional comum.

Note-se também que, no primeiro tipo de duplicação — em que ouvimos o que se passa antes de vermos —, há o desprezo deliberado por uma das modalidades tradicionais de envolvimento narrativo, o suspense. Pensamos mais uma vez em Brecht. Para eliminar o suspense, Brecht anuncia no começo de uma cena, usando cartazes ou um narrador, o que vai acontecer. (Godard adota essa técnica em *Vivre sa vie*.) Bresson faz a mesma coisa, começando antes com a narração. Em muitos aspectos, a história perfeita para Bresson é a de seu último filme, *Procès de Jeanne d'Arc* — no sentido de que o enredo é inteiramente conhecido e pré-ordenado; as palavras dos atores não são inventadas, mas são as dos registros reais do julgamento. Em termos ideais, não há suspense num filme de Bresson. Assim, no único filme em que o suspense normalmente desempenharia um papel importante, *Un condamné à mort s'est échappé*, o título já revela de propósito — e até canhestramente — o desfecho: sabemos que Fontaine vai conseguir escapar.* Nesse aspecto, é evidente, o filme de fuga de Bresson se diferencia do último trabalho de Jacques Becker, *Le Trou* [*A um passo da liberdade*], embora em outros aspectos o excelente filme de Becker deva muito a *Un condamné à mort s'est échappé*. (Depõe em favor de Becker o fato de ter sido a única figura importante no cinema francês a defender *Les Dames du Bois de Boulogne* na época do lançamento.)

Assim, a forma nos filmes de Bresson é antidramática, embora fortemente linear. As cenas são curtas e se sucedem sem nenhuma ênfase evidente. *Journal d'un curé de campagne* deve ter umas trinta cenas curtas dessas. Esse método de construção da história é seguido com o maior rigor em *Procès de Jeanne d'Arc*. O filme é composto de tomadas estáticas de média distância de pessoas falando; as cenas mostram a sequência inexorável dos interrogatórios de Joana. Aqui, o princípio de evitar materiais anedóticos — em *Un condamné à mort s'est échappé*, por exemplo, a pessoa nem sabe bem, para começar, por que Fontaine está preso — é levado ao extremo. Não há nenhum interlúdio. Um interrogatório termina; fecha-se uma porta atrás de Joana; a cena se dissolve. A chave faz um ruído na fechadura; outro interrogatório; de novo a porta se fecha com força; dissolve-se a imagem. É uma construção despida de expressividade, e isso põe um firme freio ao envolvimento emocional.

Bresson também veio a rejeitar o tipo de envolvimento que a expressividade da interpretação cria nos filmes. A maneira muito particular como Bresson lida com os atores, preferindo usar não profissionais nos papéis principais, faz-nos lembrar Brecht uma vez mais. Brecht queria que o ator "apresentasse" um papel, não que "encarnasse" ou "fosse" aquele personagem. Procurava disso-

---

* O filme tem um título de acompanhamento, que expõe o tema da inexorabilidade: *Le Vent souffle où il veut* [O vento sopra onde quer].

ciar o ator da identificação com o papel, assim como queria dissociar o espectador da identificação com os eventos que via serem "apresentados" no palco. "O ator", insiste Brecht, "precisa se manter como um demonstrador; precisa apresentar o indivíduo demonstrado como um estranho, não pode eliminar de sua atuação o elemento '*ele* fez isso, *ele* disse aquilo'." Bresson, trabalhando com atores não profissionais em seus quatro últimos filmes (usou profissionais em *Les Anges du péché* e *Les Dames du Bois de Boulogne*), também parece buscar o mesmo efeito de estranhamento. Sua ideia é que os atores, em vez de interpretarem suas falas, simplesmente as enunciem com o mínimo de expressão possível. (Para obter esse efeito, Bresson passa meses ensaiando com os atores antes de iniciar a filmagem.) O clímax emocional é apresentado de maneira muito elíptica.

Mas as razões, num e noutro caso, são, na verdade, muito diferentes. A razão pela qual Brecht rejeitava a interpretação reflete sua ideia da relação entre a arte dramática e a inteligência crítica. A seu ver, a força emocional da interpretação atrapalharia as ideias representadas nas peças. (Mas, pelo que vi do trabalho do Berliner Ensemble, seis anos atrás, não me pareceu que a atuação bastante contida diminuísse o envolvimento emocional; o que o diminuía era a encenação altamente estilizada.) A razão pela qual Bresson rejeita a interpretação reflete sua ideia sobre a pureza da arte em si. "Interpretar é para o teatro, que é uma arte bastarda", disse ele. "O filme pode ser uma verdadeira arte porque, nele, o autor toma fragmentos da realidade e cria um arranjo tal que a justaposição desses fragmentos os transforma." O cinema, para Bresson, é uma arte total, que seria corroída pela interpretação. Num filme:

cada cena é como uma palavra, que não significa nada em si mesma, ou significa tantas coisas que, na verdade, não tem significado.

Mas uma palavra num poema é transformada, seu significado se torna único e preciso ao ser posta em relação com as palavras em torno dela: da mesma maneira, uma cena num filme recebe seu significado pelo contexto, e cada cena modifica o significado da anterior, até se chegar com a última cena a um significado total e impossível de parafrasear. A atuação não tem nada a ver com isso; ela apenas atrapalha. Os filmes só podem ser feitos contornando a vontade dos que atuam nele, usando não o que fazem, mas o que são.

Em suma: existem recursos espirituais para além do esforço que só aparecem quando se imobiliza o esforço. Imagina-se que Bresson nunca convida seus atores a "interpretarem" seus papéis: Claude Laydu, que faz o papel do pároco em *Journal d'un curé de campagne*, disse que, quando estava fazendo o filme, nunca lhe disseram para tentar representar a santidade, embora, assistindo ao filme, seja isso que o vemos fazer. Ao fim e ao cabo, tudo depende do ator, que tem ou não tem essa presença luminosa. Laydu tem. François Leterrier, que faz Fontaine em *Un condamné à mort s'est échappé*, também. Mas Martin Lasalle, como Michel em *Pickpocket*, transmite algo insípido, às vezes evasivo. Com Florence Carrez em *Procès de Jeanne d'Arc*, Bresson faz uma experiência com os limites da inexpressividade. Não há absolutamente nenhuma atuação; ela simplesmente lê as falas. Podia ter funcionado. Mas não funciona — porque ela, entre todos os atores que Bresson "usou" em seus últimos filmes, é a presença menos luminosa de todas. O ponto fraco do último filme de Bresson consiste, em parte, no malogro da atriz que faz Jeanne, de quem depende o filme, em transmitir intensidade.

5

Todos os filmes de Bresson têm um tema em comum: o sentido do confinamento e da liberdade. As imagens da vocação religiosa e do crime são usadas em conjunto. Ambas levam à "cela".

Todos os enredos têm a ver com o encarceramento e suas consequências. *Les Anges du péché* se passa basicamente dentro de um convento. Thérèse, uma ex-prisioneira que (sem que a polícia saiba) acaba de matar o amante que a traiu, é entregue às mãos das freiras de Béthanie. Uma jovem noviça, que procura criar uma relação especial com Thérèse e, ao saber de seu segredo, tenta convencê-la a se entregar voluntariamente à polícia, é expulsa do convento por insubordinação. Certa manhã, encontram-na à morte no jardim do convento. Thérèse por fim se persuade e na última tomada aparece estendendo as mãos para ser algemada pelo policial... Em *Les Dames du Bois de Boulogne*, a metáfora do confinamento se repete várias vezes. Hélène e Jean estão confinados em seu amor; ele insiste que ela volte ao mundo, agora que está "livre". Mas ela não volta e, em vez disso, arma uma cilada para Jean — cilada para a qual precisa de duas pessoas que possa manobrar (Agnès e a mãe) e que praticamente confina num apartamento, onde ficam aguardando suas ordens. Como *Les Anges du péché*, é a história da redenção de uma jovem perdida. Em *Les Anges du péché*, Thérèse se liberta ao aceitar a prisão; em *Les Dames du Bois de Boulogne*, Agnès está presa e então, arbitrariamente, como que por milagre, é perdoada e libertada... Em *Journal d'un curé de campagne*, a ênfase muda. A moça malvada, Chantal, fica no pano de fundo. O drama do confinamento consiste no confinamento do pároco dentro de si mesmo, seu desespero, sua fraqueza, seu corpo mortal. ("Eu era prisioneiro da Sagrada Agonia.") Liberta-se ao aceitar sua morte absurda e dolorosa por um câncer no estômago... Em *Un condamné à mort s'est échappé*, que se passa numa prisão alemã na França ocupada, o confinamento é representado da maneira mais literal. E a libertação também: o herói triunfa sobre si mesmo (sobre seu desespero e a tentação da inércia) e escapa. Os obstáculos se encarnam em coisas materiais e também na imprevisibilidade dos seres humanos próximos do herói solitário. Mas Fontaine arrisca ao confiar nos dois desconhecidos no pátio, no início de seu confinamento, e sua confiança não é traída. E, como ele arrisca ao confiar no jovem colaboracionista que é atirado em sua cela na véspera da fuga (a alternativa seria matar o rapaz), ele consegue sair... Em *Pickpocket*, o herói é um jovem recluso que mora num quarto alugado, um pequeno criminoso que, ao estilo dostoievskiano, parece ansiar pelo castigo. Somente no final, quando é capturado e está na prisão, falando por entre as grades com a moça que o amava, aparece como capaz, talvez, de amar... Em *Procès de Jeanne d'Arc*, o filme inteiro se passa na prisão. Como em *Journal d'un curé de campagne*, a libertação de Jeanne se dá por meio de uma morte horrenda; mas o martírio de Jeanne é muito menos tocante do que o do pároco, porque ela é tão despersonalizada (ao contrário da Joana de Falconetti no grande filme de Dreyer) que parece não se importar em morrer.

Como a natureza do drama é o conflito, o verdadeiro drama das histórias de Bresson é o conflito interior: a luta consigo mesmo. E todas as qualidades estáticas e formais de seus filmes operam para esse fim. Bresson comentou a propósito de sua escolha de um enredo altamente estilizado e artificial em *Les Dames du Bois de Boulogne* que isso lhe permitira "eliminar qualquer coisa que pudesse distrair do drama interior". Apesar disso, nesse filme e no filme precedente, o drama interior é representado numa forma exterior, ainda que muito despojada e cuidadosa. *Les Anges du péché* e *Les Dames du Bois de Boulogne* mostram conflitos de vontade entre os vários personagens, tanto quanto ou mais do que um conflito dentro de si.

Apenas nos filmes posteriores a *Les Dames du Bois de Boulogne* é que o drama de Bresson passou de fato a se interiorizar. O tema de *Journal d'un curé de campagne* é o conflito do jovem pároco consigo mesmo: apenas de forma secundária esse conflito aparece em sua relação com o vigário de Torcy, com Chantal e com a condessa, mãe de Chantal. Isso fica ainda mais claro em *Un condamné à mort s'est échappé* — em que o protagonista está literalmente isolado numa cela, lutando contra o desespero. A solidão e o conflito interior se emparelham de outra maneira em *Pickpocket*, em que o herói solitário recusa o desespero apenas ao preço de recusar o amor, e se entrega a roubos masturbatórios. Mas no último filme, em que conhecemos o drama que deve estar ocorrendo, ele praticamente nem aparece. O conflito foi suprimido quase por completo; precisamos inferi-lo. A Joana de Bresson é um autômato da graça. Mas, por interior que seja o drama, ele precisa existir. É isso o que *Procès de Jeanne d'Arc* sonega.

Note-se, porém, que o "drama interior" que Bresson procura apresentar não significa *psicologia*. Em termos realistas, os motivos dos personagens de Bresson costumam ser ocultos e às vezes são francamente inacreditáveis. Em *Pickpocket*, por exemplo, quando Michel resume seus dois anos em Londres dizendo: "Perdi todo o meu dinheiro em apostas e mulheres", simplesmente não dá para acreditar. Tampouco é convincente que, durante esse tempo, o bom Jacques, amigo de Michel, tenha engravidado Jeanne, abandonando-a depois, bem como ao filho.

A implausibilidade psicológica dificilmente é uma virtude; e as passagens narrativas que citei acima são falhas em *Pickpocket*. Mas o que é central em Bresson e, creio eu, não cabe criticar, é sua evidente convicção de que a análise psicológica é superficial. (Razão: ela atribui à ação um sentido parafraseável que a verdadeira arte transcende.) Tenho certeza de que ele não pretende que seus personagens sejam implausíveis; o que pretende, de fato, é que sejam opacos. Bresson está interessado nas formas de ação espiritual — mais na física, por assim dizer, do que na psicologia das almas. No fundo, não se entende por que as pessoas se comportam de tal ou tal maneira. (E a psicologia, de fato, afirma entender.) A persuasão, acima de tudo, é inexplicável e imprevisível. Que o pároco *consiga* chegar à condessa orgulhosa e inflexível (em *Journal d'un curé de campagne*), que Jeanne *não consiga* persuadir Michel (em *Pickpocket*) são meros fatos — ou mistérios, caso se prefira.

Essa física da alma era o tema de *A gravidade e a graça*, o livro mais admirável de Simone Weil. E as seguintes frases de Simone Weil:

> Todos os movimentos naturais da alma são regidos por leis análogas às da gravidade física. A graça é a única exceção.
>
> A graça preenche os espaços vazios, mas só pode penetrar onde há um vazio que a receba, e é a própria graça que cria esse vazio.
>
> A imaginação trabalha continuamente para preencher todas as fissuras por onde a graça passaria.

fornecem os três teoremas básicos da "antropologia" de Bresson. Algumas almas são pesadas, outras leves; algumas são libertas ou capazes de se libertar, outras não. A única coisa que se pode fazer é ser paciente e se manter vazio tanto quanto possível. Nesse regime, não há lugar para a imaginação, muito menos para ideias e opiniões. O ideal é a neutralidade, a transparência. Este é o sentido das palavras do vigário de Torcy ao jovem pároco em *Journal d'un curé de campagne*: "Um padre não tem opiniões".

Exceto num sentido último inexprimível, um padre tampouco tem ligações. Na busca da leveza espiritual (a "graça"), os apegos são estorvos espirituais. Assim, na cena que é o clímax de *Journal d'un curé de campagne*, o pároco obriga a condessa a abandonar seu ardente luto pelo filho morto. É possível, claro, um contato verdadeiro entre as pessoas; mas ele não se dá por meio da vontade, e sim, inesperadamente, por meio da graça. Por isso, nos filmes de Bresson, a solidariedade humana é apresentada apenas à distância — como entre o pároco e o vigário de Torcy em *Journal d'un curé de campagne* ou entre Fontaine e os outros presos em *Un condamné à mort s'est échappé*. A efetiva união de duas pessoas numa relação de amor pode ser proferida, anunciada, por assim dizer, perante nossos olhos: Jean exclamando: "Fica! Eu te amo!" a Agnès à beira da morte em *Les Dames du Bois de Boulogne*; Fontaine abraçando Jost em *Un condamné à mort s'est échappé*; Michel dizendo a Jeanne, por entre as grades da prisão em *Pickpocket*: "Como demorei para chegar a ti". Mas não vemos o amor sendo vivido. O momento em que ele é declarado finaliza o filme.

Em *Un condamné à mort s'est échappé*, o velho na cela vizinha pergunta ao protagonista, em tom queixoso: "Por que você luta?". Fontaine responde: "Para lutar. Lutar comigo mesmo". A verdadeira luta consigo mesmo é a luta contra o peso, contra a gravidade de si mesmo. E o instrumento dessa luta é a ideia de trabalho, um projeto, uma tarefa. Em *Les Anges du péché*, é o projeto de Anne-Marie de "salvar" Thérèse. Em *Les Dames du Bois de Boulogne*, é o plano de vingança de Hélène. Essas tarefas têm uma forma tradicional — remetendo constantemente à intenção do personagem que as executa, sem ser decompostas em atos de conduta que operam separadamente. Em *Journal d'un curé de campagne* (o qual, nesse aspecto, funciona como transição), as imagens mais tocantes não são as do pároco em seu papel, lutando pelas almas dos paroquianos, e sim as do pároco em seus momentos prosaicos: andando de bicicleta, tirando os paramentos, comendo pão, caminhando. Nos dois filmes seguintes de Bresson, o trabalho se dissolve na ideia de um esforço infindável. O projeto se torna inteiramente concreto, encarnado e, ao mesmo tempo, mais impessoal. Em *Un condamné à mort s'est échappé*, as cenas mais poderosas são as que mostram o protagonista absorvido em sua faina: Fontaine raspando a porta com a colher, Fontaine varrendo num montinho minúsculo as aparas de madeira caídas no chão com uma única palha que tirou da vassoura. ("Um mês de trabalho paciente — minha porta abriu.") Em *Pickpocket*, o centro emocional do filme se dá quando um batedor de carteiras profissional toma Michel pela mão, sem lhe dizer nada, sem nenhum interesse próprio, e o inicia na verdadeira arte daquilo que, até então, ele praticava apenas à toa: ensina os gestos difíceis, deixa clara a necessidade de rotina e repetição. *Un condamné à mort s'est échappé* e *Pickpocket* trazem longas sequências em silêncio; tratam dos encantos da personalidade ofuscados por um projeto. O rosto fica imóvel, enquanto outras partes do corpo, representadas como humildes criadas dos projetos, ganham expressão e se transfiguram. Relembramos Thérèse beijando os pés brancos do cadáver de Anne-Marie no final de *Les Anges du péché*, os pés descalços dos monges em fila no corredor de pedra na sequência inicial de *Procès de Jeanne d'Arc*. Relembramos as mãos grandes e bem torneadas de Fontaine em sua faina interminável em *Un condamné à mort s'est échappé*, o balé das ágeis mãos surripiadoras em *Pickpocket*.

Com o "projeto" — o exato contrário da "imaginação" —, vence-se a gravidade que pesa sobre o espírito. Mesmo *Les Dames du Bois de Boulogne*, cuja história parece extremamente não bressoniana, baseia-se nesse contraste entre projeto e gravidade (ou imobilidade). Hélène tem um projeto — vingar-se de Jean. Mas ela também é imóvel — devido ao sofrimento e ao desejo de vingança. Somente em *Procès de Jeanne d'Arc*, a história mais bressoniana de todas, esse contraste não é explorado (em detrimento do filme). Joana não tem nenhum projeto. Ou, se for possível dizer que tem um projeto, o de seu martírio, apenas temos notícia dele, mas não acompanhamos seu desenvolvimento e consumação. Ela *aparece* como figura passiva. Somente porque Joana não nos é mostrada em solidão, sozinha na cela, é que o último filme de Bresson, comparado aos outros, parece tão pouco dialético.

6

Jean Cocteau disse (*Entretiens autour du Cinématographe*, entrevistas gravadas por André Fraigneau, 1951) que as mentes e as almas hoje "vivem sem uma sintaxe, isto é, sem um sistema moral. Esse sistema moral não tem nada a ver com a moralidade propriamente dita, e cada um de nós deve construí-lo como um estilo interior, sem o qual não é possível nenhum estilo exterior". Podemos entender os filmes de Cocteau como representações dessa interioridade que é a moral verdadeira; os de Bresson também. Ambos estão empenhados, em seus filmes, em descrever o estilo espiritual. Essa similaridade não é muito evidente porque Cocteau tem uma concepção estética do estilo espiritual, ao passo que Bresson, pelo menos em três filmes seus (*Les Anges du péché, Journal d'un curé de campagne* e *Procès de Jeanne d'Arc*), parece abraçar um claro ponto de vista religioso. Mas a diferença não é tão grande quanto parece. O catolicismo de Bresson é uma linguagem, e não tanto a "defesa de uma posição", para representar uma certa visão da ação humana. (Como contraste, compare-se a devoção explícita de *Francesco, giullare di Dio* [*Francisco, o arauto de Deus*], de Rossellini, e o complexo debate sobre a fé exposto em *Léon Morin, prêtre* [*Léon Morin, padre*], de Melville.) Prova disso é que Bresson é capaz de dizer a mesma coisa sem o catolicismo

— nos outros três filmes seus. Com efeito, o filme mais bem-sucedido de Bresson — *Un condamné à mort s'est échappé* — é uma obra que, embora tenha um padre sensível e inteligente (um dos prisioneiros) no segundo plano, dispensa a abordagem religiosa do problema. A vocação religiosa oferece um cenário para as ideias sobre a gravidade, a lucidez e o martírio. Mas os temas drasticamente seculares do crime, da vingança pelo amor traído e do confinamento solitário também tratam das mesmas questões.

Bresson, na verdade, é mais parecido com Cocteau do que se poderia pensar — um Cocteau ascético, Cocteau despindo-se da sensualidade, Cocteau sem poesia. O objetivo é o mesmo: construir uma imagem de estilo espiritual. Mas, desnecessário dizer, a sensibilidade é totalmente diversa. A de Cocteau é um claro exemplo da sensibilidade homossexual que constitui uma das principais tradições da arte moderna: romântica e espirituosa, langorosamente atraída para a beleza física, mas sempre se ornando com estilismos e artifícios. A sensibilidade de Bresson é solene e antirromântica, empenhada em evitar os prazeres fáceis da beleza física e da artificialidade, em favor de um prazer mais permanente, mais edificante, mais sincero.

Na evolução dessa sensibilidade, os meios fílmicos de Bresson se tornam cada vez mais castos. Seus dois primeiros filmes, com fotografia a cargo de Philippe Agostini, realçam os efeitos visuais de uma maneira que não reaparece nos outros quatro. O primeiro de todos, *Les Anges du péché*, tem uma beleza mais convencional do que a dos demais. E em *Les Dames du Bois de Boulogne*, cuja beleza é mais discreta, a câmera tem movimentos líricos, como a tomada em que Hélène desce correndo as escadas para chegar ao mesmo tempo que Jean, que está descendo de elevador, e cortes impressionantes, como aquele em que passa da cena de Hélène sozinha no quarto, deitada na cama, dizendo "Eu me vingarei", para a primeira tomada de Agnès, num cabaré lotado, usando *collant*, meias rendadas e cartola, entregue a uma dança sensual. Alternam-se extremos de brancos e pretos, num movimento muito estudado. Em *Les Anges du péché*, a escuridão da cena no cárcere é contrastada pelo branco das paredes do convento e dos hábitos das freiras. Em *Les Dames du Bois de Boulogne*, os contrastes são dados ainda mais pelas roupas do que pelos interiores. Hélène está sempre de vestidos longos de veludo preto, em qualquer ocasião. Agnès tem três roupas: o reduzido traje preto que usa para dançar, quando aparece pela primeira vez, o impermeável claro que usa durante a maior parte do filme e o vestido de noiva branco no final... Os quatro últimos filmes, com fotografia de L. H. Burel, são muito menos marcantes em termos visuais, menos chiques. A fotografia quase anula a si mesma. Evitam-se contrastes fortes, como entre o branco e o preto. (É quase impossível imaginar um filme de Bresson a cores.) Em *Journal d'un curé de campagne*, por exemplo, não se percebe especialmente o negro da batina. Mal notamos a camisa manchada de sangue e a calça suja que Fontaine usa ao longo de *Un condamné à mort s'est échappé*, nem os ternos pardos de Michel em *Pickpocket*. As roupas e os interiores são neutros, discretos, funcionais ao máximo possível.

Além de rejeitarem o visual, os filmes finais de Bresson também renunciam ao "belo". Nenhum dos atores não profissionais tem uma aparência bonita. A primeira sensação que temos, ao ver Claude Laydu (o pároco em *Journal d'un curé de campagne*), François Leterrier (Fontaine em *Un condamné à mort s'est échappé*), Martin Lasalle (Michel em *Pickpocket*) e Florence Carrez (Joana em *Procès de Jeanne d'Arc*), é que são feios e sem graça. Então, a partir de certo momento, o rosto deles começa a parecer de uma beleza impressionante. Essa transformação é mais profunda e prazerosa com François Leterrier como Fontaine. Aqui se tem uma diferença importante entre os filmes de Cocteau e os de Bresson, a qual indica o lugar especial de *Les Dames du Bois de Boulogne* na obra de Bresson, pois esse filme (cujos diálogos foram escritos por Cocteau) é, nesse aspecto, muito cocteauísta. Maria Casarès, no papel da demoníaca Hélène vestida de negro, segue, visual e emocionalmente, a mesma linhagem de seu magnífico desempenho em *Orphée* [*Orfeu*], de Cocteau (1950). Um personagem tão firme, um personagem com um "motivo" que se mantém inalterável ao longo de toda a história, é muito diferente do tratamento dos personagens, típico de Bresson, em *Journal d'un curé de campagne, Un condamné à mort s'est échappé* e *Pickpocket*. Nesses três filmes, há uma revelação subliminar: um rosto que de início parece feio se revela bonito; uma figura que de início parece opaca se torna estranha e inexplicavelmente transparente. Mas, nos filmes de Cocteau — e em *Les Dames du Bois de Boulogne* —, não há uma revelação de beleza ou de transparência. Estão ali para ser aceitos, transpostos para o drama.

Enquanto o estilo espiritual dos heróis de Cocteau (geralmente interpretados por Jean Marais) tende para o narcisismo, o estilo espiritual dos heróis de Bresson é alguma variedade da inconsciência de si próprio. (Daí o papel do projeto nos filmes de Bresson: absorve as energias que, do contrário, seriam gastas com o próprio eu. Apaga a personalidade, aqui entendida como aquilo que há de idiossincrático em cada ser humano, os limites dentro dos quais estamos encerrados.) A consciência de si é a "gravidade" que pesa sobre o espírito; a superação da consciência de si é a "graça" ou leveza espiritual. O clímax dos filmes de Cocteau é um movimento voluptuoso: cair, sucumbindo ao amor (*Orphée*) ou à morte (*L'Aigle à deux têtes* [Águia de duas cabeças], *L'Éternel retour* [Além da vida]), ou se elevar (*La Belle et la Bête* [A bela e a fera]). Com a exceção de *Les Dames du Bois de Boulogne* (com sua imagem glamorosa final, tomada de cima, de Jean inclinado sobre Agnès, que jaz no chão como uma grande ave branca), o final dos filmes de Bresson é antivoluptuoso, discreto.

Enquanto a arte de Cocteau é irresistivelmente atraída para a lógica dos sonhos e para a verdade da invenção acima da verdade da "vida real", a arte de Bresson se afasta cada vez mais da ficção e avança para o documentário. *Journal d'un curé de campagne* é ficção, extraída do magnífico romance homônimo de Georges Bernanos. Mas o recurso ao diário permite a Bresson narrar a ficção como que num documentário. O filme começa com a tomada de um caderno e uma mão a escrever nele, seguindo-se uma voz na trilha sonora lendo o que foi escrito. Muitas cenas começam com o pároco escrevendo seu diário. O filme termina com uma carta de um amigo ao vigário de Torcy, informando a morte do pároco — ouvimos as palavras enquanto a tela inteira é tomada pela silhueta de uma cruz. Antes do começo de *Un condamné à mort s'est échappé*, lemos na tela as palavras: "Esta história é verídica. Registrei-a sem enfeitá-la" e, a seguir, "Lyons, 1943". (Bresson ficou com o original de Fontaine sempre ao lado durante a filmagem, para conferir a precisão.) *Pickpocket*, que é ficção, é narrado — em parte — em forma de diário. Bresson retomou o documentário em *Procès de Jeanne d'Arc*, dessa vez com a máxima austeridade. Mesmo a música, que ajudava a dar o tom nos filmes anteriores, foi deixada de lado. O uso da *Missa em dó menor* de Mozart em *Un condamné à mort s'est échappé* e de Lully em *Pickpocket* é especialmente brilhante, mas a única coisa de música que sobrevive em *Procès de Jeanne d'Arc* é o som do tambor na abertura do filme.

O que Bresson faz é insistir no caráter irrefutável do que está apresentando. Nada acontece por acaso; não há alternativa, não há fantasia; tudo é inexorável. Tudo o que for supérfluo, tudo o que for meramente anedótico ou decorativo, deve ser excluído. Ao contrário de Cocteau, Bresson quer restringir — em vez de ampliar — os recursos dramáticos e visuais do cinema. (Nisso, Bresson mais uma vez nos relembra Ozu, que ao longo de seus trinta anos de filmagem renunciou ao movimento de câmera, ao esmaecimento e ao *fade*.) É verdade que, em seu último filme, o mais ascético de todos, Bresson parece ter excluído demais, refinado demais sua concepção. Mas uma concepção tão ambiciosa quanto essa não tem como escapar a seu radicalismo, e os "fracassos" de Bresson têm mais valor do que os sucessos de muitos diretores. Para Bresson, a arte é a descoberta do que é necessário — isso, e nada mais. O poder dos seis filmes de Bresson reside no fato de que sua pureza e meticulosidade não se limitam a ser uma mera afirmação dos recursos do cinema, tal como boa parte da pintura moderna é, basicamente, um comentário em pintura sobre a pintura. São, ao mesmo tempo, uma ideia sobre a vida, sobre o que Cocteau chamava de "estilo interior", sobre a maneira mais séria de ser humano.

(1964)

Vivre sa vie de Godard

PREFÁCIO: *Vivre sa vie* [*Viver a vida*] se presta a um tratamento teórico por ser — em termos intelectuais e estéticos — extremamente complexo. Os filmes de Godard tratam de ideias, na melhor acepção, mais pura e sofisticada, em que uma obra de arte é capaz de tratar "de" ideias. Enquanto eu escrevia estas notas, descobri que ele disse, numa entrevista ao semanário parisiense *L'Express*, de 27 de julho de 1961: "Meus três filmes têm, no fundo, o mesmo tema. Pego um indivíduo que tem uma ideia e procura levar sua ideia até o fim". Ele deu essa declaração depois de fazer *À Bout de Souffle* [*Acossado*] (1959), com Jean Seberg e Jean-Paul Belmondo, *Le Petit Soldat* [*O pequeno soldado*] (1960), com Michel Subor e Anna Karina, e *Une Femme est une femme* [*Uma mulher é uma mulher*] (1961), com Karina, Belmondo e Jean-Claude Brialy, além de vários curtas-metragens. A que ponto essa declaração se aplica a *Vivre sa vie*, seu quarto filme, feito em 1962, é o que pretendo mostrar.

NOTA: *Godard, nascido em Paris em 1930, fez até o momento dez longas-metragens. Depois dos quatro acima citados, fez* Les Carabiniers [Tempo de guerra] (*1962-3*), *com Marino Mase e Albert Juross;* Le Mépris [O desprezo] (*1963*), *com Brigitte Bardot, Jack Palance e Fritz Lang;* Bande à part [Bando à parte] (*1964*), *com Karina, Sami Frey e Claude Brasseur;* Une Femme mariée [Uma mulher casada] (*1964*), *com Macha Méril e Bernard Noël;* Alphaville (*1965*), *com Karina, Eddie Constantine e Akim Tamiroff; e* Pierrot, Le Fou [O demônio das onze horas] (*1965*), *com Karina e Belmondo. Seis deles foram exibidos nos Estados Unidos; o primeiro, que aqui recebeu o título de* Breathless, *já é um clássico do cinema; o oitavo,* The Married Woman, *foi recebido com reações variadas; mas os outros, com os títulos traduzidos de* A Woman Is a Woman, My Life to Live, Contempt *e* Band of Outsiders, *foram fracassos de crítica e de bilheteria. A excelência de* À Bout de Souffle *já é óbvia para todos, e explicarei meu apreço por* Vivre sa vie. *Não digo que todas as suas outras obras têm o mesmo nível de excelência, mas nenhum filme de Godard deixa de ter muitas passagens admiráveis, da mais alta qualidade. Parece-me especialmente lamentável a obtusidade de críticos sérios aos méritos de* O desprezo, *filme que tem grandes defeitos, mas, mesmo assim, é extraordinariamente original e ambicioso.*

1

"O cinema ainda é uma forma de arte gráfica", escreveu Cocteau em seus *Diários.* "Por meio dele, escrevo em imagens e asseguro para minha ideologia um poder efetivo. Mostro o que outros falam. Em *Orfeu,* por exemplo, não narro a passagem pelos espelhos; mostro-a e, de certa maneira, provo-a. Os meios que uso não importam, desde que meus personagens apresentem publicamente o que quero que apresentem. O maior poder de um filme é ser indiscutível em relação às ações que determina e que são realizadas diante de nossos olhos. É normal que a testemunha de uma ação a transforme para seu uso próprio, a distorça e a ateste de maneira incorreta. Mas a ação foi executada e é executada sempre que a máquina a ressuscita. Ela combate os testemunhos incorretos e os falsos relatórios policiais."

2

Toda arte pode ser tratada como uma modalidade de prova, uma declaração de exatidão num espírito de máxima veemência. Qualquer obra de arte pode ser vista como uma tentativa de ser indiscutível quanto às ações que representa.

3

A prova é diferente da análise. A prova estabelece que algo ocorreu. A análise mostra por que ocorreu. A prova é uma modalidade argumentativa que, por definição, é completa; mas o preço de sua completude é que a prova é sempre formal. Somente o que já está contido no início é provado ao final. Na análise, porém, sempre há outros ângulos de entendimento, novos campos de causalidade. A análise é substantiva. A análise é uma modalidade argumentativa que, por definição, é sempre incompleta; é, propriamente falando, interminável.

O grau em que determinada obra de arte é concebida como modalidade de prova é, evidentemente, uma questão de proporção. Claro que algumas obras de arte estão mais direcionadas para a prova, mais baseadas em considerações formais do que outras. Mas ainda assim, eu diria, toda arte tende para o formal, para uma completude que deve ser mais formal do que substantiva — finais que mostram composição e graça, e apenas de modo secundário convencem em termos de motivos psicológicos ou forças sociais. (Pense-se nos finais implausíveis mas altamente satisfatórios da maioria das peças de Shakespeare, em especial as comédias.) Na grande arte, é a forma — ou, como digo aqui, o desejo de provar, mais do que de analisar — que, ao fim e ao cabo, reina soberana. É a forma que permite um término.

4

Uma arte que se refere à prova é formal em dois sentidos. Seu tema é a forma (acima e além do teor) dos acontecimentos e as formas (acima e além do teor) da consciência. Seus meios são formais, isto é, incluem um elemento compositivo importante (simetria, repetição, inversão, duplicação etc.). Isso pode ser válido mesmo quando a obra vem tão carregada de "conteúdo" que praticamente se anuncia como didática — como *A divina comédia*, de Dante.

5

Os filmes de Godard são especialmente direcionados para a prova, mais do que para a análise. *Vivre sa vie* é uma exposição, uma demonstração. Mostra *que* algo aconteceu, e não *por que* aconteceu. Expõe o caráter inexorável de um evento.

Por isso, apesar das aparências, os filmes de Godard são drasticamente atópicos. Uma arte preocupada com questões tópicas, sociais, nunca consegue simplesmente mostrar que algo é. Precisa indicar *como*. Precisa mostrar *por quê*. Mas a questão toda de *Vivre sa vie* é que o filme não explica nada. Rejeita a causalidade. (Assim, a sequência causal usual é rompida no filme de Godard pela decomposição extremamente arbitrária da história em doze episódios — episódios que estão relacionados mais pela serialidade do que pela causalidade.) *Vivre sa vie* certamente não é "sobre" a prostituição, como tampouco *Le Petit Soldat* é "sobre" a Guerra da Argélia. E Godard, em *Vivre sa vie*, também não nos dá nenhuma explicação de tipo usual e inteligível sobre o que levou a protagonista Nana a se tornar prostituta. Terá sido porque não conseguiu emprestar do ex-marido ou de algum colega na loja de discos em que trabalha os 2 mil francos para pagar o aluguel atrasado e por isso foi despejada do apartamento? Dificilmente. Pelo menos, não só por causa disso. Mas não ficamos sabendo nada além. A única coisa que Godard nos mostra é que ela virou prostituta. E, mais uma vez, Godard não nos mostra por que, no final do filme, o cafetão Raoul "vende" Nana ou o que aconteceu entre eles, ou o que está por trás do tiroteio final na rua, em que Nana é morta. Ele apenas nos mostra que ela foi vendida e que ela morre. Godard não analisa. Prova.

6

Godard emprega dois meios de prova em *Vivre sa vie*. Apresenta-nos um conjunto de imagens ilustrando o que quer provar e uma série de "textos" explicativos. Ao manter esses dois elementos separados, o filme de Godard emprega um meio de exposição autenticamente original.

7

A intenção de Godard é a de Cocteau. Mas Godard enxerga dificuldades onde Cocteau não viu nenhuma. O que Cocteau queria mostrar, expor de maneira indiscutível, era o mágico — coisas como a realidade do encantamento, a eterna possibilidade de metamorfose. (Atravessar espelhos etc.) O que Godard quer mostrar é o oposto: o antimágico, a estrutura da lucidez. Por isso Cocteau usava técnicas que, por meio da semelhança das imagens, unem os eventos — para formar um conjunto sensual completo. Godard não faz nenhum esforço em explorar o belo nesse sentido. Usa técnicas que fragmentam, dissociam, afastam, rompem. Exemplo: a famosa edição em staccato (com cortes súbitos et al.) em *À Bout de Souffle*. Outro exemplo: a divisão de *Vivre sa vie* em doze episódios, com títulos longos como nomes de capítulos no começo de cada episódio, contando-nos mais ou menos o que vai acontecer.

O ritmo de *Vivre sa vie* é de parada e retomada. (Em outro estilo, é também o ritmo de *Le Mépris*.) Por isso *Vivre sa vie* é dividido em episódios separados. E por isso também, na sequência dos créditos, a música cessa e retorna várias vezes; e por isso o rosto de Nana é apresentado com brusquidão — primeiro pelo perfil esquerdo, então (sem transição) de frente, então (de novo sem transição) pelo perfil direito. Mas, acima de tudo, tem-se a dissociação entre palavra e imagem que percorre o filme inteiro, admitindo que haja acúmulos de intensidade totalmente separados para a ideia e para a emoção.

8

Na história do cinema, a imagem e a palavra operam juntas. No cinema mudo, a palavra — apresentada em forma de legendas e títulos — se alternava com as sequências de imagens e criava literalmente a ligação entre elas. Com o advento do cinema falado, a imagem e a palavra se tornaram simultâneas, e não mais sucessivas. Nos filmes mudos, a palavra podia ser um comentário sobre a ação *ou* um diálogo dos participantes na ação; nos filmes falados, a palavra (exceto nos documentários) assumiu de maneira quase exclusiva, e certamente preponderante, a forma de diálogo.

Godard restaura a dissociação entre palavra e imagem que era característica do cinema mudo, mas num novo nível. *Vivre sa vie* é claramente composto de dois tipos descontínuos de material, o visto e o ouvido. Mas Godard se mostra muito engenhoso e até divertido ao dissociar um do outro. Uma variante é o estilo de documentário de TV ou de *cinéma-vérité* do Episódio VIII — em que somos levados, inicialmente, num passeio de carro por Paris, então vemos, numa montagem rápida, as tomadas de uma dúzia de clientes e ouvimos uma voz contínua e monótona detalhando rapidamente a rotina, as vicissitudes e a árdua natureza da profissão de prostituta. Tem-se outra variante no Episódio XII, em que as felizes banalidades trocadas entre Nana e seu jovem amante são projetadas na tela em forma de subtítulos. A fala amorosa não *se ouve* de forma alguma.

9

Assim, *Vivre sa vie* deve ser visto como a extensão de um gênero específico de cinema: o filme narrado. Há duas formas-padrão desse gênero, que nos dão imagens e texto. Numa delas, o filme é narrado por uma voz impessoal, o narrador, por assim dizer. Na outra, ouvimos o monólogo interior do personagem principal narrando os eventos que vemos acontecer com ele.

Temos dois exemplos do primeiro tipo, com uma voz anônima comentando e que tem visão geral da ação: *L'Année dernière à Marienbad* [*O ano passado em Marienbad*], de Resnais, e *Les Enfants terribles* [*As crianças terríveis*], de Melville. Temos um exemplo do segundo tipo, apresentando um monólogo interior do personagem principal, em *Thérèse Desqueyroux*, de Franju. Os maiores exemplos do segundo tipo, em que a ação inteira é recitada pelo herói, provavelmente são *Diário de um pároco de aldeia* e *Um condenado à morte escapou*, de Bresson.

Godard usou essa técnica, elevada à perfeição por Bresson, em seu segundo filme, *Le Petit Soldat*, feito em 1960 em Genebra, mas lançado apenas em janeiro de 1963 (por ter sido proibido pela Censura francesa durante três anos). O filme é a sequência das reflexões do herói, Bruno Forestier, indivíduo envolvido numa organização terrorista de direita que é incumbido de matar um agente suíço da FLN. No início do filme, ouvimos a voz de Forestier: "O tempo de ação passou. Estou mais velho. Chegou o tempo de reflexão". Bruno é fotógrafo. Diz: "Fotografar um rosto é fotografar a alma por trás dele. A fotografia é a verdade. E o cinema é a verdade 24 vezes por segundo". Essa passagem central em *Le Petit Soldat*, em que Bruno medita sobre a relação entre imagem e verdade, antecipa a complexa reflexão sobre a relação entre linguagem e verdade em *Vivre sa vie*.

Visto que a história de *Le Petit Soldat*, com suas conexões fatuais entre os personagens, é transmitida basicamente pelo monólogo de Forestier, a câmera de Godard fica liberada para se converter em instrumento de contemplação — dos personagens e de certos aspectos dos eventos. A câmera *estuda* "eventos" imóveis — o rosto de Karina, a fachada dos edifícios, percorrendo a cidade de carro — de uma maneira que isola em certa medida a ação violenta. As imagens às vezes parecem arbitrárias, expressando uma espécie de neutralidade emocional; outras vezes, indicam um intenso envolvimento. É como se Godard ouvisse e então olhasse para o que estava ouvindo.

Em *Vivre sa vie*, Godard leva essa técnica de antes ouvir e depois ver a novos patamares de complexidade. Não há mais um ponto de vista único e unificado, seja como voz do protagonista (como em *Le Petit Soldat*), seja como narrador onisciente, e sim uma série de documentos (textos, narrações, citações, excertos, *set pieces*) de tipos variados. São basicamente palavras; mas também podem ser sons sem palavras ou mesmo imagens sem palavras.

10

Todos os elementos essenciais da técnica de Godard estão presentes na sequência inicial de créditos e no primeiro episódio. Os créditos passam por cima do perfil do lado esquerdo de Nana, tão escuro que parece uma silhueta. (O título do filme é *Vivre sa vie. Film en douze tableaux*.) À medida que os créditos prosseguem, o rosto de Nana aparece de frente e depois pelo lado direito, sempre fortemente sombreado. De vez em quando, ela pisca ou mexe de leve a cabeça (como que sentindo desconforto por ficar imóvel por tanto tempo) ou umedece os lábios. Nana está posando. Está sendo vista.

A seguir, vêm os primeiros títulos. "Tableau 1 Un bistrot — Nana veut abandonner Paul — L'appareil à sous." A seguir começam as imagens, mas a ênfase é sobre o que se ouve. O filme propriamente dito começa no meio de uma conversa entre Nana e um homem; estão sentados ao balcão de um café, de costas para a câmera; além da conversa entre eles, ouvimos os ruídos do balconista e fragmentos das vozes de outros clientes. Enquanto falam, sempre de costas para a câmera, ficamos sabendo que o homem (Paul) é marido de Nana, que os dois têm um filho e que recentemente ela deixou marido e filho para tentar a carreira de atriz. Nesse rápido encontro em público (nunca fica claro quem teve a iniciativa), Paul está tenso e hostil, mas quer que ela volte; Nana se sente oprimida, desesperada e revoltada com ele. Depois de trocarem palavras ríspidas e cansadas, Nana diz a Paul: "Quanto mais você fala, menos sentido faz". Godard, ao longo de toda essa sequência de abertura, priva sistematicamente o espectador de qualquer imagem. Não há cortes cruzados. O espectador não tem permissão de ver, de se envolver. Só tem permissão de ouvir.

Somente depois que Nana e Paul interrompem a conversa infrutífera, deixam o balcão e vão jogar fliperama, é que os vemos. Mesmo então, a ênfase se mantém nas palavras. Enquanto os dois continuam a falar, vemos Nana e Paul principalmente de costas. Paul parou de pedir e de ser rancoroso. Comenta com Nana uma redação engraçada que seu pai, professor de primeiro grau, recebeu de uma aluna com o tema "A galinha". "A galinha tem um interior e um exterior", escreveu a menina. "Retire o exterior e você encontrará o interior. Retire o interior e você encontrará a alma." Com essas palavras, a imagem se dissolve e o episódio termina.

11

A história da galinha é o primeiro dos vários "textos" do filme que expõem o que Godard quer dizer. Pois a história da galinha, claro, é a história de Nana. (Há um trocadilho no francês — *poule* tem um segundo sentido, um pouco forte.) Em *Vivre sa vie*, vemos Nana tirando a roupa. O filme começa com Nana se despindo de seu exterior: sua antiga identidade. A nova identidade, dali a alguns episódios, será a de prostituta. Mas o que interessa a Godard não é a psicologia nem a sociologia da prostituição. Ele toma a prostituição como a metáfora mais radical para a separação e eliminação dos elementos de uma vida — como campo de testes, como experiência para o estudo sobre o que é essencial e o que é supérfluo numa vida.

12

Todo o filme *Vivre sa vie* pode ser visto como um texto. É um texto, um estudo sobre a lucidez; é sobre a seriedade.

E, em seus doze episódios, "usa" textos (no sentido mais literal) em dez deles. A redação da menina sobre a galinha, contada por Paul no Episódio I. O trecho do conto de uma revista recitado pela vendedora no Episódio II. ("Você exagera a importância da lógica.") O excerto de *Jeanne d'Arc*, de Dreyer, a que Nana assiste no Episódio III. O caso do roubo de mil francos que Nana conta ao inspetor de polícia no Episódio IV. (Ficamos sabendo que seu nome completo é Nana Klein e que ela nasceu em 1940.) A história de Yvette — como Raymond a abandonou dois anos antes — e a resposta de Nana ("Sou responsável") no Episódio VI. A carta de solicitação que Nana escreve para a dona de um bordel no Episódio VII. A narração em documentário da vida e rotina da prostituta no Episódio VIII. O disco de música dançante no Episódio IX. A conversa com o filósofo no Episódio XI. O excerto do conto de Edgar Allan Poe ("O retrato oval") lido por Luigi em voz alta no Episódio XII.

13

Entre todos os textos do filme, o mais elaborado em termos intelectuais é a conversa no Episódio XI entre Nana e um filósofo (interpretado pelo filósofo Brice Parain) num café. Eles discutem a natureza da linguagem. Nana pergunta por que não se pode viver sem palavras; Parain explica que é porque falar equivale a pensar e pensar equivale a falar, e não existe vida sem pensamento. Não é uma questão de falar ou não falar, e sim de falar bem. Falar bem exige uma ascese (*une ascèse*), um desprendimento. É preciso entender, entre outras coisas, que não há como chegar diretamente à verdade. O erro é necessário.

No começo da conversa, Parain conta a história de Porthos, de Dumas, o homem de ação cujo primeiro pensamento lhe custou a vida. (Ao correr de uma carga de dinamite que havia armado, Porthos de repente se perguntou como as pessoas andavam, como punham sempre um pé na frente do outro, e parou. A dinamite explodiu. Ele morreu.) Essa história, como a da galinha, também tem um sentido referente a Nana. E durante essa história e o conto de Poe lido no episódio seguinte (e final), estamos sendo preparados — formalmente, não substantivamente — para a morte de Nana.

14

Godard recorre a Montaigne para o lema desse filme-ensaio sobre a liberdade e a responsabilidade: "Presta-te aos outros, mas dá-te a ti mesmo". A vida da prostituta, claro, é a metáfora mais radical para o gesto de se prestar aos outros. Mas, se perguntarmos como Godard nos mostrou Nana conservando-se para si mesma, a resposta é: ele *não* mostrou. Ele discorreu. Não sabemos os motivos de Nana, a não ser por inferência e à distância. O filme evita qualquer psicologia; não se sondam os estados de espírito, de angústia interior.

Nana se sabe livre, nos diz Godard. Mas essa liberdade não tem um interior psicológico. A liberdade não é algo interno, psicológico — é mais como a graça física. É ser *o que*, *quem* se é. No Episódio I, Nana diz a Paul: "Quero morrer". No Episódio II, Nana tenta desesperadamente conseguir dinheiro emprestado, tenta passar pela portaria e chegar a seu apartamento, mas não consegue. No Episódio III, vemo-la chorando no cinema por Joana d'Arc. No Episódio IV, na delegacia, chora outra vez ao contar a ocorrência humilhante do roubo dos mil francos. "Queria ser outra pessoa", diz ela. Mas, no Episódio v ("Na rua. O primeiro cliente"), Nana se tornou o que ela é. Enveredou pelo caminho que leva à sua afirmação e à sua morte. Somente como prostituta vemos uma Nana capaz de afirmar a si mesma. Este é o significado da fala de Nana no Episódio vi, quando declara serenamente a Yvette, sua colega de prostituição: "Sou responsável. Viro a cabeça, sou responsável. Ergo a mão, sou responsável".

Ser livre significa ser responsável. A pessoa é livre e, portanto, responsável quando percebe que as coisas são como são. Assim, termina a fala com Yvette dizendo: "Um prato é um prato. Um homem é um homem. A vida é… a vida".

15

Essa liberdade não tem um interior psicológico — que a alma é algo que se encontra não no "interior", mas depois que se despe o "interior" da pessoa, é a doutrina espiritual radical ilustrada por *Vivre sa vie*.

É de se imaginar que Godard tem plena consciência da diferença entre seu sentido da "alma" e o sentido cristão tradicional. A diferença é ressaltada precisamente pela citação extraída da *Jeanne d'Arc* de Dreyer; pois a cena que vemos é aquela em que o jovem padre (interpretado por Antonin Artaud) vai dizer a Joana (Mlle. Falconetti) que irá para a fogueira. Joana assegura ao padre transtornado que seu martírio é, na verdade, sua libertação. Ainda que a escolha de uma citação de um filme realmente dificulte nosso envolvimento emocional com essas ideias e sentimentos, a referência ao martírio, nesse contexto, não é irônica. A prostituição, como *Vivre sa vie* nos dá a ver, tem plenamente o caráter de um suplício. "A felicidade não é alegre", como laconicamente anuncia o título do Episódio x. E Nana de fato morre.

Os doze episódios de *Vivre sa vie* são os doze passos da via-sacra. Mas os valores da santidade e do martírio são transpostos no filme de Godard para um plano exclusivamente secular. Godard nos oferece Montaigne em lugar de Pascal, algo com afinidade com o teor e a intensidade da espiritualidade bressoniana, mas sem o catolicismo.

16

O único passo em falso em *Vivre sa vie* vem no final, quando Godard rompe a unidade do filme referindo-se a ele de uma posição externa, como diretor. O Episódio XII começa com Nana e Luigi juntos num quarto; Luigi é um rapaz pelo qual ela parece estar apaixonada (já o vimos antes, no Episódio IX, quando Nana o encontra num salão de bilhar e flerta com ele). De início, a cena é muda e o diálogo — "Vamos sair?", "Por que você não vem morar comigo?" etc. — aparece como legenda. Então Luigi, deitado na cama, começa a ler em voz alta "O retrato oval", de Poe, um conto sobre um artista que está pintando um retrato de sua esposa; ele se empenha em obter semelhança perfeita, mas, no momento em que consegue, a esposa morre. A cena se apaga a essas palavras e abre para mostrar Raoul, o cafetão de Nana, empurrando-a brutalmente pelo pátio do prédio onde ela mora e obrigando-a a entrar num carro. Depois de um percurso de carro (uma ou duas imagens rápidas), Raoul entrega Nana para outro cafetão; mas descobre-se que o dinheiro da transação não é suficiente, sacam-se armas, Nana leva um tiro e a última imagem mostra os carros saindo em disparada e Nana morta na rua.

O que aqui desperta objeções não é o final abrupto. É o fato de que Godard está fazendo uma clara referência externa ao filme, uma referência ao fato de que a jovem atriz que interpreta Nana,

Anna Karina, é sua esposa. Ele trata seu próprio enredo como um arremedo, o que é imperdoável. Chega a ser um singular acovardamento, como se Godard não se atrevesse a nos dar a morte de Nana — com toda a sua horrenda arbitrariedade —, mas tivesse de arranjar de última hora uma espécie de causalidade subliminar. (A mulher é minha esposa. — O artista que retrata a esposa mata-a. — Nana precisa morrer.)

17

Tirando esse único lapso, *Vivre sa vie* me parece um filme perfeito. Isto é, propõe-se a fazer algo que é ao mesmo tempo nobre e intricado, e tem pleno sucesso. Godard é, talvez, o único diretor atual que está interessado em "filmes filosóficos" e possui inteligência e discernimento à altura da tarefa. Outros diretores têm suas "concepções" sobre a sociedade contemporânea e a natureza de nossa humanidade, e às vezes seus filmes sobrevivem às ideias que apresentam. Godard é o primeiro diretor que entende plenamente o fato de que, para tratar seriamente de ideias, é preciso criar uma nova linguagem cinematográfica para expressá-las — se se quiser que as ideias tenham alguma flexibilidade e complexidade. Isso ele vem tentando fazer de várias maneiras: em *Le Petit Soldat*, *Vivre sa vie*, *Les Carabiniers*, *Le Mépris*, *Une Femme mariée* e *Alphaville* — *Vivre sa vie* sendo, a meu ver, seu filme mais bem-sucedido. Por essa concepção e pelo impressionante conjunto de obras em que vem trabalhando com ela, Godard, em minha opinião, é o diretor mais importante que surgiu nos últimos dez anos.

APÊNDICE: O cartaz que Godard elaborou para o lançamento do filme em Paris:

VIVRE SA VIE

Un Une
Film Série
Sur D'aventures
La Qui
Prostitution Lui
Qui Font
Raconte Connaître
Comment Tous
Une Les
Jeune Sentiments
Et Humains
Jolie Profonds
Vendeuse Possibles
Parisienne Et
Donne Qui
Son Ont
Corps Été
Mais Filmés
Garde Par
Son Jean-Luc
Âme Godard
Alors Et
Qu'elle Joués
Traverse Par
Comme Anna Karina
Des Vivre
Apparences Sa vie

(1964)

A imaginação da catástrofe

O filme típico de ficção científica tem uma forma tão previsível quanto a de um faroeste e é composto de elementos que, a olhos experientes, são tão clássicos quanto a briga de bar, a professorinha loira da Costa Leste e o duelo de armas na rua principal vazia.

Um roteiro-padrão segue cinco etapas.

1) A chegada da coisa. (Surgimento dos monstros, aterrissagem da nave alienígena etc.) Geralmente é presenciada ou pressentida por apenas uma pessoa, um jovem cientista numa pesquisa de campo. Durante algum tempo, ninguém, nem vizinhos nem colegas, acredita nele. O herói não é casado, mas tem uma namorada compreensiva, porém igualmente incrédula.

2) Confirmação do relato do herói por um bando de testemunhas de um enorme ato de destruição. (Se os invasores são seres de outro planeta, há uma vã tentativa de conversar com eles e convencê-los a partirem em paz.) A polícia local é chamada para lidar com a situação e é massacrada.

3) Na capital federal, realizam-se conferências entre cientistas e militares, com o herói expondo a questão na frente de um mapa,

de um gráfico ou de um quadro-negro. Declara-se estado de emergência nacional. Notícias de mais destruições. Autoridades de outros países chegam em limusines negras. Todas as tensões internacionais ficam suspensas em vista da emergência planetária. Essa etapa muitas vezes inclui uma rápida montagem de noticiários em várias línguas, uma reunião na ONU e mais conferências entre militares e cientistas. Elaboram-se planos para destruir o inimigo.

4) Mais atrocidades. Em algum momento, a namorada do herói corre grave perigo. Todos os contra-ataques maciços das forças internacionais, com magníficas exibições de foguetes, raios e outras armas avançadas, falham. Enormes baixas militares, geralmente por incineração. Cidades destruídas e/ou evacuadas. Aqui há uma cena obrigatória de multidões em pânico correndo por uma estrada ou uma ponte grande, guiadas pelos gestos e acenos de numerosos policiais que, se o filme for japonês, estão de luvas imaculadamente brancas, agem com uma calma sobrenatural e exortam num inglês dublado: "Continuem, continuem. Não há motivo para pânico".

5) Mais conferências, cujo tema é: "Eles devem ter algum ponto vulnerável". O herói está trabalhando em seu laboratório esse tempo todo, para isso. Traça-se a estratégia final, da qual dependem todas as esperanças; monta-se a arma suprema — geralmente um dispositivo nuclear superpotente, embora não testado. Contagem regressiva. Expulsão definitiva do monstro ou dos invasores. Congratulações mútuas, enquanto o herói e a namorada, abraçadinhos, de rosto colado, examinam os céus com ar muito decidido. "Mas terão sido os últimos?"

O filme que acabo de descrever tem de ser a cores e em tela gigante. Outro roteiro típico, abaixo, é mais simples e próprio para filmes em preto e branco, de baixo orçamento. Tem quatro etapas:

1) O herói (geralmente, mas nem sempre, um cientista) e sua namorada, ou esposa e dois filhos, estão se entretendo em algum local inocente, de classe média, supernormal — a casa deles numa cidade pequena, ou em férias (acampando, andando de barco). De repente, alguém começa a se comportar de maneira estranha, ou alguma planta inocente aumenta monstruosamente e começa a andar. Se há algum personagem dirigindo um carro, aparece alguma coisa assustadora no meio da estrada. Se for de noite, luzes estranhas riscam o céu.

2) Depois de seguir o rastro da coisa, ou de concluir que A Coisa é radioativa, ou de examinar uma cratera enorme — em suma, depois de conduzir algum tipo de investigação tosca —, o herói tenta avisar as autoridades locais, mas não adianta; ninguém acredita que há algum problema. Mas o herói é precavido. Se a coisa é tangível, monta sólidas barricadas em casa. Se o alienígena invasor é um parasita invisível, chama-se um médico ou um amigo, o qual logo é morto ou "possuído" pela coisa.

3) O conselho de qualquer outro eventualmente consultado se mostra inútil. Enquanto isso, A Coisa continua a fazer outras vítimas na cidade, a qual permanece implausivelmente isolada do resto do mundo. Desamparo geral.

4) De duas, uma. Ou o herói se prepara para combater sozinho, por acaso descobre o único ponto vulnerável da Coisa e a destrói. Ou consegue de alguma maneira sair da cidade e apresentar o caso às autoridades competentes. Estas, segundo as linhas do primeiro roteiro, porém mais resumidas, empregam uma tecnologia complexa que (depois de alguns contratempos iniciais) acaba derrotando os invasores.

Outra versão do segundo roteiro começa com o herói-cientista em seu laboratório, que fica no subsolo ou no terreno de sua casa próspera e de bom gosto. Com suas experiências, ele provoca sem querer uma metamorfose assustadora em algum tipo de planta ou animal que vira carnívoro e cria um rebuliço. Ou as experiências lhe causaram alguma lesão (às vezes irreversível) ou o "invadiram". Talvez esteja fazendo experiências com radiação ou construindo uma máquina para se comunicar com seres de outros planetas ou para transportá-lo no tempo ou no espaço.

Outra versão do primeiro roteiro traz a descoberta de alguma alteração fundamental nas condições de vida de nosso planeta, gerada por testes nucelares, que em poucos meses levará à extinção de toda a vida humana. Por exemplo: a temperatura da Terra está aumentando ou diminuindo demais para sustentar a vida, ou a Terra está se rachando ao meio, ou está sendo gradualmente recoberta por partículas radioativas letais.

Um terceiro roteiro, um pouco diferente, mas não demais, dos dois primeiros, trata de uma viagem pelo espaço — até a Lua ou algum outro planeta. O que os viajantes espaciais costumam descobrir é que o terreno alienígena está numa situação de emergência aguda, ameaçado por invasores extraplanetários ou à beira da extinção devido a guerras nucleares. Os dramas terminais dos dois primeiros roteiros se desenrolam ali, acrescentando-se o problema de sair do planeta condenado e/ou hostil e voltar para a Terra.

Claro que sei que existem milhares de histórias de ficção científica (elas tiveram seu auge no final dos anos 1940), para não falar das adaptações de temas de ficção científica que, cada vez mais, constituem o tema principal de histórias em quadrinhos. Mas proponho-me a discutir os filmes de ficção científica (o período atual começou em 1950 e prossegue até hoje, embora consideravelmente reduzido) como subgênero independente, sem remeter a outros meios de comunicação — sobretudo sem remeter aos romances e novelas que, em muitos casos, serviram de base para a adaptação. Pois a novela e o filme, embora possam ter o mesmo enredo, são muito diferentes por causa da disparidade fundamental entre os recursos literários e os recursos cinematográficos.

Evidentemente, comparados aos romances de ficção científica, seus correlatos no cinema têm vantagens próprias, uma delas a representação imediata do extraordinário: mutações e deformidades físicas, combates com foguetes e mísseis, queda de arranha-céus. Os filmes, naturalmente, são fracos naquilo em que os romances de ficção científica (alguns deles) são fortes — a ciência. Mas, no lugar da elaboração intelectual, os filmes podem oferecer algo que os romances nunca podem proporcionar — a elaboração sensorial. Nos filmes, é por meio de sons e imagens, não por palavras que precisam ser traduzidas pela imaginação, que a pessoa pode participar da fantasia de atravessar sua morte e, mais, a morte das cidades, a destruição da própria humanidade.

Os filmes de FC não tratam da ciência. Tratam da catástrofe, que é um dos temas mais antigos da arte. Nos filmes de FC, raramente a catástrofe é tratada de maneira intensiva; é sempre extensiva. É uma questão de quantidade e engenhosidade. Se se quiser, é uma questão de escala. Mas a escala, sobretudo nos filmes a cores *wide-screen* (entre os quais os mais convincentes em termos técnicos e mais interessantes em termos visuais são os do diretor japonês Ishiro Honda e os do diretor americano George Pal), realmente leva a questão a outro patamar.

Assim, o filme de FC (como o de outro gênero contemporâneo muito diferente, o *happening*) diz respeito à estética da destruição, com as belezas peculiares que se podem encontrar nos tumultos e nas devastações. E é nas imagens da destruição que reside o cerne de um bom filme de FC. Daí a desvantagem do filme de baixo custo — em que o monstro aparece ou o foguete aterrissa numa cidadezinha sem graça. (As exigências orçamentárias de

Hollywood geralmente determinam que a cidade fique no deserto do Arizona ou da Califórnia. Em *The Thing from Another World* [*O monstro do Ártico*, 1951], a locação bastante pobre e restrita seria um acampamento perto do Polo Norte.) Apesar disso, têm sido feitos bons filmes de FC em preto e branco. Mas um orçamento mais alto, que geralmente significa um filme a cores, permite uma movimentação muito maior entre vários ambientes típicos. Há a cidade populosa. Há o interior luxuoso, mas ascético, da nave espacial — nossa ou dos invasores —, cheio de mostradores, máquinas e acessórios aerodinâmicos de aço cromado, cuja complexidade é indicada pela quantidade de luzes coloridas que emitem e de barulhos estranhos que fazem. Há o laboratório repleto de aparelhos científicos e caixas impressionantes. Há uma sala de reuniões de aparência relativamente antiquada, onde os cientistas desenrolam mapas e gráficos para explicar aos militares o estado desesperador das coisas. E cada um desses locais ou panos de fundo típicos está sujeito a duas modalidades — incólume e destruído. Se tivermos sorte, podemos ser agraciados com um panorama de tanques que derretem, corpos que voam, paredes que desmoronam, fissuras e crateras espantosas que se abrem na terra, naves espaciais que descem verticalmente, raios coloridos que matam; e com uma sinfonia de gritos, sinais eletrônicos estranhos, o mais barulhento aparato militar e o tom apático e pesado dos lacônicos cidadãos de planetas alienígenas e dos terráqueos subjugados.

Alguns dos prazeres primitivos dos filmes de FC — por exemplo, a apresentação da catástrofe urbana numa escala ampliada de modo colossal — também são oferecidos por outros tipos de filmes. Visualmente, não há grande diferença entre a destruição em massa representada nos velhos filmes de monstros e de horror e o que encontramos nos filmes de ficção científica, exceto (mais uma vez) a escala. Nos velhos filmes de monstros, o monstro sempre ia para a cidade grande, onde tinha muito a fazer, devastando, arremessando ônibus pelas pontes afora, esmagando trens com as mãos, derrubando edifícios, e assim por diante. O arquétipo é o King Kong, do grande filme de Schoedsack e Cooper, de 1933, em surtos de destruição, primeiro no vilarejo nativo (pisoteando bebês, em cenas que foram eliminadas da maioria das cópias) e depois em Nova York. Não se diferencia em espírito da cena de *Rodan* [*Rodan!... O monstro do espaço*], de Ishiro Honda (1957), em que dois répteis alados gigantes — com mais de 150 metros de envergadura e velocidades supersônicas — criam, ao bater as asas, um ciclone que reduz a migalhas a maior parte de Tóquio. Ou da destruição de metade do Japão causada pelo robô gigantesco, com o grande raio incinerador que dispara de seus olhos, no começo de *The Mysterians* [*Os bárbaros invadem a Terra*] (1959). Ou a devastação de Nova York, Paris e Tóquio causada pelos raios de uma frota de discos voadores em *Battle in Outer Space* [*Mundos em guerra*] (1960). Ou a inundação de Nova York em *When Worlds Collide* [*O fim do mundo*] (1951). Ou o fim de Londres em 1966 em *The Time Machine* [*A máquina do tempo*] (1960). E essas sequências tampouco se diferenciam, na intenção estética, das cenas de destruição nos grandes espetáculos a cores cheios de espadas, sandálias e orgias ambientados nos tempos bíblicos e romanos — o fim de Sodoma em *Sodom and Gomorrah* [*Sodoma e Gomorra*], de Aldrich; de Gaza em *Samson and Delilah* [*Sansão e Dalila*], de DeMille; de Rodes em *The Colossus of Rhodes* [*O Colosso de Rodes*, de Sergio Leone]; e de Roma numa dúzia de filmes sobre Nero. Foi Griffith quem começou com isso, na sequência da Babilônia em *Intolerance* [*Intolerância*], e até hoje não há nada que se compare à emoção de ver todos aqueles cenários caríssimos vindo abaixo.

Os filmes de FC dos anos 1950 usam temas já conhecidos também em outros aspectos. As séries em filme e em quadrinhos das aventuras de Flash Gordon e Buck Rogers, além da enxurrada mais recente de super-heróis de quadrinhos com origens extraterrestres (o mais famoso é o Super-Homem, nascido no planeta Krypton, o qual teria se destruído numa explosão nuclear), têm temas em comum com os filmes de FC mais recentes. Mas há uma diferença importante. Os velhos filmes e a maioria dos quadrinhos de FC ainda mantêm uma relação essencialmente inocente com a catástrofe. Apresentam basicamente novas versões do mais provecto romance de aventuras — o do herói forte e invulnerável de linhagem misteriosa, que vem combater pelo bem e contra o mal. Os filmes de FC recentes têm um traço de decidido desalento, reforçado pelo grau muito maior de credibilidade visual, que forma um agudo contraste com os filmes mais antigos. A realidade histórica moderna ampliou muito a imaginação da catástrofe, e os protagonistas — talvez pela própria natureza do que recai sobre eles — já não parecem totalmente inocentes.

O fascínio dessa fantasia da catástrofe generalizada é que ela libera a pessoa dos deveres habituais. O ponto alto dos filmes sobre o fim do mundo — como *The Day the Earth Caught Fire* [*O dia em que a Terra se incendiou*] (1962) — é aquela grande cena em que Nova York, Londres ou Tóquio aparece vazia, com toda a sua população aniquilada. Ou, como em *The World, the Flesh, and the Devil* [*O diabo, a carne e o mundo*] (1957), o filme inteiro pode se entregar à fantasia de ocupar a metrópole deserta e recomeçar tudo de novo, um Robinson Crusoe do mundo.

Outro tipo de satisfação oferecido por esses filmes é a extrema simplificação moral — isto é, uma fantasia moralmente aceitável em que a pessoa pode dar vazão a sentimentos cruéis ou, pelo menos, amorais. Nesse aspecto, os filmes de FC se sobrepõem em parte aos filmes de terror. É o prazer inegável que sentimos ao ver as aberrações, seres excluídos da categoria do humano. O senso de superioridade em relação à aberração, conjugado em graus variados com a excitação do medo e da repulsa, permite que se suspendam os escrúpulos morais e se tenha prazer com a crueldade. O mesmo acontece nos filmes de ficção científica. O aberrante, o feio e o predador convergem, todos eles, na figura do monstro vindo do espaço — que oferece um alvo de fantasia para a vazão da belicosidade virtuosa e para o gozo estético do sofrimento e da catástrofe. Os filmes de FC são uma das formas mais puras de espetáculo, isto é, raramente entramos nos sentimentos de alguém. (Uma exceção é *The Incredible Shrinking Man* [*O incrível homem que encolheu*, 1957], de Jack Arnold.) Somos meros espectadores; assistimos.

Mas nos filmes de FC, ao contrário dos filmes de terror, não há muito terror. Renuncia-se em larga medida ao suspense, aos choques e às surpresas em prol de um enredo contínuo e inexorável. Os filmes de FC nos convidam a uma visão estética e desapaixonada da destruição e da violência — a uma visão *tecnológica*. Nesses filmes, as coisas, os objetos e as máquinas desempenham papel fundamental. Na cenografia desses filmes encarna-se um leque maior de valores éticos do que nas pessoas. As coisas, mais do que os seres humanos desamparados, são o locus de valores, porque nelas vemos, mais do que nas pessoas, as fontes de poder. Para os filmes de FC, o homem está nu sem seus artefatos. *Eles* representam diferentes valores, são potentes, eles é que são destruídos e são eles os instrumentos indispensáveis para repelir os invasores alienígenas ou para recuperar o ambiente danificado.

Os filmes de ficção científica são fortemente moralistas. A mensagem-padrão versa sobre o uso adequado ou humanitário da ciência versus o uso louco e obsessivo da ciência. Os filmes de FC comungam essa mensagem com os filmes clássicos de terror dos anos 1930, como *Frankenstein*, *The Mummy* [*A múmia*], *Island of Lost Souls* [*A ilha das almas selvagens*], *Dr. Jekyll and Mr.*

Hyde [*O médico e o monstro*]. (O excelente *Les Yeux sans visage* [*Os olhos sem rosto*], de Georges Franju [1959], aqui nos EUA intitulado *The Horror Chamber of Doctor Faustus*, é um exemplo mais recente.) Nos filmes de terror, temos o cientista louco, obcecado ou equivocado que conduz suas experiências a despeito dos bons conselhos em contrário, cria um ou mais monstros, e ele mesmo é destruído — muitas vezes reconhecendo pessoalmente sua loucura e morrendo no esforço bem-sucedido de destruir sua criação. Uma ficção científica equivalente a isso é o cientista, geralmente integrante de uma equipe, que se bandeia para o lado dos invasores planetários porque a ciência "deles" é mais avançada do que "a nossa".

É o caso de *Os bárbaros invadem a Terra*, e, fiel à forma, o renegado acaba por ver seu erro e a nave espacial misteriana se destrói por dentro, acabando com ele também. Em *This Island Earth* [*Guerra entre planetas*] (1955), os habitantes do planeta sitiado Metaluna pretendem conquistar a Terra, mas o projeto é impedido por um cientista metalunense chamado Exeter que, tendo morado na Terra durante algum tempo e aprendido a amar Mozart, não pode permitir tal maldade. Exeter mergulha com sua nave espacial no oceano, depois de devolver à Terra um glamoroso casal de físicos americanos. Metaluna morre. Em *The Fly* [*A mosca da cabeça branca*] (1958), o herói, envolvido em suas experiências num laboratório secreto com uma máquina que transporta a matéria, usa a si mesmo como cobaia, troca a cabeça e um braço com uma mosca que entrara por acaso dentro da máquina, transforma-se num monstro e, com seu último resquício de vontade humana, destrói o laboratório e manda a esposa matá-lo. Sua descoberta, para o bem da humanidade, se perde sem deixar rastros.

Sendo uma espécie claramente definida de intelectual, os cientistas nos filmes de FC sempre estão sujeitos a enlouquecer ou ir a extremos. Em *Conquest of Space* [*A conquista do espaço*] (1955), o cientista comandante de uma expedição internacional a Marte de repente sente escrúpulos diante da blasfêmia do empreendimento e, no meio da viagem, começa a ler a Bíblia em vez de atender a seus deveres. O filho do comandante, que é seu ajudante de ordens e sempre trata o pai por "general", é obrigado a matar o velho quando este impede que a nave pouse em Marte. Nesse filme, estão presentes os dois lados da ambivalência em relação aos cientistas. De modo geral, para que um empreendimento científico seja tratado nesses filmes de maneira totalmente positiva, ele precisa de um atestado de utilidade. A ciência, vista sem ambivalência, significa uma reação eficiente ao perigo. A curiosidade intelectual desinteressada raramente aparece, a não ser como caricatura, como uma demência maníaca que isola a pessoa das relações humanas normais. Mas essa desconfiança em geral é dirigida ao cientista e não a seu trabalho. O cientista criativo pode se tornar mártir de sua descoberta, devido a um acidente ou por levar as coisas longe demais. Mas permanece a insinuação de que outros homens, menos imaginativos — em suma, técnicos —, poderiam ter lidado com a mesma descoberta de maneira melhor e mais segura. A profunda desconfiança contemporânea em relação ao intelecto recai, nesses filmes, sobre o cientista enquanto intelectual.

Essa mensagem — de que o cientista é aquele que libera forças que, se não forem bem controladas, podem destruir o próprio homem — parece bastante inócua. Uma das imagens mais antigas do cientista é o Próspero de Shakespeare, o sábio desinteressado obrigado a se retirar da sociedade para uma ilha deserta, que tem um controle apenas parcial sobre as forças mágicas com que lida. Igualmente clássica é a figura do cientista como satanista (*Doutor Fausto* e os contos de Poe e Hawthorne). Ciência é magia, e o homem sempre soube que, além da magia branca, há a magia negra. Mas não basta comentar que as atitudes contemporâneas — como se refletem nos filmes de ficção científica — se mantêm ambivalentes e que o cientista é tratado como satanista e salvador. As proporções mudaram, devido ao novo contexto em que se situam os velhos sentimentos de admiração e medo diante do cientista. Pois sua esfera de influência já não é apenas local, não se resume a ele mesmo ou à sua comunidade imediata. É planetária, cósmica.

Tem-se a impressão, especialmente, mas não exclusivamente, nos filmes japoneses, de que há um trauma coletivo sobre o uso de armas nucleares e a possibilidade de futuras guerras nucleares. Grande parte dos filmes de ficção científica atesta esse trauma e, em certo sentido, tenta exorcizá-lo.

O despertar acidental do monstro superdestrutivo que estava adormecido na Terra desde a pré-história é, muitas vezes, uma metáfora óbvia da Bomba. Mas há também muitas referências explícitas. Em *Os bárbaros invadem a Terra*, uma nave de sondagem do planeta Misteroide pousou na Terra, perto de Tóquio. Como faz séculos que há guerras nucleares em Misteroide (a civilização deles é "mais avançada do que a nossa"), 90% dos que agora nascem no planeta precisam ser destruídos no momento do nascimento, por causa das deformações causadas pelas quantidades enormes de estrôncio 90 em sua alimentação. Os misterianos vieram para a Terra para se casar com terráqueas e talvez se apoderar de nosso planeta, com um grau relativamente baixo de contaminação... Em *O incrível homem que encolheu*, o herói anônimo é vítima de um jato de radiação que sopra sobre a água quando está com a esposa passeando num barco; devido à radiação, ele vai ficando cada vez menor, até que, no final do filme, passa pela tela fina de uma janela e se torna "o infinitamente pequeno"... Em

Rodan, uma horda de insetos carnívoros monstruosos da pré-história e, depois, um par de répteis alados gigantescos (o Archeopteryx pré-histórico) nascem após o impacto de testes de explosões nucleares que fez chocar os ovos que estavam dormentes nas profundezas de um poço de mina, e passam a destruir boa parte do mundo antes de serem soterrados pela lava ardente de uma erupção vulcânica... No filme inglês *O dia em que a Terra se incendiou*, dois testes simultâneos com bombas de hidrogênio nos EUA e na Rússia levam a um deslocamento de onze graus no eixo terrestre e mudam a órbita da Terra, que começa a se aproximar do Sol.

As baixas por radiação — em última análise, a concepção do mundo inteiro como uma baixa nos testes e guerras nucleares — constituem a noção mais sinistra de todas nos filmes de ficção científica. Os universos se tornam descartáveis. Os mundos ficam contaminados, esgotados, devastados, obsoletos. Em *Rocketship X-M* [*Da Terra à Lua*] (1950), exploradores da Terra pousam em Marte, onde ficam sabendo que a civilização marciana foi destruída por guerras atômicas. Em *The War of the Worlds* [*A guerra dos mundos*] (1953), de George Pal, criaturas espigadas e avermelhadas, com uma pele escamada que parece de jacaré, vêm de Marte e invadem a Terra porque o planeta delas está ficando frio demais para ser habitável. Em *Guerra entre planetas*, também americano, o planeta Metaluna, cuja população vive subterrânea há muito tempo por causa das guerras, está morrendo sob os ataques de mísseis de um planeta inimigo. Os estoques de urânio, que alimentam o campo de força que protege Metaluna, se esgotaram, e envia-se uma expedição à Terra — a qual, porém, malogra — para recrutar cientistas terráqueos que possam inventar novas fontes de energia nuclear. Em *These Are the Damned* [*Os malditos*] (1961), de Joseph Losey, um cientista fanático cria nove crianças radioativas geladas numa caverna escura na costa inglesa, para serem as únicas sobreviventes do inevitável Armagedom nuclear.

Nos filmes de FC, há uma enorme quantidade de ilusões que se querem verdadeiras, algumas comoventes, outras deprimentes. Volta e meia percebe-se a ânsia por uma "guerra boa", que não coloca nenhum problema moral e não admite nenhuma ressalva moral. As imagens dos filmes de FC agradarão ao mais belicoso aficionado por filmes de guerra, pois muitos dos prazeres dos filmes de guerra passam integralmente para os filmes de ficção científica. Exemplos: os confrontos entre os "foguetes de combate" terrestres e as naves alienígenas em *Battle in Outer Space* [*Mundos em guerra*] (1960); o poder de fogo crescente nos sucessivos ataques aos invasores em *Os bárbaros invadem a Terra*, que Dan Talbot descreveu corretamente como um holocausto ininterrupto; o espetacular bombardeio da fortaleza subterrânea de Metaluna em *Guerra entre planetas*.

Mas, ao mesmo tempo, a beligerância dos filmes de FC é ordeiramente canalizada para o desejo de paz ou, pelo menos, de coexistência pacífica. Costuma aparecer algum cientista comentando sentenciosamente que foi preciso uma invasão da Terra para que as nações em guerra no mundo caíssem em si e suspendessem os conflitos entre elas. Um dos temas principais de muitos filmes de FC — geralmente os filmes a cores, pois têm orçamento e recursos para criar o espetáculo militar — é essa fantasia das Nações Unidas, uma fantasia da guerra unificada. (O mesmo quimérico tema das Nações Unidas surgiu numa recente produção espetacular, que não é de ficção científica, qual seja, *Fifty-Five Days in Peking* [*55 dias em Pequim*, 1963]. Aqui, de modo bastante atual, são os chineses, os boxers, que fazem o papel de invasores marcianos que unem os terráqueos, nesse caso Estados Unidos,

Inglaterra, Rússia, França, Alemanha, Itália e Japão.) Uma catástrofe de dimensões consideráveis põe fim a todas as inimizades e leva à máxima concentração dos recursos planetários.

A ciência — a tecnologia — é entendida como o grande fator unificador. Assim, os filmes de FC também projetam uma fantasia utópica. Nos modelos clássicos do pensamento utópico — a República de Platão, a Cidade do Sol de Campanella, a Utopia de More, a terra dos Houyhnhnms de Swift, o Eldorado de Voltaire —, a sociedade criara um pleno consenso. Nessas sociedades, a racionalidade conquistara uma invencível supremacia sobre as emoções. Como discordâncias ou conflitos sociais eram intelectualmente implausíveis, eram impossíveis de existir. Como em *Typee*, de Melville, "todos eles pensam o mesmo". O império universal da razão significava a concordância universal. É interessante notar que as sociedades em que se apresentava uma total ascendência da razão também eram tradicionalmente representadas com um modo de vida ascético ou frugal em termos materiais e simples em termos econômicos. Mas, na comunidade mundial utópica projetada pelos filmes de ficção científica, totalmente pacificada e regida pelo consenso científico, a demanda de simplicidade na existência material seria absurda.

Mas, ao lado da esperançosa fantasia de simplificação moral e unidade internacional, encarnada nos filmes de FC, espreitam as mais profundas angústias sobre a existência contemporânea. Não me refiro apenas ao trauma muito real da Bomba — o fato de ter sido usada, de que agora existe em quantidade suficiente para matar várias vezes todo mundo na face da Terra e de que essas novas bombas podem muito bem vir a ser usadas. Além dessas novas preocupações sobre a catástrofe física, a perspectiva da mutilação e até aniquilação geral, os filmes de ficção científica refletem grandes angústias sobre a condição da psique individual.

Pois os filmes de FC também podem ser descritos como uma mitologia popular para a atual imaginação *negativa* sobre o impessoal. As criaturas extraterrestres que procuram "nos" conquistar são um "isso", não um "elas". Os invasores planetários costumam ser como zumbis. Seus movimentos são frios e mecânicos ou pesados e desajeitados. Mas no fundo é a mesma coisa. Se não têm forma humana, seus movimentos são absolutamente regulares e inalteráveis (inalteráveis, exceto pela destruição). Se têm forma humana — usam roupas espaciais etc. —, obedecem à mais rígida disciplina militar e não mostram nenhuma característica pessoal. E é esse regime de ausência de emoções, de impessoalidade, de uniformidade que imporão na Terra se vencerem. Como apregoa um terráqueo convertido em *The Invasion of the Body Snatchers* [*Vampiros de almas*] (1956), "Não haverá amor, não haverá beleza, não haverá dor". As crianças semiterráqueas, semialienígenas em *The Children of the Damned* [*A estirpe dos malditos*] (1960) são de todo desprovidas de emoção, movem-se em conjunto, leem os pensamentos umas das outras e têm uma inteligência prodigiosa. São a geração do futuro, o homem em seu próximo estágio de desenvolvimento.

Esses invasores alienígenas praticam um crime que é pior do que o assassinato. Não se limitam a matar a pessoa. Obliteram-na. Em *A guerra dos mundos*, o raio que sai da nave desintegra todas as pessoas e coisas pelo caminho, sem que reste nenhum traço além de uma leve cinza. Em *The H-Man* [*O monstro da bomba H*], de Honda (1959), a bolha assustadora derrete toda carne que entra em contato com ela. Se a bolha, parecendo um naco enorme de gelatina vermelha, que se arrasta pelo chão e sobe e desce pelas paredes, simplesmente roça o pé de alguém descalço, a única coisa que sobra é um montinho de roupa no chão. (Uma bolha mais elaborada e que aumenta de tamanho é o vilão do filme inglês *The Creeping Unknown* [*Terror que mata*, 1956].) Em outra versão dessa fantasia, o corpo é preservado, mas a pessoa é totalmente reconstituída como serva automatizada ou agente das potências alienígenas. Evidentemente, é a fantasia do vampiro em nova roupagem. A pessoa está morta, mas não sabe disso. É um "não morto", uma "não pessoa". É o que acontece a uma cidadezinha inteira da Califórnia em *Vampiros de almas*, a vários cientistas terráqueos em *Guerra entre planetas* e a inocentes variados em *It Came from Outer Space* [*Veio do espaço*], *Attack of the Puppet People* [*O ataque das marionetes*] (1958) e *The Brain Eaters* [*Os canibais de cérebros*] (1958). Assim como a vítima sempre recua diante do horrendo abraço do vampiro, da mesma forma a pessoa nos filmes de FC sempre luta para não ser "dominada"; ela quer conservar sua humanidade. Mas, consumada a ação, a vítima fica plenamente satisfeita com sua nova condição. Não passou de uma afabilidade humana para um monstruoso desejo "animal" de sangue (um exagero metafórico do desejo sexual), como na velha fantasia do vampiro. Não, simplesmente tornou-se muito mais eficiente — o próprio modelo do indivíduo tecnocrático, despido de emoções, sem vontade própria, inerte, obediente a todas as ordens. (O segredo sombrio por trás da natureza humana costumava ser a irrupção do animal — como em *King Kong*. A ameaça ao homem, sua vulnerabilidade à desumanização residia em sua própria animalidade. Agora, tem-se que o perigo reside na possibilidade de que o homem se converta em máquina.)

A norma, evidentemente, é que essa forma horrenda e irreversível de assassinato pode atingir qualquer um no filme, exceto o herói. O herói e sua família, por maiores que sejam as ameaças, sempre escapam a esse destino e, no final do filme, os invasores foram repelidos ou destruídos. Só sei de uma única exceção, *The Day that Mars Invaded Earth* [*O dia em que Marte invadiu a Ter-*

ra] (1963), em que, depois de todas as lutas habituais, o cientista-
-herói, a esposa e os dois filhos são "conquistados" pelos invasores
alienígenas — e ponto. (Eles aparecem nos últimos minutos do
filme sendo incinerados pelos raios dos marcianos, e as cinzas de
seus corpos descem pela piscina vazia, enquanto seus simulacros
saem no carro da família.) Outro desvio da norma, porém em
registro menos negativo, ocorre em *The Creation of the Huma-
noids* [*A criação dos humanoides*] (1964), em que o herói descobre
ao final do filme que ele mesmo fora transformado num robô de
metal, com aparelhagem interna de alta eficiência e praticamente
indestrutível, embora não soubesse disso e não notasse nenhuma
diferença em si mesmo. Mas fica sabendo que logo será aprimo-
rado e promovido a um "humanoide" com todas as propriedades
de um homem real.

Entre todos os temas usuais dos filmes de ficção científica,
este da desumanização é talvez o mais fascinante. Pois, como
apontei, não é uma situação meramente dualista, como nos antigos filmes de vampiros. A posição dos filmes de FC diante da despersonalização é mista. De um lado, deploram a despersonalização como o horror supremo. De outro, algumas características
dos invasores desumanizados, que aparecem abrandadas e disfar-
çadas — como o predomínio da razão sobre os sentimentos, a
idealização do trabalho em equipe e das atividades científicas que
criam consenso, um grau acentuado de simplificação moral —,
correspondem precisamente a traços do cientista salvador. É interessante que, quando o cientista nesses filmes é tratado de maneira negativa, em geral isso se dá na figura de um cientista individual que vive encafuado em seu laboratório, dando pouca atenção
à noiva ou à esposa amorosa e aos filhos, obcecado com suas experiências ousadas e arriscadas. O cientista como integrante leal
de uma equipe — e, portanto, bem menos individualizado — é
tratado com muito respeito.

Não há absolutamente nenhuma crítica social, nem do tipo mais implícito, nos filmes de FC. Nenhuma crítica, por exemplo, às condições de nossa sociedade, que criam a impessoalidade e a desumanização que as fantasias de ficção científica transferem para a influência de uma Coisa alienígena. Tampouco se reconhece uma concepção da ciência como atividade social, entrelaçada com interesses sociais e políticos. A ciência é simplesmente aventura (para o bem ou para o mal) ou uma resposta técnica ao perigo. E, de hábito, quando predomina o medo à ciência — quando a ciência é vista mais como magia negra do que como magia branca —, o mal é atribuído apenas à vontade pervertida de um cientista individual. Nos filmes de FC, a antítese entre magia branca e magia negra é apresentada como uma cisão entre a tecnologia, que é benéfica, e a vontade individual desgarrada de um intelectual solitário.

Assim, os filmes de ficção científica podem ser vistos como uma alegoria central, em termos temáticos, recheada de atitudes modernas padronizadas. O tema da despersonalização (ser "dominado"), que venho comentando, é uma nova alegoria refletindo a velha percepção do homem, em que o indivíduo são está sempre perigosamente próximo da insanidade e da irracionalidade. Mas há aqui algo mais do que uma imagem popular recente, que expressa a angústia permanente do homem, porém em larga medida inconsciente, com sua sanidade. Grande parte da força dessa imagem provém de uma angústia histórica suplementar, que a maioria das pessoas tampouco percebe de maneira *consciente*, sobre as condições despersonalizantes da vida urbana moderna. Analogamente, não basta notar que as alegorias da ficção científica constituem um dos novos mitos — isto é, uma das maneiras de reconhecer e negar — sobre a perpétua angústia humana sobre a morte. (Os mitos do céu e do inferno e os mitos dos fantasmas tinham a mesma função.) Pois houve uma guinada historicamente localizável que intensifica a angústia. Refiro-me ao trauma que todos sofreram na metade do século xx, quando se evidenciou que, daqui por diante e até o final da história humana, cada um passará sua vida individual sob a ameaça não só da morte individual, que é certa, mas de algo quase insuportável psicologicamente — a incineração e a extinção coletiva que podem ocorrer a qualquer momento, praticamente sem nenhum aviso.

De um ponto de vista psicológico, a imaginação da catástrofe não difere muito entre os vários períodos da história. Mas, de um ponto de vista político e moral, difere. A expectativa do apocalipse pode dar ocasião a uma desfiliação radical da sociedade, como no século xvii, quando milhares de judeus da Europa Oriental, ao ficarem sabendo que Sabbatai Zevi fora proclamado como o Messias e que o fim do mundo estava próximo, abandonaram seus lares e negócios e tomaram o caminho da Palestina. Mas as pessoas recebem a notícia de sua sina de maneiras variadas. Consta que, em 1945, o populacho de Berlim recebeu sem maiores emoções a notícia de que Hitler decidira acabar com todos eles antes da chegada dos Aliados, pois não tinham mostrado valor suficiente para ganhar a guerra. Nós, infelizmente, estamos mais na posição dos berlinenses de 1945 do que na dos judeus da Europa Oriental seiscentista, e nossa reação também é mais parecida com a deles. O que estou sugerindo é que o conjunto de imagens da catástrofe na ficção científica é, acima de tudo, o símbolo de uma *reação inadequada*. Não pretendo desqualificar os filmes por causa disso. Eles mesmos constituem apenas uma amostra, sem nenhuma sofisticação, do caráter inadequado da reação majoritária aos terrores incompreensíveis que infectam a consciência da maioria das pessoas. O interesse dos filmes, afora seu considerável grau de fascínio cinematográfico, consiste nessa interseção entre um produto artístico comercial ingênuo e amplamente vulgarizado e os mais profundos dilemas da situação contemporânea.

* * *

De fato, vivemos numa era de extremos. Pois vivemos sob a ameaça constante de dois destinos igualmente temíveis, embora aparentemente opostos: a banalidade irremediável e o terror inconcebível. É graças à fantasia, distribuída em generosas doses pelas artes populares, que a maioria das pessoas consegue lidar com esses dois espectros gêmeos. Pois um serviço que a fantasia pode prestar é nos afastar da insuportável monotonia e nos distrair dos terrores — reais ou esperados — com uma fuga para situações arriscadas e exóticas que no último instante têm um final feliz. Mas outro serviço que a fantasia consegue prestar é normalizar o que é psicologicamente insuportável, assim habituando--nos a ele. Num caso, a fantasia embeleza o mundo. No outro, neutraliza-o.

A fantasia nos filmes de ficção científica presta os dois serviços. Os filmes refletem angústias gerais e permitem suavizá-las. Incutem uma estranha apatia diante dos processos de radiação, contaminação e destruição que eu, por exemplo, considero assustadores e desalentadores. O nível de ingenuidade dos filmes abranda a sensação de alteridade, de estranheza e alheamento, com elementos totalmente familiares. Sobretudo os diálogos na maioria dos filmes de FC, que são de uma banalidade colossal, mas muitas vezes comovente, tornam-nos maravilhosamente cômicos, de um humor involuntário. Falas como "Venha logo, tem um monstro aqui na banheira", "Precisamos tomar alguma providência", "Espere, professor. Tem alguém no telefone", "Mas é incrível" e a velha fórmula americana "Espero que dê certo!" são cômicas no contexto do grandioso holocausto ensurdecedor. No entanto, os filmes também contêm algo que é doloroso e mortalmente sério.

Há um aspecto no qual todos esses filmes são cúmplices do abominável. Neutralizam-no, como eu disse. É assim, talvez, que todas as artes atraem seu público para um círculo de cumplicidade com a coisa representada. Mas, nesses filmes, temos de lidar com coisas que são (literalmente) impensáveis. Aqui, "pensar o impensável" — não no sentido de Herman Kahn, como tema de cálculo, mas como tema de fantasia — torna-se em si mesmo, ainda que inadvertidamente, uma ação um tanto questionável do ponto de vista moral. Os filmes perpetuam clichês sobre a identidade, a vontade, o poder, o conhecimento, a felicidade, o consenso social, a culpa, a responsabilidade que não são, para dizer o mínimo, muito estáveis na era extrema em que vivemos hoje. Mas não é possível banir os pesadelos coletivos demonstrando que são intelectual e moralmente falaciosos. Esse pesadelo — o que se reflete, em vários registros, nos filmes de ficção científica — está próximo demais de nossa realidade.

(1965)

Flaming Creatures de Jack Smith

A única coisa a lamentar nos closes de pênis flácidos e peitos saltitantes, nas tomadas de masturbação e sexo oral em *Flaming Creatures* [*Criaturas em chamas*], de Jack Smith, é que fica difícil simplesmente falar desse filme notável; a gente se vê obrigada a *defendê-lo*. Mas, ao falar e defender o filme, não quero torná-lo menos escandaloso, menos chocante do que é. Registre-se: em *Flaming Creatures*, uma dupla de mulheres e uma quantidade muito maior de homens, na maioria usando roupas femininas espalhafatosas de brechó, fazem a maior farra, adotam poses, fazem caras e bocas, dançam uns com os outros, montam várias cenas de lascívia, frenesi sexual, romantismo e vampirismo — ao acompanhamento de uma trilha sonora composta de sucessos latinos ("Siboney", "Amapola"), rock and roll, sons de um violino arranhando, música de tourada, uma canção chinesa, o texto de um comercial maluco sobre uma nova marca de "batom em forma de coração" que é experimentada na tela por um bando de homens, alguns como drags, outros não, e o coral esganiçado de gritos e gemidos que acompanham o estupro coletivo de uma moça peituda, estupro que se converte alegremente numa orgia. *Flaming Creatures*, claro, é um escândalo, e é isso mesmo o que pretende ser. O próprio título já nos diz isso.

Na verdade, *Flaming Creatures* não é pornográfico, se por pornografia se entende a intenção e capacidade explícitas de despertar excitação sexual. A apresentação de cenas de nudez e várias relações sexuais (com a notável omissão do sexo convencional) é demasiado passional e engenhosa para ser lasciva. Em vez de sentimentais ou sensuais, as imagens de sexo no filme são alternadamente infantis e espirituosas.

Não é difícil entender o patrulhamento hostil em torno de *Flaming Creatures*. É inevitável, infelizmente, que o filme de Smith tenha de se defender e lutar pela sua vida nos tribunais. O que é decepcionante são os melindres, a indiferença, a franca hostilidade que quase todos os integrantes da comunidade intelectual e artística madura têm mostrado em relação ao filme. Seus únicos defensores se resumem praticamente a um grupo fiel de cineastas, poetas e jovens "villagers" [de East Village]. *Flaming Creatures* ainda se resume a um objeto de culto, o grande destaque do grupo do Novo Cinema Americano que se reúne em torno da revista *Film Culture*. Todos devemos ser gratos a Jonas Mekas, que praticamente sozinho, com persistência e até heroísmo, permitiu ao público ver o filme de Smith e muitas outras obras novas. No entanto, cabe admitir que as declarações de Mekas e companheiros são estridentes e, muitas vezes, despertam má vontade. É absurdo que Mekas afirme que esse novo conjunto de filmes, que inclui *Flaming Creatures*, é uma novidade totalmente inédita na história do cinema. Essa truculência presta um desserviço a Smith, tornando desnecessariamente difícil captar o que há de mérito em *Flaming Creatures*. Pois *Flaming Creatures* é um trabalho pequeno, mas valioso, dentro de uma tradição específica, o cinema poético que pretende chocar. Nessa tradição inserem-se *Le Chien*

Andalou [*O cão andaluz*] e *L'Âge d'or* [*A idade de ouro*], de Buñuel; partes do primeiro filme de Eisenstein, *Stachka* [*A greve*]; *Freaks* [*Monstros*], de Tod Browning; *Les Maîtres Fous* [*Os mestres loucos*], de Jean Rouch; *Le Sang des bêtes* [*O sangue dos animais*], de Franju; *Labyrinth* [*Labirinto*], de Lenica; os filmes de Kenneth Anger (*Fireworks* [*Fogos de artifício*], *Scorpio Rising* [*O despertar do escorpião*]); e *Noviciat* [*Noviciado*], de Noël Burch.

Os cineastas de vanguarda mais antigos nos Estados Unidos (Maya Deren, James Broughton, Kenneth Anger) fizeram curtas--metragens que eram muito elaborados tecnicamente. Com orçamentos baixíssimos, tentaram o máximo profissionalismo possível nas cores, no trabalho de câmera, na atuação e na sincronização entre imagem e som. A característica de um dos dois novos estilos de vanguarda no cinema americano (Jack Smith, Ron Rice et al., mas não Gregory Markopoulos ou Stan Brakhage) é sua técnica intencionalmente tosca. Os filmes mais novos — tanto os bons quanto os fracos e insípidos — mostram uma indiferença alucinante a todos os elementos técnicos, um primitivismo deliberado. É um estilo muito contemporâneo e muito americano. Em nenhum outro lugar do mundo o velho clichê do romantismo europeu — a mente assassina versus o coração espontâneo — teve carreira mais longa do que nos Estados Unidos. Aqui, mais do que em qualquer outro lugar, persiste a crença de que o cuidado e o apuro técnicos interferem na espontaneidade, na sinceridade, na imediaticidade. Essa convicção vem expressa na maioria das técnicas predominantes (pois mesmo ser contra a técnica requer uma técnica) da arte de vanguarda. Na música, além da composição, agora há a performance aleatória, novas fontes de som e novas maneiras de mutilar os velhos instrumentos; na pintura e na escultura, há a preferência por refugos ou materiais perecíveis e a transformação de objetos em ambientes descartáveis (use uma vez e jogue fora) ou *happenings*. À sua maneira, *Flaming Creatures* ilustra esse esnobismo em relação à unidade interna e ao acabamento técnico da obra de arte. Claro que, em *Flaming Creatures*, não há nenhum desenvolvimento, nenhuma ordem necessária das sete sequências (como consegui contá-las) claramente separáveis no filme. Não é difícil duvidar que certo trecho tenha passado de propósito por uma superexposição das imagens. Em nenhuma sequência a gente se convence de que ela precisava durar aquele tanto, em vez de ser mais longa ou mais curta. As tomadas não têm um enquadramento tradicional; as cabeças saem cortadas; às vezes aparecem figuras extemporâneas na lateral da cena. A câmera é operada manualmente durante a maior parte do tempo, e muitas vezes a imagem treme (onde isso funciona muito bem, e sem dúvida é deliberado, é na sequência da orgia).

Mas o amadorismo técnico em *Flaming Creatures* não é frustrante, ao contrário do que acontece em tantos outros filmes underground recentes. Pois Smith é muito generoso em termos visuais; em quase todos os momentos do filme, há uma quantidade simplesmente enorme de coisas para ver na tela. Além disso, suas imagens são de uma intensidade e de uma beleza extraordinárias, mesmo quando o efeito das imagens fortes é enfraquecido pelas imagens que não funcionam e que teriam saído melhor com um planejamento. A atual indiferença à técnica vem muitas vezes acompanhada pelo despojamento; não raro, a revolta moderna contra os procedimentos calculados na arte assume a forma de um ascetismo estético. (Grande parte da pintura expressionista abstrata tem essa qualidade ascética.) *Flaming Creatures*, porém, deriva de outra estética: ele vem recheado de materiais visuais. Não há ideias, símbolos, comentários ou críticas a coisa alguma em *Flaming Creatures*. O filme de Smith é estritamente um prazer para os sentidos. Nisso, é o exato contrário de um filme "literário" (o que tantos filmes franceses de vanguarda eram). O prazer de *Flaming Creatures* reside não em conhecer ou entender o que se vê, mas na força, no caráter direto, na profusão das imagens em si. Ao contrário de grande parcela da arte moderna séria, essa obra não trata das frustrações da consciência, dos becos sem saída do indivíduo. Assim, a técnica tosca de Smith serve belamente à sensibilidade encarnada em *Flaming Creatures* — uma sensibilidade que renuncia às ideias, que se situa para além da negação.

Flaming Creatures é aquela rara obra de arte moderna: é sobre a alegria e a inocência. Evidentemente, essa alegria, essa inocência é composta de temas que — pelos critérios usuais — são pervertidos, decadentes, no mínimo altamente teatrais e artificiais. Mas, penso eu, é exatamente assim que o filme chega à sua beleza e modernidade. *Flaming Creatures* é um espécime encantador daquilo que hoje atende pelo irreverente nome de "pop art". O filme de Smith tem o desleixo, a arbitrariedade, a vagueza da pop art. Tem também a alegria, a ingenuidade, a revigorante liberdade da pop art diante do moralismo. Uma grande virtude do movimento da pop art é como ela detona o velho imperativo de se tomar uma *posição* diante do assunto. (Desnecessário dizer que não estou negando que certos eventos exigem que se tome uma posição. Um exemplo extremo de uma obra de arte tratando desses eventos é *The Deputy* [*O vigário*]. O que estou dizendo é que há alguns elementos da vida — sobretudo o prazer sexual — sobre os quais não é preciso ter uma posição.) As melhores obras da chamada pop art pretendem, justamente, que abandonemos a velha tarefa de sempre aprovar ou desaprovar o que é representado na arte — ou, por extensão, o que se experimenta na vida. (É por isso que aqueles que criticam a pop art como sintoma de um novo conformismo, um culto de aceitação dos produtos da civilização de massa, estão sendo obtusos.) A pop art admite novas misturas maravilhosas de diferentes atitudes, que antes pareceriam contraditórias. Assim, *Flaming Creatures* é uma paródia magnífica sobre o sexo e, ao mesmo tempo, extremamente lírica sobre o impulso erótico. Num sentido apenas visual, é também cheia de contradições. O filme introduz efeitos visuais muito estudados (texturas rendadas, flores caindo, tableaux) em cenas desorganizadas e claramente improvisadas, com corpos, alguns de curvas e formas femininas, outros esqueléticos e peludos, que saltam, dançam, fazem amor.

Pode-se considerar que o filme de Smith tem como tema a poética do travestismo. *Film Culture*, ao premiar *Flaming Creatures* em seu Quinto Prêmio do Filme Independente, disse sobre Smith: "Ele nos impressionou não com a mera piedade ou curiosidade pelo pervertido, mas com a glória, o espetáculo da Transilvéstia e a magia do Reino das Fadas. Ele iluminou uma parte da vida, embora seja uma parte da qual muitos homens escarnecem". A verdade é que *Flaming Creatures* é muito mais sobre a intersexualidade do que sobre a homossexualidade. É uma concepção parecida com a de Bosch em suas pinturas de um paraíso e um inferno de corpos contorcidos, despudorados, habilidosos. Ao contrário daqueles filmes sérios e inspirados sobre as belezas e os terrores do amor homoerótico, quais sejam, *Fogos de artifício*, de Kenneth Anger, e *Chant d'amour* [*Canção de amor*], de Genet, o importante nas figuras do filme de Smith é que não é fácil dizer quem é homem e quem é mulher. São "criaturas", ardendo em chamas de alegria intersexual polimorfa. O filme é construído numa rede complexa de ambiguidades e ambivalências cuja imagem primária é a mistura de carne masculina e feminina. O peito e o pênis que pulam se tornam intercambiáveis.

Bosch construiu uma natureza ideal estranha e abortada, sobre a qual colocou suas figuras nuas, suas visões andróginas da dor e do prazer. Smith não tem um plano de fundo literal (é difícil saber se a pessoa no filme está dentro ou fora), mas sim a paisagem totalmente artificial e inventada do figurino, do gestual e da música. O mito da intersexualidade é encenado sobre um fundo de músicas banais, comerciais, roupas, danças e, acima de tudo, o repertório de fantasia extraído dos filmes bregas. A textura de *Flaming Creatures* é formada por uma rica colagem da cultura *camp*: uma mulher de branco (um travesti) de cabeça inclinada, segurando um ramo de lírios; uma mulher esquelética saindo de um caixão, que vem a se revelar vampira e, por fim, vampiro; uma maravilhosa dançarina espanhola (também travesti) com imensos olhos negros, mantilha de renda negra e leque também negro; um tableau do *Sheik da Arábia*, com homens reclinados em seus mantos e uma sedutora árabe expondo impassivelmente um dos seios; uma cena entre duas mulheres, reclinadas em flores e tapetes, que faz lembrar a textura densa e povoada dos filmes de Sternberg com Dietrich no começo dos anos 1930. O vocabulário de imagens e texturas a que recorre Smith inclui a languidez pré-rafaelita, o art nouveau, os grandiosos estilos exóticos dos anos 1920, o espanhol e o árabe, e o gosto *camp* moderno pela cultura de massa.

Flaming Creatures é um exemplo triunfal de uma visão estética do mundo — e tal visão talvez sempre seja, no fundo, epicena. Mas, neste país, ainda está por se entender esse tipo de arte. O espaço em que se move *Flaming Cratures* não é o espaço das ideias morais, que é onde os críticos americanos costumam tradicionalmente situar a arte. O que estou ressaltando é que não existe apenas o espaço moral, perante cujas leis *Flaming Creatures* de fato não se sairia bem; existe também o espaço estético, o espaço do prazer. É aqui que o filme de Smith se move e tem existência autêntica.

(1964)

Muriel de Resnais

Muriel é, de longe, o longa-metragem mais difícil de Resnais, mas deriva claramente do mesmo repertório temático dos dois primeiros. Apesar dos maneirismos próprios dos roteiristas muito independentes que ele empregou — Marguerite Duras em *Hiroshima, mon amour*, Alain Robbe-Grillet em *O ano passado em Marienbad* e Jean Cayrol em *Muriel* —, os três filmes têm um mesmo tema: a busca do passado inexprimível. O novo filme de Resnais chega a ter um subtítulo para essa finalidade, como um daqueles romances antiquados. Chama-se *Muriel, ou Le Temps d'un retour* [O tempo de um retorno].

Em *Hiroshima, mon amour*, o tema é a comparação de dois passados separados e conflitantes. A história do filme é a tentativa malograda dos dois protagonistas, um arquiteto japonês e uma atriz francesa, de extrair de seus respectivos passados a essência do sentimento (e a concordância da memória) capaz de alimentar um amor no presente. O filme começa com os dois na cama. Passam o resto do filme literalmente recitando um para o outro. Mas não conseguem ultrapassar suas "declarações", seus sentimentos de culpa e dissociação.

O ano passado em Marienbad é outra versão do mesmo tema. Mas aqui o tema é posto num cenário estático deliberadamente teatral, roçando a impudente feiura moderna da nova Hiroshima e a sólida autenticidade interiorana de Nevers. Essa história transcorre confinada num local estranho, bonito e desolado, expondo o tema de *le temps retrouvé* [o tempo reencontrado] com personagens abstratos, aos quais se nega uma consciência sólida, uma memória ou um passado. *Marienbad* é uma inversão formal da ideia de *Hiroshima*, com toques de melancólica paródia de seu próprio tema. Assim como a ideia de *Hiroshima* é o peso do passado inevitavelmente relembrado, a ideia de *Marienbad* é o caráter aberto e abstrato da memória. A reivindicação do presente pelo passado se reduz a um código, um balé ou — na imagem central do filme — um jogo, cujos resultados são totalmente determinados pelo primeiro movimento do jogo (se é que quem faz o primeiro movimento sabe o que está fazendo). O passado é uma fantasia do presente, nos dois filmes, *Hiroshima* e *Marienbad*. *Marienbad* desenvolve a reflexão sobre a forma da memória implícita em *Hiroshima*, removendo o revestimento ideológico do primeiro filme.

Muriel é difícil porque tenta fazer o que ambos, *Hiroshima* e *Marienbad*, fizeram. Tenta lidar com questões concretas — a guerra argelina, a OAS [Organisation Armée Secrète], o racismo dos colonizadores —, assim como *Hiroshima* lidava com a bomba, o pacifismo e o colaboracionismo. Mas, como *Marienbad*, *Muriel* também tenta projetar um drama puramente abstrato. A carga dessa dupla intenção — ser concreto e abstrato — redobra o virtuosismo técnico e a complexidade do filme.

Aqui também a história trata de um grupo de pessoas perseguidas por suas lembranças. Hélène Aughain, uma viúva na casa dos quarenta anos morando na cidade interiorana de Boulogne, convida de impulso um ex-amante que não vê há vinte anos para visitá-la. Seu motivo nunca é nomeado; no filme, aparece como um ato gratuito. Hélène trabalha num negócio incerto de móveis antigos, em seu apartamento, é jogadora compulsiva e está seriamente endividada. Com ela mora, num doloroso impasse afetivo, seu enteado Bernard Aughain, muito fechado em si e também doentiamente preso a suas lembranças, o qual voltou pouco tempo antes do Exército na Argélia. Bernard é incapaz de esquecer sua participação num crime: a tortura de uma prisioneira política argelina chamada Muriel. Ele não está apenas transtornado demais para trabalhar; vive numa inquietude angustiada. A pretexto de ir visitar na cidade uma namorada inexistente (a quem chama de Muriel), muitas vezes deixa o apartamento moderno da madrasta, de mobília bonita, com todas as peças à venda, e vai para um quarto que mantém nas ruínas do velho apartamento da família, que foi bombardeado na Segunda Guerra Mundial... O filme começa com a chegada de Alphonse, o antigo amante de Hélène, que está vindo de Paris. Vem com a amante Françoise, que se passa por sobrinha dele. E termina vários meses depois, sem que Hélène e Alphonse reatem. Alphonse e Françoise vão embora para Paris, com o relacionamento prejudicado para sempre. Bernard — depois de atirar no amigo de infância que, no Exército, conduzira a tortura de Muriel e agora é integrante civil da OAS clandestina na França — despede-se da madrasta. Numa *coda*, vemos Simone, a esposa de Alphonse, chegando ao apartamento vazio de Hélène para exigir a volta do marido.

À diferença de *Hiroshima* e *Marienbad*, *Muriel* sugere diretamente um enredo elaborado e relações complexas. (No resumo acima, omiti personagens secundários importantes que figuram no filme, inclusive amigos de Hélène.) No entanto, apesar de toda essa complexidade, Resnais evita conscienciosamente uma narração direta. Apresenta-nos uma sucessão de cenas curtas, de tom emocional reduzido e nivelado, que se concentra em momentos não dramáticos, selecionados na vida dos quatro personagens principais: Hélène, o enteado, Alphonse e Françoise juntos à refeição; Hélène subindo ou descendo a escada do cassino; Bernard andando de bicicleta pela cidade; Bernard andando a cavalo nos montes em torno da cidade; Bernard e Françoise andando e conversando, e assim por diante. Não é um filme difícil de acompanhar. Assisti duas vezes a ele, e imaginava que, já tendo visto uma vez, veria mais coisas na segunda vez. Não vi. *Muriel*, como *Marienbad*, não é enigmático porque não há nada "por trás" das parcas declarações em staccato que vemos na tela. Não podem ser decifradas porque não dizem mais do que dizem. É como se Resnais tivesse pegado uma história, que podia ser contada de modo muito simples e direto, e seguisse a contrapelo. Essa sensação de "a contrapelo" — de mostrar a ação de um ângulo — é a marca peculiar de *Muriel*. É a maneira de Resnais de criar uma história realista a partir do exame da *forma* das emoções.

Assim, embora não seja difícil acompanhar a história, as técnicas de Resnais para narrá-la criam no espectador um afastamento deliberado. A mais evidente dessas técnicas é sua concepção elíptica e descentrada de uma cena. O filme começa com a despedida tensa entre Hélène e um cliente exigente à porta do apartamento dela; então vem um breve diálogo entre Hélène arrasada e Bernard enfarado. Nas duas sequências, Resnais nega ao espectador qualquer possibilidade de se orientar visualmente em termos narrativos tradicionais. Vemos a mão na maçaneta, o sorriso vazio e forçado do cliente, um bule de café fervendo. As cenas são fotografadas e editadas de uma maneira que decompõe a história, em vez de explicá-la. Então Hélène vai à estação para encontrar Alphonse, o qual vem acompanhado por Françoise, e vão a pé da estação até o apartamento dela. Nessa caminhada — é de noite —,

298

Hélène fica discorrendo nervosa sobre Boulogne, que foi em grande parte destruída durante a guerra e reconstruída num estilo moderno funcional e reluzente, e aparecem imagens da cidade durante o dia, intercaladas com imagens dos três andando pela cidade à noite. A voz de Hélène se sobrepõe a essa veloz alternância visual. Nos filmes de Resnais, todas as falas, inclusive os diálogos, tendem a se tornar narrações — a pairar sobre a ação visível, em vez de derivar direto dela.

A montagem extremamente rápida de *Muriel* é diferente da montagem salteada e sincopada de Godard em *Acossado* e *Vivre sa vie*. Os cortes abruptos de Godard puxam o espectador para dentro da história, geram inquietação e aumentam sua vontade de ver ação, criando uma espécie de suspense visual. Quando Resnais faz cortes abruptos, ele afasta o espectador da história. Sua montagem atua como um freio na narrativa, uma espécie de recuo estético, um tipo de efeito de estranhamento fílmico.

O uso da fala em Resnais tem um efeito de "estranhamento" parecido sobre os sentimentos do espectador. Como os personagens principais trazem em si não só um certo torpor, mas um franco desalento, suas palavras nunca têm um alcance emocional. A fala num filme de Resnais costuma ser uma ocasião de frustração — quer seja o relato como que em transe da angústia incomunicável de um evento no passado ou as palavras truncadas e distraídas que os personagens trocam no presente. (Devido às frustrações da linguagem, os olhos têm grande peso nos filmes de Resnais. Um momento dramático típico, quando ele se permite tal coisa, consiste em algumas palavras banais, seguidas pelo silêncio e por um olhar.) Felizmente, *Muriel* nada tem do insuportável estilo encantatório do diálogo em *Hiroshima* e da narração em *Marienbad*. Tirando umas poucas perguntas formais e sem resposta, em geral os personagens em *Muriel* falam em frases curtas, evasivas, banais, principalmente quando estão muito infelizes.

Mas o decidido prosaísmo do diálogo em *Muriel* não pretende *significar* nada diferente da tremenda poetização dos dois longas anteriores. Resnais apresenta o mesmo tema em todos os seus filmes. Todos os seus filmes tratam do *inexprimível*. (Os assuntos principais que são inexprimíveis são dois: o sentimento de culpa e o desejo erótico.) E a irmã gêmea da inexprimibilidade é a noção de banalidade. Na alta arte, a banalidade é a modéstia do inexprimível. "A nossa é realmente *une histoire banale*", como diz em certo momento a angustiada Hélène em tom pesaroso a Alphonse, polido e dissimulado. "Não é possível contar a história de Muriel", diz Bernard a um desconhecido ao qual confiou sua penosa lembrança. As duas declarações realmente significam a mesma coisa.

As técnicas de Resnais, apesar da excelência visual de seus filmes, parecem-me dever mais à literatura do que à tradição do cinema enquanto tal. (Bernard, em *Muriel*, é um cineasta — está reunindo "provas", como diz ele, sobre o caso de Muriel —, pela mesma razão pela qual a consciência central em inúmeros romances modernos é a de um personagem que é escritor.) A mais literária delas é o formalismo de Resnais. O formalismo em si não é literário. Mas apropriar-se de uma narrativa complexa e específica a fim de obscurecê-la deliberadamente — escrever um texto abstrato por cima dela, por assim dizer — é um procedimento muito literário. *Há* uma história em *Muriel*, a história de uma mulher de meia-idade perturbada, tentando retomar o amor de vinte anos antes, e de um jovem ex-soldado destroçado pela culpa devido à sua cumplicidade numa guerra bárbara. Mas *Muriel* é concebido e desenvolvido de tal maneira que o filme, a qualquer altura dele, não é sobre coisa alguma. A qualquer altura dele, é uma composição formal, e é para esse fim que as cenas individuais são muito oblíquas, a sequência temporal é embaralhada e o diálogo se mantém num grau mínimo de informação.

É precisamente esse o cerne de muitos novos romances que surgem nestes dias na França — eliminar a história, em seu significado psicológico ou social tradicional, em favor de uma exploração formal da estrutura de uma emoção ou de um acontecimento. Assim, o real interesse de Michel Butor em seu romance *La Modification* não é mostrar se o protagonista deixará ou não a esposa para ir viver com a amante, e menos ainda desenvolver uma teoria do amor a partir de sua decisão. O que interessa a Butor é a "modificação" em si, a estrutura formal do comportamento do homem. É exatamente nesse espírito que Resnais lida com a história de *Muriel*.

A fórmula típica dos neoformalistas do romance e do filme é uma mistura de frieza e emoção: a frieza encerrando e controlando uma enorme emotividade. A grande descoberta de Resnais é a aplicação dessa fórmula a materiais "documentais", a fatos verídicos encerrados no passado histórico. Aqui — nos curtas-metragens de Resnais, em especial *Guernica*, *Van Gogh* e, acima de tudo, *Nuit et brouillard* [*Noite e neblina*] — a fórmula funciona magnificamente, educando e liberando os sentimentos do espectador. *Noite e neblina* nos mostra Dachau dez anos depois. A câmera percorre a paisagem (o filme é colorido), acompanhando o mato que sobe pelas frestas das paredes dos crematórios. A espectral imobilidade de Dachau — agora uma casca vazia, silenciosa, evacuada — é contraposta à realidade inimaginável do que lá ocorreu no passado; esse passado é representado por uma voz serena descrevendo a vida nos campos e apresentando as estatísticas do extermínio (texto de Jean Cayrol), com a interpolação de algumas cenas de cinejornal em branco e preto do campo, quando houve a libertação. (Essa é a origem da cena em *Muriel*, quando Bernard relata a história da tortura e assassinato de Muriel, enquanto passa um filme de tipo caseiro com seus colegas de Exército sorridentes na Argélia. A própria Muriel nunca aparece.) O grande êxito de *Noite e neblina* é seu pleno controle, seu supremo refinamento ao tratar de um assunto que encarna o mais puro e mais angustiante páthos. Pois o risco de um assunto desses é que, em vez de instigar nossos sentimentos, pode embotá-los. Resnais superou esse risco adotando em relação ao tema uma distância que não é sentimental e, mesmo assim, não disfarça o horror do horrendo. *Noite e neblina* é de um tom avassaladoramente direto, e mesmo assim com muito tato em relação ao inimaginável.

Mas a mesma estratégia não funciona de maneira igualmente apropriada ou satisfatória nos três longas de Resnais. Seria simples demais alegar que é porque o documentarista lúcido e profundamente compassivo foi superado pelo esteta, pelo formalista. (Afinal, cinema é arte.) Mas há um inegável enfraquecimento, visto que Resnais quer demais o melhor dos dois mundos — como "*homme de gauche*" [homem de esquerda] e como formalista. O objetivo do formalismo é romper o conteúdo, *questionar* o conteúdo. O tema de todos os filmes de Resnais é a realidade questionável do passado. Em termos mais precisos, o passado, para Resnais, é aquela realidade que é ao mesmo tempo dúbia e impossível de assimilar. (O neoformalismo dos romances e dos filmes franceses, portanto, é um empenhado agnosticismo sobre a realidade em si.) Mas, ao mesmo tempo, Resnais acredita no passado, e quer que adotemos junto com ele uma certa atitude em relação a esse passado, na medida em que traz a assinatura da história. Isso não cria problemas em *Noite e neblina*, em que a memória do passado é situada objetivamente, fora do filme, por assim dizer, num narrador impessoal. Mas quando Resnais decidiu adotar como tema não "uma lembrança", e sim uma "rememoração", situando as memórias nos personagens dentro do filme, houve uma colisão abafada entre os objetivos do formalismo e a ética do engajamento.

O resultado de usar sentimentos admiráveis — como o sentimento de culpa pela bomba (em *Hiroshima*) e pelas atrocidades francesas na Argélia (*Muriel*) — como temas de demonstração estética é uma visível tensão e diluição na estrutura, como se Resnais não soubesse onde realmente estava o centro de seu filme. Assim, a anomalia inquietante de *Hiroshima* é a implícita equivalência que se estabelece entre o enorme horror da memória do protagonista japonês, com o bombardeio e as vítimas mutiladas, e o horror comparativamente insignificante do passado que persegue a protagonista francesa, com o romance que manteve com um soldado alemão durante a guerra e pelo qual, depois da liberação, sofreu a humilhação de ter a cabeça raspada.

Comentei que o tema de Resnais não é uma lembrança, e sim uma rememoração: a nostalgia em si se torna objeto de nostalgia, a memória de um sentimento irrecuperável se torna objeto de sentimento. O único longa-metragem de Resnais que não mostra essa fusão dentro de si é *Marienbad*. Aqui, uma emoção forte — o páthos do desejo erótico e sua frustração — é alçada ao nível de uma metaemoção, ao ser ambientada num local de caráter abstrato, um vasto palacete povoado com manequins da *haute couture*. Esse método é plausível porque é uma lembrança totalmente a-histórica, apolítica que Resnais situou numa espécie de Passado generalizado. Mas a abstração por meio da generalidade, pelo menos nesse filme, parece gerar um certo desvio de energia. O clima é de uma reticência estilizada, mas não sentimos suficientemente a pressão do que gera a reticência dos personagens. *Marienbad* tem seu centro, mas esse centro parece congelado. Tem uma grandiosidade insistente, às vezes pesada e vagarosa, em que o requinte e a beleza visual da composição se veem continuamente prejudicados pela falta de tensão emocional.

Há uma energia maior em *Muriel*, filme muito mais ambicioso. Pois Resnais retomou o problema ao qual, em vista de sua sensibilidade e dos temas que deseja abordar, não pode escapar: a reconciliação entre formalismo e ética do engajamento. Não se pode dizer que ele tenha resolvido o problema, e, em última análise, deve-se julgar *Muriel* como um nobre malogro, mas Resnais mostrou muito melhor o problema e as complexidades de qualquer solução para esse problema. Não comete o erro de traçar um paralelo implícito entre uma atrocidade histórica e um sofrimento particular (como em *Hiroshima*). Ambos simplesmente existem, numa extensa rede de relações cujos "interiores" psicológicos nunca conhecemos. Pois Resnais procurou representar seus materiais, o peso de uma lembrança angustiante de participação num fato histórico real (Bernard na Argélia) e a angústia tácita de um passado exclusivamente pessoal (Hélène e seu caso amoroso com Alphonse) de maneira ao mesmo tempo abstrata e concreta. Não é o realismo documental moderado de sua representação da cidade de Hiroshima, nem o realismo sensual da fotografia de Nevers; tampouco é a imobilidade abstrata de museu, encarnada na locação exótica de *Marienbad*. A abstração em *Muriel* é mais sutil e mais complexa, porque é revelada no mundo real do cotidiano, em vez de se afastar dele no tempo (os flashbacks em *Hiroshima*) ou no espaço (o castelo de *Marienbad*). É transmitida no rigor de seu conceito compositivo, em primeiro lugar, mas isso se encontra em todos os filmes de Resnais. E está presente na rápida sucessão de cortes na montagem, que já mencionei, ritmo que é novo nos filmes de Resnais, bem como no uso da cor. Quanto a esta, há muito a se dizer. A fotografia a cores de Sacha Vierny em *Muriel* é um assombro e uma delícia, e nos deixa a impressão de que nunca apreciamos antes os recursos da cor no cinema, como também acontecia com *Portal do inferno* [de Kinugasa] e *Sedução da carne*, de Visconti. Mas o impacto das cores no filme de Resnais não se resume à beleza delas. Consiste também na agressiva intensidade inumana que possuem e que confere distância e um caráter abstrato peculiar a objetos do cotidiano, a eletrodomésticos modernos, a lojas e prédios residenciais modernos.

Outro recurso de intensificação pela abstração é a música para voz e orquestra de Hans Werner Henze, uma das raras trilhas sonoras que se sustentam como composição musical em si. Às vezes, a música é usada para fins dramáticos convencionais, para confirmar ou comentar o que está acontecendo. Assim, na cena em que Bernard mostra a filmagem caseira que fez com os ex-camaradas na Argélia, sorridentes e brincalhões, a música fica irregular e dissonante — contradizendo a aparência inocente da imagem. (Sabemos que esses soldados também participaram junto com Bernard da morte de Muriel.) Mas o uso mais interessante da música em Resnais é como elemento estrutural na narração. O verso atonal cantado por Rita Streich às vezes é usado, como o diálogo, pairando por cima da ação. É pela música que sabemos quando Hélène se sente atormentadíssima por suas emoções, que mal chegam a ser nomeadas. E, em sua utilização mais potente, a música constitui uma espécie de diálogo purificado, eliminando totalmente a fala. Na última cena, curta e sem palavras, quando Simone chega para procurar o marido no apartamento de Hélène e não encontra ninguém, a música substitui a fala; voz e orquestra vão num crescendo lamentoso.

No entanto, apesar da beleza e eficácia dos recursos que mencionei (e dos que não mencionei, entre eles atuações de grande clareza, contenção e inteligência),* o problema de *Muriel* — e

---

* Os artistas principais de *Muriel* são, na maioria, atores admiráveis e com grande presença física. Mas cabe notar que, à diferença dos outros dois longas de Resnais, há uma atuação dominante em *Muriel*, a de Delphine Seyrig como Hélène. Nesse filme (mas não em *Marienbad*) Seyrig tem toda a rica panóplia gratuita dos maneirismos de uma estrela, no sentido especificamente cinematográfico do termo. Isto é, ela não se restringe a interpretar (ou mesmo encarnar perfeitamente) um papel. Ela se torna um objeto estético independente em si mesmo.

da obra de Resnais — permanece. A clivagem da intenção, que Resnais até agora não conseguiu superar, deu origem a uma multiplicidade de recursos, cada qual justificável e de grande êxito, mas o todo cria uma sensação desagradável de atravancamento. Talvez seja por isso que *Muriel*, por admirável que seja, não agrada muito como filme. O problema, repito, não é o formalismo. *Les Dames du Bois de Boulogne*, de Bresson, e *Vivre sa vie*, de Godard — para citar apenas dois grandes filmes da tradição formalista —, despertam uma exaltação emocional, mesmo em seus momentos mais cerebrais e inexpressivos. Mas *Muriel* é, de certo modo, pesado, deprimente. Suas virtudes, tal como a inteligência e os extraordinários resultados no plano puramente visual, ainda conservam alguma coisa (embora muito menos) daquele preciosismo, daquele ar estudado, daquele artificialismo que dominam *Hiroshima* e *Marienbad*. Resnais sabe tudo a respeito da beleza. Mas seus filmes carecem de tônus e vigor, falta-lhes um tratamento direto. São cautelosos, de certo modo sobrecarregados e sintéticos. Não vão até o fim da ideia ou da emoção que os inspiraram, e é isso que toda grande arte deve fazer.

(1963)

Cada detalhe de sua aparência — o cabelo grisalho, o jeito de andar pendendo um pouco de lado, os chapéus de aba larga e as roupas num elegante desalinho, o entusiasmo e o pesar um tanto canhestros — é desnecessário e indelével.

Uma nota sobre romances e filmes

Os cinquenta anos de existência do cinema nos apresentam uma recapitulação sincrética da história de mais de duzentos anos do romance. Em D. W. Griffith, o cinema teve seu Samuel Richardson; o diretor de *O nascimento de uma nação* (1915), *Intolerância* (1916), *Lírio partido* (1919), *Horizonte sombrio* (1920), *Uma noite de terror* (1922) e de centenas de outros filmes veiculou muitas das mesmas concepções morais e ocupou uma posição no desenvolvimento da arte cinematográfica parecida com a que o autor de *Pamela* e *Clarissa* teve no desenvolvimento do romance. Ambos, Griffith e Richardson, foram inovadores de gênio; os dois tinham um intelecto de suprema vulgaridade e até inanidade; suas obras tresandam a uma férvida moralização da sexualidade e da violência, cuja energia provém de uma voluptuosidade reprimida. A figura central nos dois romances de Richardson, a jovem pura e virginal alvo das investidas do sedutor brutal, encontra sua exata correlata — estilística e conceitual — na Moça Pura, na Vítima Perfeita de vários filmes de Griffith, interpretada várias vezes por Lillian Gish (que é famosa por esses papéis) ou por Mae Marsh, atriz muito melhor, mas agora esquecida. Como Richardson, a bobajada moral de Griffith (expressa em seus longos títulos inconfundíveis, vazados num inglês muito peculiar dele mesmo, cheios de maiúsculas nos nomes de todas as virtudes e pecados) ocultava uma essência lasciva; e, como em Richardson, o que há de melhor em Griffith é sua capacidade extraordinária de representar os mais trêmulos sentimentos femininos em toda a sua languidez, que a banalidade de suas "ideias" não chega a obscurecer. Como Richardson, também, o mundo de Griffith parece nauseante e levemente insano para o gosto moderno. Todavia, esses dois é que descobriram a "psicologia" para os respectivos gêneros em que foram pioneiros.

Nem todo grande diretor de cinema, evidentemente, encontra seu par num grande romancista. Não dá para forçar as comparações de maneira literal demais. Mesmo assim, o cinema teve não só seu Richardson, mas também seu Dickens, seu Tolstói, seu Balzac, seu Proust, seu Nathanael West. E há também os curiosos casamentos de estilo e concepção no cinema. As obras-primas que Erich von Stroheim dirigiu em Hollywood nos anos 1920 (*Maridos cegos*, *Esposas ingênuas*, *Ouro e maldição*, *A viúva alegre*, *A marcha nupcial*, *Minha rainha*) podem ser descritas como uma excelente e improvável síntese de Anthony Hope e Balzac.

Isso não significa igualar o cinema ao romance nem mesmo supor que o cinema possa ser analisado nos mesmos termos de um romance. O cinema tem seus métodos próprios e sua lógica própria de representação, que não esgotamos dizendo que são basicamente visuais. O cinema nos apresenta uma linguagem nova, um modo de falar sobre a emoção por meio da vivência direta da linguagem facial e gestual. Mesmo assim, podem-se traçar analogias proveitosas entre o cinema e o romance — muito mais, a meu ver, do que entre o cinema e o teatro. Como o romance, o cinema nos apresenta uma visão de uma ação absolutamente controlada pelo diretor (pelo escritor) em todos os momentos. Nossos olhos não podem vaguear pela tela como vagueiam pelo palco. A câmera é um ditador absoluto. Mostra-nos um rosto quando devemos ver um rosto, e nada mais; um par de mãos cerradas, uma paisagem, um trem correndo, a fachada de um edifício em meio a um tête-à-tête, quando e apenas quando ela quer que vejamos essas coisas. Assim que a câmera se move, movemo-nos também; quando fica parada, ficamos parados também. O romance, de maneira semelhante, apresenta uma seleção dos pensamentos e das descrições que são pertinentes para a concepção do autor, e temos de segui-los sequencialmente, enquanto o autor nos conduz; não estão espalhados, como num pano de fundo, para contemplarmos na ordem em que quisermos, como na pintura ou no teatro.

Mais uma ressalva. Existem tradições no cinema — menos exploradas do que aquela tradição que se pode plausivelmente comparar com o romance — que são análogas a outras formas literárias que não o romance. *A greve*, *O encouraçado Potêmkin*, *Dez dias que abalaram o mundo*, *Velho e novo*, de Eisenstein; *A mãe*, *O fim de São Petersburgo*, *Tempestade sobre a Ásia*, de Pudóvkin; *Os sete samurais*, *Trono manchado de sangue*, *A fortaleza escondida*, de Kurosawa; *Os vingadores*, de Inagaki; *Samurai assassino*, de Okamoto, e a maioria dos filmes de John Ford (*Rastros de ódio* etc.) pertencem à concepção do filme como um épico. Também existe uma tradição do cinema como poesia; muitos dos curtas-metragens de vanguarda feitos na França nos anos 1920 (*O cão andaluz* e *A idade de ouro*, de Buñuel; *Sangue de um poeta*, de Cocteau; *A pequena vendedora de fósforos*, de Jean Renoir; *A concha e o clérigo*, de Antonin Artaud) são mais passíveis de comparação com a obra de Baudelaire, Rimbaud, Mallarmé e Lautréamont. Apesar disso, a tradição dominante no cinema se concentrou no desenrolar de um enredo e de uma ideia, mais ou menos à maneira do romance, utilizando personagens altamente individualizados situados num contexto social específico.

Evidentemente, o cinema não obedece à mesma pauta de contemporaneidade do romance; assim, seria muito anacrônico para nós se alguém escrevesse um romance como Jane Austen, mas seria muito "avançado" se alguém fizesse um filme que fosse o equivalente cinematográfico de Jane Austen. Isso, sem dúvida, ocorre porque a história dos filmes é muito mais curta do que a história da narrativa literária, e teve início sob o ritmo especialmente acelerado em que se movem as artes em nosso século. Assim, suas várias possibilidades se sobrepõem e se remontam duplicadas. Outra razão é o fato de que o cinema, como recém-chegado às artes sérias, pode fazer incursões pelas outras artes e utilizar elementos relativamente batidos em inúmeras combinações novas. O cinema é uma espécie de pan-arte. Pode usar, incorporar, absorver praticamente todas as outras artes: romance, poesia, teatro, pintura, escultura, dança, música, arquitetura. À diferença da ópera, que é uma forma artística (praticamente) petrificada, o cinema é e tem sido um meio de frutífera conservação de ideias e estilos emocionais. Podemos encontrar todos os recursos do melodrama e da alta emoção nos filmes mais recentes e mais sofisticados (por exemplo, *Sedução da carne* e *Rocco e seus irmãos*, de Visconti), que foram banidos dos romances sofisticados mais recentes.

No entanto, muitas vezes se estabelece um elo entre romances e filmes que não parece de grande proveito. É a velha cisão dividindo os diretores entre os que são basicamente "literários" e os que são basicamente "visuais". Na verdade, poucos são os diretores com uma obra capaz de ser caracterizada de maneira tão simples. Uma distinção mais proveitosa seria entre os filmes "analíticos" e aqueles "descritivos" e "expositivos". Exemplos dos primeiros seriam os filmes de Carné, Bergman (em especial *Através de um espelho*, *Luz de inverno* e *O silêncio*), Fellini e Visconti;

exemplos dos segundos seriam Antonioni, Godard e Bresson. Poderíamos definir os do primeiro tipo como filmes psicológicos, concernentes à revelação dos motivos dos personagens. O segundo tipo é antipsicológico e trata da relação entre sentimentos e coisas; as pessoas são opacas, "em situação". O mesmo contraste pode ser aplicado ao romance. Dickens e Dostoiévski são exemplos do primeiro tipo; Stendhal, do segundo.

(1961)

V

Devoção sem conteúdo

Pelo que ficamos sabendo por fontes tão díspares como a *Oresteia* e *Psicose*, o matricídio, entre todos os possíveis crimes pessoais, é o mais intolerável em termos psicológicos. E, entre todos os possíveis crimes capazes de ser cometidos por uma cultura inteira, o mais difícil de suportar, em termos psicológicos, é o deicídio. Vivemos numa sociedade cujo modo de vida demonstra como foi completa a eliminação da divindade, mas filósofos, escritores e homens de consciência gemem por toda parte sob esse peso. Pois é muito mais fácil planejar e cometer um crime do que conviver com ele depois.

Enquanto o assassinato do Deus judaico-cristão ainda estava em andamento, os antagonistas de ambos os lados tomavam posição com uma grande dose de segurança, sentindo-se muito virtuosos. Mas, depois que ficou clara a consumação do ato, as linhas de combate começaram a se toldar. No século XIX, em meio ao vozerio um tanto estridente dos vencedores proclamando a vitória da razão e da maturidade sobre a fé e a infantilidade e anunciando o inevitável progresso da humanidade sob a bandeira da ciência, notam-se melancólicas tentativas de reviver uma religião pagã que substitua a tradição bíblica derrotada (Goethe, Hölderlin) e trêmulas esperanças de salvação de algo humano (George Eliot, Matthew Arnold). No século xx, o robusto otimismo voltairiano do ataque racionalista à religião é ainda menos convincente e atraente, embora ainda o encontremos em judeus conscienciosamente emancipados como Freud e, entre os filósofos americanos, em Morris Cohen e Sidney Hook. É como se tal otimismo fosse possível apenas para os que não receberam a "má nova", o *desangelho* de que fala Nietzsche, da morte de Deus.

Mais frequente em nossa geração, sobretudo nos Estados Unidos na esteira da falência dos entusiasmos políticos radicais, é uma posição que só podemos chamar de "simpatizante da religião". É uma devoção sem conteúdo, uma religiosidade sem fé nem observância. Traz graus variados de nostalgia e alívio: nostalgia pelo sentimento do sagrado que se perdeu e alívio pela retirada de um peso intolerável. (A convicção de que o ocorrido com os antigos credos era inevitável vem a par de uma inconformada sensação de empobrecimento.) Ao contrário da posição de simpatizante político, a posição de simpatizante da religião não decorre da atração exercida por um idealismo maciço e cada vez mais dominante, atração que a pessoa sente com grande força, mas ao mesmo tempo não consegue se identificar plenamente com o movimento. Pelo contrário, a posição de simpatizante religioso provém de uma sensação de fraqueza da religião: sabendo que essa boa e velha causa é cachorro morto, parece desnecessário chutá-la. A posição do simpatizante religioso moderno se alimenta da consciência de que as comunidades religiosas contemporâneas estão na defensiva; assim, ser antirreligioso (como ser feminista) já é um troço muito batido. Agora a pessoa pode se permitir simpatizar e se inspirar com qualquer coisa que encontre para admirar. As religiões se convertem em "religião", assim como a pintura e a escultura de diversos temas e períodos se convertem em "arte". Para o homem moderno pós-religioso, o museu da religião, como o mundo do espectador de arte moderno, não tem paredes; ele pode pegar e escolher o que quiser, comprometido apenas com sua posição de reverente espectador.

A posição de simpatizante religioso leva a várias consequências altamente indesejáveis. Uma delas é que o sentido do que são e do que historicamente foram as religiões torna-se tosco e intelectualmente desonesto. É compreensível, se não correto, que intelectuais católicos tentem apresentar Baudelaire, Rimbaud e James Joyce — todos eles fervorosos ateus — como verdadeiros filhos da Igreja, ainda que profundamente atormentados. Mas essa mesma estratégia é de todo indefensável quando usada pelos simpatizantes religiosos que operam na linha do "Deus está morto" nietzschiano e que, pelo jeito, não veem mal nenhum em transformar todos em religiosos. Eles não representam nenhuma tradição para a qual estejam tentando recuperar ovelhas desgarradas. Simplesmente colecionam exemplares de seriedade, de integridade moral ou de paixão intelectual, que são as coisas com que identificam a possibilidade atual de religiosidade.

O livro aqui comentado* é precisamente um exemplo desse tipo de simpatizante religioso, que merece exame por refletir claramente a falta de definição intelectual dessa atitude tão generalizada. A obra consiste numa coletânea de escritos de 23 autores, "de Tolstói a Camus", selecionados e organizados por Walter Kaufmann, professor associado de filosofia em Princeton.

Não é preciso falar sobre a ordem do livro, visto que ele não tem ordem nenhuma, a não ser uma vaga cronologia. Uns poucos textos selecionados dificilmente levantariam alguma objeção,

---

* *Religion from Tolstoy to Camus*. Seleção e introdução de Walter Kaufmann. Nova York: Harper.

como os dois capítulos de *Os irmãos Karamázov*, "Rebelião" e "O Grande Inquisidor" (e certamente Kaufmann tem razão ao dizer que não é possível entender a história do Grande Inquisidor sem as considerações prévias de Ivan sobre os sofrimentos das crianças), os excertos de *O Anticristo*, de Nietzsche, e de *O futuro de uma ilusão*, de Freud, e o ensaio "A vontade de crer", de William James. Há também um ou outro texto selecionado que merece ser mais conhecido: p. ex., a Lista de Erros do papa Pio IX, a troca de cartas entre Karl Barth e Emil Brunner sobre a posição da Igreja contra o comunismo e o ensaio de W. K. Clifford que suscitou a famosa réplica de William James. Mas a maioria parece mal selecionada. Não se pode considerar a sério Oscar Wilde como autor religioso. Tampouco há justificativa alguma para o capítulo de Morton Scott Enslin sobre o Novo Testamento, uma apresentação convencional dos evangelhos e de seu contexto histórico, que está totalmente deslocado numa antologia de *pensamento* religioso. As escolhas de Wilde e Enslin ilustram os dois extremos descabidos em que cai o livro de Kaufmann: a frivolidade e o academicismo.*

---

* Kaufmann alega que apresentou "um grupo heterogêneo, selecionado não para conduzir a uma conclusão previamente determinada, mas para dar uma ideia correta da complexidade de nossa história" — no entanto é justamente isso o que ele não faz. É incorreto representar o catolicismo com duas encíclicas papais e mais duas páginas e meia de Maritain com uma discussão neoescolástica sobre "o contingente e o necessário", que será em larga medida incompreensível para o público a que se dirige a antologia. Excertos de Gabriel Marcel ou de Simone Weil, algumas cartas que Paul Claudel e André Gide trocaram sobre a possível conversão deste último, Newman sobre "a gramática do assentimento", lorde Acton, o *Diário de um pároco de aldeia*, de Bernanos — qualquer um desses seria mais interessante e mais rico do que Kaufmann oferece. O protestantismo está representado com mais generosidade, porém ainda assim de maneira inadequada, com dois sermões do pastor Niemoller, um excerto fraco de Paul Tillich (aqui teria sido muito mais apropriado um dos ensaios de *A era protestante*), o capítulo menos interessante do livro fundamental de Albert Schweitzer sobre a escatologia no Novo Testamento, a correspondência Barth-Brunner e a medíocre seleção

Kaufmann diz na introdução: "Quase todos os homens aqui incluídos eram 'pela' religião, mas não a religião popular que praticamente nenhuma grande figura religiosa jamais admirou". Mas o que significa ser "pela" religião? A noção de "religião" tem, afinal, algum sentido *religioso*? Em outros termos: pode-se ensinar ou convidar uma pessoa a simpatizar com a religião-em-geral? O que significa ser "religioso"? Evidentemente, não é o mesmo que ser "devoto" ou "ortodoxo". Minha opinião é que não se pode ser religioso em geral, da mesma maneira como não se pode falar uma língua em geral; a pessoa fala francês, inglês, suaíli ou japonês, mas não a "língua". Da mesma maneira, a pessoa não é "uma religionista", e sim uma fiel católica, judaica, presbiteriana, xintoísta ou tallensi. Os credos religiosos podem ser opções, como expôs William James, mas não são opções genéricas. É fácil confundir esse aspecto, claro. Não estou dizendo que a pessoa tem de ser ortodoxa como judia, tomista ou católica, ou fundamentalista como protestante. A história de todas as comunidades religiosas importantes é complexa, e (como sugere Kaufmann) aquelas figuras que depois vêm a ser reconhecidas como grandes mestres religiosos geralmente faziam oposição crítica às práticas religiosas

---

de Enslin mencionada acima. Mais uma vez, por que esses? Por que não algo importante de Barth ou Bultmann? Para o judaísmo, Kaufmann faz apenas a escolha óbvia, Martin Buber, representado por um capítulo sobre o hassidismo. Por que não um Buber mais substancioso, um capítulo, digamos, de *Eu e tu* ou *Entre homem e homem*, ou, melhor ainda, um texto de Franz Rosenzweig ou Gershom Scholem? Em literatura, por que apenas Tolstói e Dostoiévski? Por que não Hesse (digamos, *Viagem ao Oriente*) ou alguma parábola de Kafka, ou o *Apocalipse* de D. H. Lawrence? A ênfase em Camus, cujo nome é visto no título e cujo grande ensaio contra a pena de morte encerra o livro, parece especialmente misteriosa. Camus não era e nunca pretendeu ser religioso. Na verdade, um dos argumentos que ele desenvolve no ensaio é que a pena de morte apresenta seu único fundamento plausível como punição religiosa e, portanto, é totalmente inadequada e eticamente obscena em nossa sociedade atual, secularizada e pós-religiosa.

correntes e a muitos elementos das tradições de seus próprios credos. Mesmo assim, para um fiel, o conceito de "religião" (e a decisão de se tornar religioso) não faz sentido como categoria. (Para o crítico racionalista, de Lucrécio a Voltaire e Freud, o termo tem realmente um certo sentido polêmico quando ele traça uma oposição típica entre, de um lado, a "religião" e, de outro, a "ciência" ou a "razão".) E tampouco faz sentido como conceito de análise sociológica e histórica. Ser religioso é sempre ser, em algum sentido, um adepto (mesmo herético) de um simbolismo específico e de uma comunidade histórica específica, qualquer que seja a interpretação desses símbolos e dessa comunidade histórica que o fiel possa adotar. Ser religioso é estar envolvido em crenças e práticas específicas, e não meramente concordar com as afirmações filosóficas de que existe um ser a quem podemos chamar de Deus, de que a vida tem sentido etc. A religião não equivale a uma proposição teísta.

A relevância do livro de Kaufmann é que é mais um exemplo de uma atitude moderna dominante que me parece, na melhor das hipóteses, tola e, com mais frequência, intelectualmente presunçosa. As tentativas dos intelectuais seculares modernos de amparar a autoridade cambaleante da "religião" deveriam ser repudiadas por todos os fiéis sensíveis e por todos os ateus honestos. Não se pode recuperar Deus-no-céu, a certeza moral e a unidade cultural pela mera nostalgia; esse estado em suspenso da devoção dos simpatizantes religiosos exige uma solução, seja decidindo abraçá-la ou rejeitá-la. A presença de uma fé religiosa pode, de fato, trazer um incontestável benefício psicológico para o indivíduo e um incontestável benefício social para a sociedade. Mas nunca teremos o fruto se não cuidarmos também das raízes; nunca restauraremos o prestígio dos velhos credos demonstrando seus benefícios psicológicos e sociológicos.

Tampouco é o caso de flertar com a consciência religiosa

perdida por traçarmos irrefletidamente uma equivalência entre religião e *seriedade*, seriedade sobre as questões humanas e morais importantes. Os intelectuais ocidentais seculares, em sua maioria, não vivem ou não levam até o fim a escolha ateísta; ficam apenas à beira dela. Tentando amenizar uma escolha difícil, muitas vezes argumentam que toda profundidade e elevação mental tem raízes religiosas ou pode ser vista como posição "religiosa" (ou criptorreligiosa). A preocupação com os problemas do desespero e da tentativa de iludir a si mesmo, que Kaufmann aponta em *Ana Kariênina* e *A morte de Ivan Ilitch*, não converte Tolstói, nesses escritos, num porta-voz "pela" religião, e tampouco Kafka, como mostrou Günther Anders. Se, enfim, o que admiramos na religião é sua postura "profética" ou "crítica", como sugere Kaufmann, e é isso que queremos resgatar (cf. também Erich Fromm em suas palestras Terry, reunidas em *Psicanálise e religião*, com sua distinção entre religião "humanista" ou boa e religião "autoritária" ou má), então estamos iludindo a nós mesmos. A postura crítica dos profetas do Antigo Testamento deriva do sacerdócio, do culto, da história específica de Israel; ela tem suas raízes nessa matriz. Não há como separar a crítica de suas raízes e, em última análise, da posição à qual ela se contrapõe. Assim, como observou Kierkegaard em seus *Diários*, o protestantismo não faz sentido sozinho, sem a oposição dialética ao catolicismo. (Quando não existem sacerdotes, não faz sentido sustentar que todo laico é sacerdote; quando não existe um além institucionalizado, não faz sentido religioso investir contra o monasticismo e o ascetismo e conclamar as pessoas de volta para este mundo com suas vocações terrenas.) A voz do verdadeiro crítico sempre merece a mais *específica* atenção. É simplesmente vulgar e equivocado dizer que Marx, como Edmund Wilson em *Rumo à Estação Finlândia* e muitos outros disseram, era na verdade um profeta moderno; isso tampouco se aplica a Freud, embora aqui muita gente siga a deixa do próprio Freud, em sua identificação bastante ambivalente com Moisés. O elemento decisivo em Marx e Freud é a atitude crítica e totalmente secular que adotaram em relação a todos os problemas humanos. Sem dúvida é possível encontrar para suas energias como pessoas e para sua enorme seriedade moral como pensadores um epíteto elogioso melhor do que essas surradas evocações do prestígio de um mestre religioso. Se Camus é um escritor sério e merecedor de respeito, é porque procura pensar segundo as premissas pós-religiosas. Ele não faz parte da "história" da religião moderna.

Reconhecendo isso, teremos clareza muito maior sobre as tentativas de extrair as consequências sérias do ateísmo para o pensamento reflexivo e a moral pessoal. Uma dessas tradições é constituída pela herança de Nietzsche: por exemplo, os ensaios de E. M. Cioran. Outra é constituída pela tradição *moraliste* e *anti--moraliste* francesa — Laclos, Sade, Breton, Sartre, Camus, Georges Bataille, Lévi-Strauss. Uma terceira é a tradição hegeliano--marxista. E a tradição freudiana, que inclui não só a obra de Freud, mas também a de dissidentes como Wilhelm Reich, Herbert Marcuse (*Eros e civilização*) e Norman Brown (*Vida contra morte*). A fase criativa de uma ideia coincide com o período em que ela martela e repisa incansavelmente aquilo que a diferencia; mas uma ideia se torna falsa e impotente quando procura reconciliar-se com outras ideias por um preço baixo. Existe seriedade moderna em muitas tradições. Presta-se um desserviço intelectual quando apagamos todas as distinções e a dizemos religiosa.

(1961)

Psicanálise e *Vida contra morte* de Norman O. Brown

A publicação de *Vida contra morte* (1959), de Norman O. Brown, em edição brochura, é um acontecimento digno de nota. Junto com *Eros e civilização* (1955), de Herbert Marcuse, o livro representa uma nova seriedade em relação às ideias freudianas, mostrando que os escritos anteriores sobre Freud publicados nos Estados Unidos, sejam os academicistas de direita dos periódicos psicanalíticos, sejam os estudos culturais de esquerda dos "revisionistas" freudianos (Fromm, Horney etc.), são em larga medida teoricamente nulos ou, na melhor das hipóteses, superficiais. Porém, mais importante do que seu valor como reinterpretação do intelecto de maior influência de nossa cultura, é sua ousadia em discutir os problemas fundamentais — sobre a hipocrisia de nossa cultura, sobre a arte, o dinheiro, a religião, o trabalho, sobre o sexo e os temas ligados ao corpo. Há uma reflexão séria a respeito desses problemas — corretamente, a meu ver, concentrada no significado da sexualidade e da liberdade humana — em caráter contínuo na França desde Sade, Fourier, Cabanis e Enfantin; hoje, encontra-se em obras tão díspares como as seções sobre o corpo e as relações concretas com o outro em *O ser e o nada*, de Sartre, os ensaios de Maurice Blanchot, *História de O*, o teatro e a prosa de Jean Genet.

Mas, nos Estados Unidos, os temas gêmeos do erotismo e da liberdade estão apenas começando a receber um tratamento sério. Ainda nos sentimos obrigados a prosseguir na velha batalha contra as inibições e o puritanismo, considerando que a sexualidade é simplesmente algo que precisa apenas de maior liberdade de expressão. Um país onde a defesa de um livro sexualmente tão reacionário quanto *O amante de lady Chatterley* é um assunto sério encontra-se claramente num estágio muito rudimentar de maturidade sexual. As ideias de Lawrence sobre o sexo são gravemente prejudicadas por seu romantismo de classe, sua mística da identidade masculina em si, sua insistência puritana sobre a sexualidade genital; e muitos de seus defensores literários recentes têm admitido esse fato. No entanto, ainda é preciso defender Lawrence, sobretudo quando muitos de seus opositores recuaram para uma posição ainda mais reacionária do que a dele: tratar o sexo como mero acessório do amor. A verdade é que o amor é mais sexual, mais carnal do que o próprio Lawrence imaginava. E as implicações revolucionárias da sexualidade na sociedade contemporânea estão longe de ser plenamente entendidas.

O livro de Norman Brown é um passo nessa direção. *Vida contra morte*, levado em termos pessoais, é inevitavelmente chocante; pois é um livro que não pretende nenhuma reconciliação com as opiniões do senso comum. Outra característica sua: ele é convincente ao mostrar que não se pode descartar a psicanálise — como têm feito muitos intelectuais contemporâneos — como mais um "ismo" vulgar e conformista (junto com o marxismo, o sinoísmo original, o existencialismo, o zen-budismo etc. etc.). É compreensível o desencanto com a psicanálise que perpassa as vozes mais sofisticadas de nossa cultura; é difícil não rejeitar uma concepção que se tornou tão oficial e tão insípida. O vocabulário psicanalítico se converteu no arsenal rotineiro da agressão pessoal e na maneira rotineira de expressar (e, portanto, defender-se contra) a ansiedade nas classes médias americanas. Fazer psicanálise virou uma instituição tão burguesa quanto entrar na faculdade; topamos com ideias psicanalíticas por toda parte, encarnadas em peças da Broadway, na televisão e nos filmes. O problema com as ideias psicanalíticas, como agora se afigura a muitos, é que elas constituem uma forma de retirada do mundo real e, portanto, de conformismo com ele. O tratamento psicanalítico não contesta a sociedade; ele nos devolve ao mundo, apenas um pouco mais capazes de suportá-lo e sem alimentar esperanças. A psicanálise é entendida como antiutópica e antipolítica — uma tentativa desesperada, porém essencialmente pessimista, de salvaguardar o indivíduo das exigências opressivas mas incontornáveis da sociedade.

Todavia, o desencanto dos intelectuais americanos com as ideias psicanalíticas, como ocorreu com o desencantamento anterior com as ideias marxistas (um caso similar), é prematuro. O marxismo não é o stalinismo nem o esmagamento da revolução húngara; a psicanálise não é o analista da Park Avenue, nem os periódicos psicanalíticos, nem a matrona suburbana discutindo o complexo de Édipo de seu filho. O desencanto é a atitude característica dos intelectuais americanos contemporâneos, mas muitas vezes o desencanto é filho da preguiça. Não temos tenacidade suficiente nas ideias, assim como não temos seriedade ou honestidade suficiente na sexualidade.

Essa é a importância de *Vida contra morte* de Brown, bem como a de *Eros e a civilização* de Marcuse. Brown, como Marcuse, segue as ideias de Freud como uma teoria geral da natureza humana — e não como uma terapia que devolve as pessoas à sociedade que cria seus conflitos. Brown concebe a psicanálise não como modo de tratamento para atenuar as arestas neuróticas do mal-estar civilizatório, e sim como um novo patamar mais elevado da consciência humana como um todo. Assim, as categorias psicológicas de Freud são corretamente vistas, na terminologia de Marcuse, como categorias políticas.

O passo dado por Brown, que vai além do que o próprio Freud pensava estar fazendo, é mostrar que as categorias psicológicas também são categorias corporais. Para Brown, a psicanálise (e não está se referindo às instituições da psicanálise atual) promete nada menos do que curar a divisão entre corpo e mente: a transformação do ego humano num ego do corpo, e a ressurreição do corpo prometida no misticismo cristão (Boehme) e em Blake, Novalis e Rilke. Não somos senão corpo; todos os valores são valores corporais, diz Brown. Ele nos propõe aceitarmos o modo andrógino de ser e o modo narcisista de expressão de si que estão ocultos no corpo. Segundo Brown, a humanidade está sempre, no inconsciente, em inalterável revolta contra a diferenciação sexual e a organização genital. O núcleo da neurose humana é a incapacidade do indivíduo em viver no corpo — viver (isto é, ser sexual) e morrer.

Numa época em que não existe nada mais usual ou mais aceitável do que criticar nossa sociedade e se revoltar contra a civilização, é conveniente diferenciar os argumentos de Brown (e Marcuse) da linha geral da crítica, que é ou puerilmente niilista ou, no fundo, conformista e insignificante (ou, muitas vezes, ambas as coisas). E já que os dois livros levantam críticas agudas a muitos aspectos de Freud, também é importante diferenciá-los de outras tentativas de modificar a teoria freudiana e ampliá-la como uma teoria da natureza humana e uma crítica moral da sociedade. Brown e Marcuse oferecem a mais firme oposição contra a insípida interpretação "revisionista" de Freud que domina a vida cultural e intelectual americana — na Broadway, no quarto das crianças, nas reuniões sociais e no leito conjugal suburbano. Esse freudismo "revisionista" (de Fromm a Paddy Chayefsky) se passa por uma crítica à América mecanizada, ansiosa, submetida à lavagem cerebral da televisão. Ele procura restaurar o valor do indivíduo contra a sociedade de massa e propõe o belo ideal da realização por meio do amor. Mas a crítica revisionista é superficial. Afirmar os direitos do amor, quando se entende o amor como consolo, proteção contra a solidão, segurança do ego — deixando ao mesmo tempo intocados todos os direitos da sublimação —, não faz propriamente justiça a Freud. Não foi por acaso que Freud escolheu usar a palavra "sexo" quando, como ele mesmo declarou, poderia ter usado "amor". Freud insistiu no sexo; insistiu no corpo. Poucos seguidores dele entenderam esse seu significado ou viram suas aplicações numa teoria da cultura; as duas exceções foram Ferenczi e o desventurado Wilhelm Reich. O fato de não terem entendido, segundo Brown, as implicações do pensamento de Freud — sobretudo ao aceitarem o primado do orgasmo — é menos importante do que o fato de terem captado as implicações críticas das ideias freudianas. Reich e Ferenczi são muito mais fiéis a Freud do que os psicanalistas ortodoxos, que, devido à sua incapacidade de transformar a psicanálise em crítica social, reconduzem o desejo humano novamente à repressão.

Claro que, em certa medida, o mestre merece os discípulos que tem. O surgimento contemporâneo da psicanálise como forma de um dispendioso aconselhamento espiritual sobre técnicas de adaptação e reconciliação com a cultura deriva dos limites do próprio pensamento de Freud, que Brown examina com cuidadosos detalhes. Espírito revolucionário que era, mesmo assim Freud apoiava as aspirações perenes da cultura repressora. Aceitava a inevitabilidade da cultura como ela é, com suas duas características — "um fortalecimento do intelecto, que está começando a governar a vida dos instintos, e uma interiorização dos impulsos agressivos, com todas as suas resultantes vantagens e desvantagens". Os que consideram Freud o paladino da livre expressão da libido podem se surpreender com o que ele chama de "o ideal psicológico", pois não é senão "o primado do intelecto".

De modo mais geral, Freud é herdeiro da tradição platônica do pensamento ocidental em suas duas principais premissas, relacionadas de forma recíproca: o dualismo mente e corpo, e o valor autoevidente (teórico e prático) da autoconsciência. O primeiro postulado se reflete na concordância do próprio Freud com a ideia de que a sexualidade é "inferior" e as sublimações na arte, na ciência e na cultura são "superiores". A isso acrescenta-se a visão pessimista da sexualidade, que considera o sexual precisamente como a área vulnerável da personalidade humana. Os impulsos libidinais estão em conflito incontrolável consigo mesmos, sujeitos à frustração, à agressão e à interiorização em forma de culpa; e a ação repressiva da cultura é necessária para controlar os mecanismos autorrepressivos instalados na natureza humana. O segundo postulado se reflete na maneira como a terapia freudiana atribui valor de cura à autoconsciência, em sabermos detalhadamente como e de que maneira estamos doentes. Para Freud, trazer à luz os motivos ocultos os dissiparia automaticamente. A neurose, em sua concepção, é uma forma de amnésia, um esquecimento (uma repressão malfeita) do passado doloroso. Não conhecer o passado é ser escravo dele, ao passo que lembrar, conhecer, é se libertar.

Brown critica esses dois pressupostos de Freud. Não somos corpo versus mente, diz; isso seria negar a morte e, portanto, negar a vida. E a autoconsciência, divorciada das experiências do corpo, também equivale à negação da morte, negação esta que nega a vida. O argumento de Brown, complexo demais para resumi-lo aqui, não leva à rejeição do valor da consciência ou da reflexividade. O que ele faz é uma distinção necessária. O que é preciso, em sua terminologia, não é uma consciência apolínea (ou sublimação), e sim uma consciência dionisíaca (ou corpo).

Os termos "apolíneo" e "dionisíaco" nos relembram inevitavelmente Nietzsche, e a associação é apropriada. A chave dessa reinterpretação de Freud é Nietzsche. Porém é interessante que Brown vincule sua discussão não a Nietzsche, e sim à tradição escatológica dentro do cristianismo.

A especialidade da escatologia cristã reside precisamente em sua rejeição da hostilidade platônica ao corpo humano e à "matéria", em sua recusa de equiparar o caminho platônico da sublimação com a salvação final e em sua afirmação de que a vida eterna só pode ser vida num corpo. O ascetismo cristão pode elevar a punição do corpo caído a alturas inconcebíveis para Platão, mas a esperança cristã consiste na redenção desse corpo caído. Daí a afirmação de Tertuliano: "O corpo se reerguerá, todo o corpo, o mesmo corpo, o corpo inteiro". A síntese católica medieval entre o cristianismo e a filosofia grega, com sua noção de uma alma imortal, prejudicou e confundiu a questão; somente o protestantismo arca com todo o peso do específico credo cristão. O rompimento de Lutero com a doutrina da sublimação (as boas ações) é decisivo, mas o teólogo do corpo ressurreto é o sapateiro de Görlitz, Jacob Boehme.

Pode-se ver por essa passagem a energia polêmica, se não a primorosa meticulosidade, da obra de Brown. É ao mesmo tempo uma análise da teoria freudiana em toda a sua amplitude, uma teoria dos instintos e da cultura e um amplo conjunto de estudos de casos históricos. No entanto, sua defesa do protestantismo como arauto de uma cultura que transcendeu a sublimação é historicamente duvidosa. Para apresentar apenas a crítica mais evidente, o protestantismo é também o calvinismo, e a ética calvinista (como mostrou Max Weber) foi o que deu o mais poderoso impulso aos ideais de sublimação e repressão pessoal que se encarnam na cultura urbana moderna.

Apesar disso, ao situar suas ideias dentro do quadro da escatologia cristã (e não nos termos de ateus fervorosos como Sade, Nietzsche e Sartre), Brown levanta algumas outras questões de grande importância. O gênio do cristianismo foi desenvolver a partir do judaísmo uma visão histórica do mundo e da condição humana. E a análise de Brown, ao se aliar com algumas das promessas implícitas da escatologia cristã, abre a possibilidade de uma teoria psicanalítica da história que não reduz a história cultural simplesmente à psicologia dos indivíduos. A originalidade de *Vida contra morte* consiste em elaborar um ponto de vista ao mesmo tempo histórico e psicológico. Brown demonstra que o ponto de vista psicológico não implica necessariamente uma rejeição da história, em termos de suas aspirações escatológicas, nem uma renúncia aos "limites da natureza humana" e à necessidade de repressão por meio da atuação da cultura.

Se assim é, porém, precisamos reavaliar o significado da própria escatologia ou utopismo. Tradicionalmente, a escatologia adota a forma de uma expectativa da futura transcendência da condição humana para toda a humanidade, na história que se desenrola num inexorável avanço. E é contra essa expectativa, seja na forma da escatologia bíblica, do Iluminismo, do progressismo ou das teorias de Hegel e Marx, que os críticos "psicológicos" modernos adotam sua posição amplamente conservadora. Mas nem todas as teorias escatológicas são teorias da história. Há outra espécie de escatologia, que se pode chamar de escatologia da imanência (em oposição à escatologia da transcendência, mais conhecida). É essa esperança que Nietzsche, o maior crítico da desvalorização platônica do mundo (e de seu herdeiro, aquele "platonismo popular" conhecido como cristianismo), expressa em sua teoria do "eterno retorno" e da "vontade de potência". Mas, para Nietzsche, a promessa de uma imanência plenamente realizada cabia apenas aos poucos, aos senhores, e se baseava numa perpetuação ou imobilização do impasse histórico de uma sociedade fundada na relação senhor-escravo; não era possível haver uma realização coletiva. Brown rejeita a lógica da dominação pública que Nietzsche aceitava como preço inevitável da plena realização dos poucos. O mais alto elogio que se pode prestar ao livro de Brown é que, além de sua importantíssima tentativa de aprofundar e desenvolver as proposições de Freud, é a primeira grande tentativa de formular uma escatologia da imanência em setenta anos desde Nietzsche.

(1961)

Happenings: uma arte da justaposição radical

Recentemente surgiu em Nova York um novo gênero de espetáculo, ainda esotérico. Sendo à primeira vista um cruzamento entre uma exposição de arte e uma encenação teatral, esses eventos receberam o nome singelo e um pouco intrigante de "happenings". Ocorrem em lofts, pequenas galerias de arte, quintais e pequenos teatros com público entre trinta e cem pessoas. Para descrever um happening para quem nunca viu, o melhor é descrever o que os happenings não são. Não transcorrem *sobre* um palco em sentido convencional, mas *dentro* de um espaço entulhado de objetos que podem ser feitos, montados ou encontrados, ou as três coisas. Nesse espaço, um determinado número de participantes, *não* atores, fazem movimentos e manejam objetos em antífona e em concerto com o (ocasional) acompanhamento de palavras, sons sem palavras, músicas, luzes piscando e odores. O happening não tem enredo, embora seja uma ação ou, melhor, uma série de ações e eventos. Também evita o discurso racional contínuo, embora possa trazer palavras como "Socorro!", "*Voglio un bicchiere di acqua*" ["Quero um copo de água"], "Me ame",

"Carro", "Um, dois, três...". A fala é purificada e condensada pela disparidade (há apenas a fala indispensável) e depois expandida pela inutilidade, pela falta de relação entre as pessoas encenando o happening.

Os que fazem happenings em Nova York — mas não são apenas um fenômeno nova-iorquino; há registro de atividades semelhantes em Osaka, Estocolmo, Colônia, Milão e Paris, por grupos sem relação entre si — são jovens, no final dos vinte ou no começo dos trinta anos. Na maioria são pintores (Allan Kaprow, Jim Dine, Red Grooms, Robert Whitman, Claes Oldenburg, Al Hansen, George Brecht, Yoko Ono, Carolee Schneemann), e há alguns músicos (Dick Higgins, Philip Corner, La Monte Young). Allan Kaprow, o principal responsável pela defesa e elaboração do gênero, é o único acadêmico entre eles; dava aulas de arte e história da arte em Rutgers e agora ensina na Universidade Estadual de Nova York, em Long Island. Para Kaprow, pintor e aluno (por um ano) de John Cage, fazer happenings substituiu a pintura desde 1957; como diz ele, os happenings são o que sua pintura se tornou. Mas não é o caso da maioria dos demais; estes continuam a pintar ou compor música, além de produzir de vez em quando um happening ou de participar no happening concebido por um amigo.

O primeiro happening em público foi *Eighteen Happenings in Six Parts* [*Dezoito happenings em seis partes*], de Allan Kaprow, apresentado em outubro de 1959 na inauguração da Reuben Gallery, que ele, com outras pessoas, ajudou a criar. Por dois ou três anos, a Reuben Gallery, a Judson Gallery e, mais tarde, a Green Gallery foram os principais espaços de happenings em Nova York, realizados por Kaprow, Red Grooms, Jim Dine, Robert Whitman e outros; nos últimos anos, a única série de happenings foi a de Claes Oldenburg, que os apresentava todo final de semana nas três salinhas do fundo de sua "loja" na East Second Street. Nos cinco anos desde que os happenings passaram a ser apresentados em público, o círculo original de amigos próximos se ampliou e os integrantes passaram a ser de opiniões divergentes; nenhuma definição dos happenings como gênero seria aceita por todos os que os realizam agora. Alguns happenings são mais vazios, outros mais cheios de ocorrências; alguns são violentos, outros são engraçados; alguns parecem haicais, outros são épicos; alguns são vinhetas, outros são mais teatrais. Mesmo assim, é possível discernir uma unidade essencial na forma e extrair algumas conclusões sobre a pertinência dos happenings para as artes da pintura e do teatro. Kaprow, aliás, escreveu o melhor artigo já publicado sobre os happenings, sobre seu significado geral no contexto do cenário artístico contemporâneo e sua evolução, em particular para ele, que saiu na *Art News* de maio de 1961, ao qual remetemos o leitor para uma descrição do que literalmente "happens' ["acontece"] mais completa do que farei neste artigo.

O traço talvez mais marcante do happening é o tratamento (única palavra possível) que ele dá ao público. O evento parece concebido para espicaçar e ofender o público. Os participantes podem espirrar água na plateia ou lhe atirar moedas ou algum detergente em pó que causa espirros. Alguém pode fazer uns barulhos quase ensurdecedores batendo num latão ou brandir um maçarico de acetileno na direção dos espectadores. Pode haver vários rádios tocando ao mesmo tempo. O público pode ter de ficar de pé, desconfortável, numa sala lotada ou brigar por espaço para não cair de umas tábuas postas acima de uns cinco ou dez centímetros de água. Não há nenhuma tentativa de atender ao desejo do público em assistir a tudo. Na verdade, muitas vezes se frustra deliberadamente esse desejo, encenando alguns eventos quase no escuro ou em várias salas ao mesmo tempo. Em *A Spring Happening* [*Um happening de primavera*], apresentado em março de 1961 na Reuben Gallery, os espectadores ficaram confinados dentro de uma espécie de caixa longa e fechada, parecendo um vagão de gado; havia orifícios nas paredes de madeira dessa estrutura pelos quais os espectadores se esforçavam em enxergar os eventos se passando do lado de fora; quando o happening terminou, as paredes caíram e os espectadores foram conduzidos para fora por um sujeito dirigindo um cortador de grama elétrico.

(Esse envolvimento abusivo do público parece ser, à falta de qualquer outra coisa, o eixo dramático do happening. Quando o happening é mais propriamente um espetáculo e o público é apenas espectador, como em *The Courtyard* [*O pátio*], de Allan Kaprow, apresentado em novembro de 1962 na Renaissance House, o evento é bem menos denso e interessante.)

Outro traço marcante dos happenings é o tratamento dado ao tempo. A duração de um happening é imprevisível; pode variar de dez a 45 minutos; a média é de meia hora. Indo a um bom número deles nos últimos dois anos, notei que o público dos happenings, leal, aficionado e em geral já bem experiente, muitas vezes não sabe quando eles já terminaram e precisa ser avisado para sair. O fato de se encontrar basicamente sempre as mesmas pessoas em meio ao público indica que isso não se deve a uma falta de familiaridade com a forma do happening. A duração e o conteúdo imprevisíveis de cada happening individual são essenciais para o efeito. Isso ocorre porque o happening não tem enredo, não tem história e, portanto, não tem elementos de suspense (os quais então acarretariam a solução do suspense).

O happening opera criando uma rede assimétrica de surpresas, sem clímax nem consumação; é mais a alógica dos sonhos do que a lógica da arte em geral. Os sonhos não têm senso temporal. Os happenings também não. Sem enredo e sem um discurso racional contínuo, não têm passado. Como sugere o próprio nome, os happenings estão sempre no tempo presente. Repetem-se constantemente as mesmas palavras, quando as há; a fala é reduzida a um gaguejar. As mesmas ações também são repetidas com frequência ao longo do mesmo happening — uma espécie de gagueira gestual ou em câmera lenta para transmitir uma sensação de paralisação do tempo. Vez por outra, o happening todo assume uma forma circular, começando e terminando com a mesma ação ou gesto.

Uma das maneiras como os happenings afirmam sua liberdade em relação ao tempo é sua deliberada transitoriedade. Um pintor ou escultor que fazem happenings não fazem nada que possa ser comprado. Não se pode comprar um happening; pode-se apenas apoiá-lo. É consumido ali mesmo. Com isso, talvez pareça que os happenings são uma forma de teatro, pois só podemos assistir a uma apresentação teatral, mas não levá-la para casa. Mas no teatro há um texto, uma "partitura" completa da apresentação que é impressa, que pode ser comprada, lida, e tem uma existência independente de qualquer encenação sua. Os happenings tampouco são teatro se, por teatro, nos referimos a peças. Mas não é verdade (ao contrário do que supõem alguns frequentadores de happenings) que os happenings sejam improvisados ali na hora. Eles são cuidadosamente ensaiados por um tempo que varia de uma semana a vários meses — embora o roteiro ou guia seja mínimo, normalmente não mais do que uma página de diretrizes gerais sobre os movimentos e as descrições de materiais. Grande parte do que se passa na apresentação foi desenvolvida ou coreografada pelos próprios participantes durante o ensaio; se o happening é realizado várias noites seguidas, é provável que varie muito nas apresentações, muito mais do que no teatro. Mas, ainda que se possa fazer o mesmo happening várias noites seguidas, ele não se destina a fazer parte de um repertório que se possa repetir. Depois de desmontado após uma ou várias apresentações, o happening nunca é retomado, nunca é reapresentado. Isso, em parte, tem a ver com os materiais deliberadamente fortuitos que entram nos happenings — papel, caixotes de madeira, latas de alumínio, sacos de aniagem, comidas, paredes pintadas para a ocasião —, materiais que muitas vezes são literalmente consumidos ou destruídos durante a apresentação.

O básico num happening são os materiais — e suas modulações como duros ou macios, como sujos ou limpos. Essa preocupação com os materiais, que parece aproximar os happenings mais da pintura que do teatro, também se expressa no uso ou tratamento das pessoas mais como objetos materiais do que como "personagens". As pessoas nos happenings muitas vezes são tratadas como objetos, fechadas em sacos, engenhosamente embrulhadas em papel, envoltas em panos e usando máscaras. (Ou, ainda, a pessoa pode ser usada como natureza-morta, como no *Untitled Happening*, de Allan Kaprow, realizado na sala de caldeiras no subsolo do Maidman Theater em março de 1962, em que havia uma mulher nua deitada numa escada, suspensa sobre a área em que se davam os happenings.) Boa parte da ação, violenta ou não, dos happenings envolve esse uso da pessoa como objeto material. Há uma grande proporção de uso violento do corpo dos participantes, sejam eles mesmos usando o próprio corpo (saltando, caindo) ou uns aos outros (erguendo, perseguindo, atirando, empurrando, batendo, lutando), e às vezes há um uso mais lento e mais sensual do corpo (acariciando, ameaçando, fitando) pelos outros ou pela própria pessoa. Outra maneira de empregar as pessoas é na descoberta ou no uso repetitivo e apaixonado das propriedades sensoriais dos materiais, em vez de suas funções convencionais: soltar pedaços de pão num balde de água, arrumar a mesa para uma refeição, rolar um enorme rolo de tela de papel pelo chão, pendurar roupa no varal. *Car Crash*, de Jim Dine, realizado na Reuben Gallery em novembro de 1960, terminava com um homem esmagando e moendo pedaços de giz de cor num quadro-negro. Atos simples como tossir e carregar algo, um homem se barbeando, um grupo comendo, se prolongam repetitivamente, a ponto de um frenesi demoníaco.

Quanto aos materiais empregados, cabe notar que não é possível distinguir entre cenário, acessórios e figurinos num happening, como se dá no teatro. As roupas de baixo e coisas ordinárias de brechó que algum participante usa são parte integrante da composição como um todo, assim como as formas de papel machê salpicadas de tinta que despontam da parede ou como o lixo espalhado no chão. Ao contrário do teatro e à semelhança de algumas pinturas modernas, os objetos no happening não estão *colocados*, e sim espalhados e amontoados. O happening ocorre no que poderíamos chamar de "ambiente", e esse ambiente costuma ser uma grande bagunça, estar em desordem e tremendamente abarrotado de coisas, montado com alguns materiais bastante frágeis, como papel e tecido, e outros são escolhidos por estarem gastos, sujos e em condições perigosas. Com isso, os happenings registram (de maneira real, e não simplesmente ideológica) um protesto contra a concepção de arte como museu — a ideia de que a tarefa do artista é fazer coisas para serem preservadas e cuidadas. Não há como preservar um happening e só se pode cuidar dele como se cuidaria de um fogo de artifício explodindo perigosamente perto do nosso rosto.

Alguns chamam os happenings de "teatro de pintores", o que significa — afora o fato de que os realizadores de happenings são, na maioria, pintores — que podem ser descritos como quadros vivos ou, mais precisamente, como "colagens vivas" ou "trompe-l'oeil dotados de vida". Além disso, o surgimento dos happenings pode ser entendido como um desenvolvimento lógico da escola pictórica nova-iorquina dos anos 1950. O tamanho gigantesco de muitas telas pintadas em Nova York na década passada, na intenção de avassalar e envolver o espectador, somado ao uso crescente de materiais além da tinta para colocar na tela e, mais tarde, além da tela, indica a intenção latente desse tipo de pintura em se projetar em forma tridimensional. Foi exatamente isso que alguns começaram a fazer. O passo fundamental subsequente foi dado em meados e final dos anos 1950, pelos trabalhos de Robert Rauschenberg, Allan Kaprow e outros, numa nova forma chamada "assemblage", misto de pintura, colagem e escultura, empregando uma variedade sardônica de materiais, sobretudo em destroços, inclusive placas de automóvel, recortes de jornais, pedaços de vidro, partes de máquinas e meias do artista. Do assemblage à sala inteira ou "ambiente" é apenas um passo. O passo final, o happening, simplesmente põe as pessoas no ambiente e coloca o ambiente em movimento. Sem dúvida, grande parte do estilo do happening — a aparência geral de bagunça, o gosto de incorporar materiais prontos sem nenhum prestígio artístico, especialmente a sucata da civilização urbana — se deve à experiência e às pressões da pintura nova-iorquina. (Cabe mencionar, porém, que Kaprow, por exemplo, considera que o uso da sucata urbana não é um elemento indispensável da forma do happening e sustenta que os happenings também podem ser compostos e ambientados num meio bucólico, utilizando os materiais "limpos" da natureza.)

Assim, a pintura recente oferece uma maneira de explicar a aparência e, em parte, o estilo dos happenings. Mas não explica a forma deles. Para isso, temos de ir além da pintura, em particular ao surrealismo. Por surrealismo não me refiro a um movimento específico na pintura inaugurado pelo manifesto de 1924 de André Breton e ao qual associamos os nomes de Max Ernst, Dalí, De Chirico, Magritte e outros. Refiro-me a um modo de sensibilidade que perpassa todas as artes no século XX. Há uma tradição surrealista no teatro, na pintura, na poesia, no cinema, na música e no romance; mesmo na arquitetura há, se não uma tradição, pelo menos um candidato, o arquiteto espanhol Gaudí. A tradição surrealista em todas essas artes é unificada pela ideia de destruir os sentidos convencionais e criar novos sentidos ou contrassentidos pela justaposição radical (o "princípio do *collage*"). A beleza, nas palavras de Lautréamont, é "o encontro fortuito entre uma máquina de costura e um guarda-chuva numa mesa de dissecação". A arte assim entendida é, evidentemente, movida pela agressão, a agressão contra o suposto convencionalismo do público e, acima de tudo, a agressão contra o próprio meio. A sensibilidade surrealista, com suas técnicas de justaposição radical, pretende chocar. Mesmo um dos métodos clássicos da psicanálise, a livre associação, pode ser interpretado como outro desdobramento do princípio surrealista da justaposição radical. Ao aceitar a pertinência de qualquer declaração não premeditada do paciente, a técnica freudiana de interpretação se mostra baseada na mesma lógica da coerência por trás da contradição a que estamos acostumados na arte moderna. Usando a mesma lógica, o dadaísta Kurt Schwitters fez suas brilhantes construções *Merz*, no começo dos anos 1920, com materiais deliberadamente não artísticos; uma de suas colagens, por exemplo, é montada com os refugos de sarjeta de um só quarteirão da cidade. Isso faz lembrar Freud descrevendo seu método como uma maneira de adivinhar o significado a partir do "amontoado de refugos [...] de nossas observações", da reunião dos mais insignificantes detalhes; como limite de tempo, a hora diária do analista com o paciente é tão arbitrária quanto o limite de espaço de um quarteirão para a recolha dos refugos da sarjeta; tudo depende dos acasos criativos do arranjo e da percepção. Pode-se também ver uma espécie de princípio involuntário da colagem em muitos artefatos da cidade moderna: a brutal desarmonia no tamanho e no estilo das construções, a justaposição frenética de placas das lojas, a diagramação chamativa dos jornais modernos etc.

A arte da justaposição radical, porém, pode ter vários usos. Grande parte do conteúdo do surrealismo serve ao humor — seja a deliciosa brincadeira por si mesma com o que é trivial, infantil, extravagante, obsessivo, seja a sátira social. É essa, especificamente, a finalidade do dadá e do surrealismo tal como representado na Exposição Surrealista Internacional em Paris, em janeiro de 1938, e nas mostras em Nova York em 1942 e 1960. Simone de Beauvoir, no segundo volume de suas memórias, descreve aquela casa fantasmagórica de 1938 da seguinte maneira:

> No saguão de entrada estava uma das criações especiais de Dalí: um táxi, com chuva escorrendo de dentro dele, com uma manequim loura desfalecida no interior, cercada por uma espécie de salada de alface e chicória salpicada de caracóis. A "Rue Surréaliste" continha outras figuras similares, vestidas ou nuas, de Man Ray, Max Ernst, Dominguez e Maurice Henry. A de Masson [era] um rosto aprisionado numa jaula e amordaçado com um amor-perfeito. O salão principal fora montado por Marcel Duchamp para parecer uma gruta; continha, entre outras coisas, um lago e quatro camas em volta de um braseiro, e o teto estava forrado de sacos de carvão. O local inteiro cheirava a café brasileiro, e vários objetos despontavam na penumbra cuidadosamente trabalhada: uma travessa forrada de peles, uma mesa ocasional com as pernas de uma mulher. Por todos os lados, coisas comuns como paredes, portas, vasos de flores se libertavam das restrições humanas. Não creio que o surrealismo teve qualquer influência direta sobre nós, mas impregnava o ar que respirávamos. Foram os surrealistas, por exemplo, que criaram a moda de frequentar o mercado de pulgas onde Sartre, Olga e eu costumávamos passar nossas tardes de domingo.

A última linha da citação é especialmente interessante, pois relembra como o princípio surrealista deu origem a uma espécie de valorização humorística dos objetos supérfluos, descartados, démodés da civilização moderna — o gosto por uma espécie de não arte fervorosa conhecida como *"camp"*. A xícara com acabamento em pele, o retrato feito com tampinhas de Pepsi-Cola, o vaso sanitário ambulante são tentativas de criar objetos nos quais se inseriu uma espécie de humor que o espectador sofisticado, com os olhos abertos pelo *camp*, pode utilizar para fruir os filmes de Cecil B. DeMille, as histórias em quadrinhos e os abajures art nouveau. A principal exigência para esse senso de humor é que os objetos não sejam grande arte nem de bom gosto em qualquer acepção normalmente adotada; quanto mais desprezados os materiais ou mais banais os sentimentos expressados, melhor.

Mas o princípio surrealista pode ser utilizado para outras finalidades além do humor, seja o humor desinteressado da sofisticação, seja o humor polêmico da sátira. Pode ser concebido de maneira mais séria, terapeuticamente — para reeducar os sentidos (na arte) ou o caráter (na psicanálise). E, por fim, pode ser utilizado para o terror. Se o sentido da arte moderna é a descoberta, por sob a lógica da vida cotidiana, da alógica dos sonhos, então podemos supor que a arte que tem a liberdade de sonhar tem também alcance emocional. Existem sonhos cômicos, sonhos solenes e existem também pesadelos.

Os exemplos de terror no uso do princípio surrealista se encontram mais facilmente em artes com predomínio da tradição figurativa, como a literatura e o cinema, do que na música (Varèse, Scheffer, Stockhausen, Cage) ou na pintura (De Kooning, Bacon). Em literatura, pensamos em *Maldoror*, de Lautréamont, nos contos e nas novelas de Kafka, nos poemas da morgue de Gottfried Benn. Em cinema, há os dois exemplos de Buñuel e Dalí, *Le Chien Andalou* e *L'Âge d'or*, *Le Sang des bêtes*, de Franju, e mais recentemente dois curtas, o polonês *Life is Beautiful* e o americano *A Movie*, de Bruce Connor, e alguns momentos em filmes de Alfred Hitchcock, H.-G. Clouzot e Kon Ichikawa. Mas a melhor maneira de entender o princípio surrealista utilizado para fins de aterrorização se encontra nos escritos de Antonin Artaud, um francês que teve quatro carreiras importantes e modelares: de poeta, lunático, ator de cinema e teórico teatral. Em sua coletânea de ensaios *O teatro e seu duplo*, Artaud pretende nada menos que a total rejeição do teatro ocidental moderno, com seu culto às obras-primas, sua ênfase básica no texto escrito (a palavra), seu modesto alcance emocional. Artaud escreve: "O teatro precisa se tornar igual à vida — não uma vida individual, aquele aspecto individual da vida em que os *personagens* triunfam, mas a espécie de vida liberada que elimina a individualidade humana". Essa superação do peso e das limitações da individualidade pessoal — tema promissor também em D. H. Lawrence e Jung — se dá pelo recurso ao conteúdo predominantemente coletivo dos sonhos. Apenas em nossos sonhos aprofundamo-nos noturnamente para além da rasa superfície do que Artaud chama com desdém de "homem psicológico e social". Mas sonhar, para Artaud, não significa apenas poesia, fantasia; significa violência, insanidade, pesadelo. A relação com o sonho fará necessariamente surgir o que Artaud chama de "*teatro da crueldade*", título de dois manifestos seus. O teatro deve fornecer "ao espectador os autênticos precipitados dos sonhos, em que seu gosto pelo crime, suas obsessões eróticas, sua selvageria, suas quimeras, seu senso utópico da vida e da matéria, e mesmo seu canibalismo, jorram num nível não simulado e ilusório, mas interior [...]. O teatro, como os sonhos, deve ser sangrento e inumano".

As recomendações de Artaud em *O teatro e seu duplo* constituem a melhor descrição do que são os happenings. Artaud mostra a ligação entre três traços típicos do happening: primeiro, o tratamento suprapessoal ou impessoal das pessoas; segundo, a ênfase no espetáculo e no som, e a pouca importância dada à palavra; terceiro, o objetivo explícito de agredir o público.

O gosto pela violência na arte não é propriamente um fenômeno novo. Como observou Ruskin em 1880, durante um ataque ao "romance moderno" (seus exemplos são *Guy Mannering* e *A casa sombria*!), o apreço pelo fantástico, pelo *outré*, pelo rejeitado e a vontade de se chocar são, talvez, as características mais notáveis dos públicos modernos. Inevitavelmente, isso leva o artista a tentativas cada vez maiores e mais intensas de despertar reação no público. A questão é se, para despertar uma reação, é sempre preciso recorrer à aterrorização. Parece haver um consenso implícito entre os que fazem happenings que outros tipos de excitação (por exemplo, a excitação sexual) são, de fato, menos eficientes e que o último bastião da vida emocional é o medo.

Todavia, também é interessante notar que essa forma de arte empenhada em sacudir o público moderno e tirá-lo de sua confortável anestesia emocional opera com imagens de pessoas anestesiadas, agindo numa espécie de dissociação mútua em câmera lenta, e nos dá uma imagem da ação caracterizada, acima de tudo, pelo tom cerimonioso e ineficaz. Nesse ponto, as artes surrealistas do terror se associam ao significado mais profundo da comédia: a afirmação da invulnerabilidade. No cerne da comédia está a anestesia emocional. O que nos permite rir diante de eventos penosos e grotescos é vermos que as pessoas com quem acontecem esses eventos estão, na verdade, reagindo pouco. Por mais que elas gritem, esperneiem, clamem aos céus ou lamentem seus infortúnios, o público sabe que, na verdade, não estão sentindo muito. Os protagonistas da grande comédia têm em si, todos eles, algo de robô ou de autômato. Esse é o segredo de exemplos tão diferentes de comédia como *As nuvens*, de Aristófanes, *Viagens de Gulliver*, os cartuns de Tex Avery, *Cândido*, *Kind Hearts and Coronets* [*As oito vítimas*], os filmes de Buster Keaton, *Ubu rei*, o Goon Show. O segredo da comédia é a cara inexpressiva — ou a reação exagerada ou, ainda, a reação descabida que é uma paródia de uma verdadeira reação. A comédia, assim como a tragédia, opera com certa estilização da reação emocional. No caso da tragédia, é por uma intensificação das normas de sentimento; no caso da comédia, é pela reação insuficiente e descabida segundo as normas do sentimento.

O surrealismo é, talvez, a extensão máxima da ideia de comédia, percorrendo todo o leque, do cômico ao terror. É "cômico" e não "trágico", porque o surrealismo (em todos os seus exemplos, inclusive os happenings) ressalta os extremos da des-relação — a qual predomina como tema da comédia, assim como a "relação" é o tema e a fonte da tragédia. Eu e outros presentes no público rimos muitas vezes durante os happenings. Não creio que seja apenas porque ficamos confusos ou nervosos com ações absurdas e violentas. Creio que rimos porque o que se passa nos happenings é engraçado no sentido mais profundo do termo. Nem por isso é menos aterrorizante. Há algo que nos leva ao riso, desde que nossas crenças sociais e nosso senso altamente convencional do sério assim permitam, nas mais terríveis catástrofes e atrocidades modernas. Há algo de cômico na experiência moderna como tal, não uma divina, mas uma demoníaca comédia, justamente na medida em que a experiência moderna se caracteriza por situações de des-relação mecanizadas e vazias de sentido.

A comédia também é cômica por ser punitiva. Como na tragédia, toda comédia precisa de um bode expiatório, alguém que será punido e expulso da ordem social representada mimeticamente no espetáculo. O que se passa nos happenings meramente segue a recomendação de Artaud para um espetáculo que elimine o palco, isto é, a distância entre espectadores e atores e que "envolva fisicamente o espectador". No happening, o bode expiatório é o público.

(1962)

Notas sobre o *camp*

Muitas coisas no mundo não receberam nome, e muitas coisas, mesmo que tenham recebido nome, nunca foram descritas. Uma delas é a sensibilidade — inequivocamente moderna, uma variante da sofisticação, mas bem diferente dela — que passa pelo nome cult de "*camp*".

Uma sensibilidade (enquanto algo distinto de uma ideia) é uma das coisas mais difíceis de comentar; mas há razões especiais para que nunca se tenha discutido o *camp* em particular. Não é um modo natural de sensibilidade, se é que isso existe. Na verdade, a essência do *camp* é seu gosto pelo inatural: pelo artifício e pelo exagero. E o *camp* é esotérico — tem algo de um código particular, até de uma senha entre panelinhas urbanas. Tirando um vago perfil de duas páginas no romance *O mundo ao anoitecer*, de Christopher Isherwood (1954), praticamente nunca chegou à letra impressa. Falar sobre o *camp*, portanto, é traí-lo. Se há como defender a traição, é pela edificação que ela oferece ou pela dignidade do conflito que ela resolve. Quanto a mim, invoco como objetivos minha edificação pessoal e o espicaçamento de um agudo conflito na minha sensibilidade. O *camp* me atrai muito e me ofende quase na mesma medida. E é por isso que quero falar sobre ele, e tenho condições para tanto. Pois ninguém que partilhe sincera e integralmente uma mesma sensibilidade tem condições de analisá-la; consegue apenas, qualquer que seja a sua intenção, mostrá-la. Para nomear uma sensibilidade, traçar seus contornos e recontar sua história, é preciso uma profunda simpatia tingida de repulsa.

Embora eu esteja falando apenas sobre a sensibilidade — e sobre uma sensibilidade que, entre outras coisas, converte o sério em frívolo —, estas são questões graves. As pessoas, na maioria, consideram a sensibilidade ou o gosto como um campo de preferências puramente subjetivas, aquelas atrações misteriosas, basicamente sensoriais, que não foram submetidas à soberania da razão. Elas *permitem* que considerações de gosto tenham parte em suas reações aos outros e às obras de arte. Mas essa é uma atitude ingênua. E pior do que isso. Condescender com a faculdade do gosto é condescender consigo mesmo. Pois o gosto rege todas as reações humanas livres — em oposição às mecânicas e rotineiras. É o que há de mais decisivo. Há gosto pelas pessoas, gosto visual, gosto pela emoção — e há gosto pelos atos, gosto pela moral. A inteligência também é, na verdade, uma espécie de gosto: o gosto pelas ideias. (Um dos fatos a levar em conta é que o gosto tende a se desenvolver de modo muito desigual. É raro que a mesma pessoa tenha bom gosto visual *e* bom gosto quanto às pessoas *e* gosto pelas ideias.)

O gosto não tem sistema nem provas. Mas existe uma espécie de lógica do gosto: a sensibilidade coerente que subjaz e dá origem a determinado gosto. Uma sensibilidade é quase, mas não inteiramente, inefável. Qualquer sensibilidade que possa ser metida à força no molde de um sistema ou manuseada com os duros instrumentos da prova não é mais, de maneira alguma, uma sensibilidade. Enrijeceu-se em ideia...

Para capturar uma sensibilidade em palavras, principalmente uma sensibilidade viva e poderosa,* é preciso proceder com agilidade e às apalpadelas. A forma das anotações avulsas, em vez de um ensaio (com sua pretensão de desenvolver um argumento sequencial e linear), parece mais apropriada para apreender algo dessa sensibilidade fugidia específica. É constrangedor ser solene e adotar um ar tratadístico sobre o *camp*. Corre-se o risco de criar um exemplo muito medíocre do próprio *camp*.

Estas notas são para Oscar Wilde.

> "Deve-se ou ser uma obra de arte ou vestir uma obra de arte."
> *Phrases & Philosophies for the Use of the Young*

1. Começando em termos muitos gerais: o *camp* é uma certa modalidade de esteticismo. É *uma* maneira de ver o mundo como fenômeno estético. Essa maneira, a maneira do *camp*, não se dá em termos de beleza, e sim em termos do grau de artifício, de estilização.

2. Enfatizar o estilo é desdenhar o conteúdo ou introduzir uma atitude que é neutra em relação ao conteúdo. Desnecessário dizer que a sensibilidade *camp* é desengajada, despolitizada — ou, pelo menos, apolítica.

3. Há uma visão *camp*, uma maneira *camp* de ver as coisas, mas não só. O *camp* é também uma qualidade encontrável nos

---

* A sensibilidade de uma época é seu aspecto não só mais decisivo, mas também mais perecível. É possível capturar as ideias (história intelectual) e o comportamento (história social) de uma época sem sequer roçar a sensibilidade ou o gosto que deu forma a essas ideias, a esse comportamento. Raros são os estudos históricos — como Huizinga sobre a baixa Idade Média ou Febvre sobre a França quinhentista — que realmente nos dizem alguma coisa sobre a sensibilidade do período.

objetos e no comportamento das pessoas. Existem filmes, roupas, móveis, músicas populares, romances, pessoas, construções "*campy*"... Essa distinção é importante. O olho *camp* tem, de fato, o poder de transformar a experiência. Mas nem tudo pode ser visto como *camp*. Nem *tudo* está nos olhos do observador.

4. Exemplos aleatórios de coisas que fazem parte do cânone *camp*:

Zuleika Dobson

Abajures Tiffany

Filmes Scopitone

O restaurante Brown Derby no Sunset Boulevard em LA

The Enquirer, manchetes e casos

Desenhos de Aubrey Beardsley

O lago dos cisnes

Óperas de Bellini

Salomé e *Dommage qu'elle soit une p...* na direção de Visconti

Alguns cartões-postais da virada do século

King Kong de Schoedsack

A cantora pop cubana La Lupe

God's Man, o romance sem palavras, só de gravuras, de Lynn Ward

Os antigos quadrinhos de Flash Gordon

Roupas femininas dos anos 1920 (boás de plumas, vestidos com contas e franjas etc.)

Os romances de Ronald Firbank e Ivy Compton-Burnett

Filmes pornográficos vistos sem tesão

5. O gosto *camp* tem afinidade mais com umas do que com outras artes. Roupas, móveis, todos os elementos de decoração ambiente, por exemplo, compõem uma boa parte do *camp*. Pois a arte *camp* é, muitas vezes, uma arte decorativa, ressaltando a textura, a superfície sensual e o estilo em detrimento do conteú-

do. A música de concerto, porém, por não ter conteúdo, raramente é *camp*. Ela não oferece nenhuma oportunidade para, digamos, um contraste entre um conteúdo tolo ou extravagante e uma forma rica... Às vezes, formas inteiras de arte ficam saturadas de *camp*. É o que parece ter acontecido com o balé clássico, a ópera, o cinema por muito tempo. Nos últimos dois anos, a música popular (o pós-rock and roll, o que os franceses chamam de *yé yé*, o iê-iê-iê) foi anexada. E a crítica cinematográfica (como as listas "Os 10 Melhores Piores Filmes que Vi") é provavelmente a maior popularizadora do gosto *camp* hoje em dia, porque a maioria das pessoas ainda vai ao cinema com boa disposição e sem maiores pretensões.

6. Num certo sentido, é correto dizer: "É bom demais ser *camp*". Ou "importante demais", não marginal o suficiente. (Mais sobre isso, adiante.) Assim, a personalidade e muitas obras de Jean Cocteau são *camp*, mas não as de André Gide; as óperas de Richard Strauss, mas não as de Wagner; as miscelâneas da Tin Pan Alley e de Liverpool, mas não o jazz. O *camp* tem muitos exemplos em coisas que, de um ponto de vista "sério", são arte ruim ou kitsch. Nem todas, porém. Não só o *camp* não é necessariamente arte ruim, mas determinada arte que pode ser considerada *camp* (exemplo: os principais filmes de Louis Feuillade) merece a mais séria admiração e estudo.

> "Quanto mais estudamos a Arte, menos nos importamos com a Natureza."
>
> *A decadência da mentira*

7. Todos os objetos e todas as pessoas *camp* contêm uma grande proporção de artifício. Nada na natureza pode ser *campy*... O *camp* rural ainda é feito pelo homem, e a maioria dos

objetos *campy* é urbana. (Todavia, muitas vezes eles têm uma serenidade — ou uma ingenuidade — que é equivalente ao bucólico. Muitas coisas no *camp* fazem lembrar a expressão de Empson "bucólico urbano".)

8. O *camp* é uma visão do mundo em termos de estilo — mas de um tipo de estilo peculiar. É o amor pelo exagerado, pelo *off*, pelas coisas-sendo-o-que-não-são. O melhor exemplo se encontra no art nouveau, o estilo *camp* mais típico e plenamente desenvolvido. A característica dos objetos art nouveau é converter uma coisa em alguma outra coisa: acessórios de iluminação em forma de plantas em flor, a sala de estar que é realmente uma gruta. Um exemplo notável: as entradas do metrô de Paris desenhadas por Hector Guimard, no final dos anos 1890, em forma de hastes de orquídeas de ferro fundido.

9. Como gosto pelas pessoas, o *camp* reage sobretudo ao que é marcantemente atenuado e ao que é intensamente exagerado. O andrógino é, sem dúvida, uma das grandes imagens da sensibilidade *camp*. Exemplos: as figuras esguias, sinuosas, desfalecendo, da pintura e da poesia pré-rafaelitas; os corpos finos, fluidos, assexuados nas gravuras e cartazes art nouveau apresentados em relevo em abajures e cinzeiros; o fantasmagórico vazio andrógino por trás da beleza perfeita de Greta Garbo. Aqui, o gosto *camp* se funda num aspecto real e verdadeiro do gosto, que geralmente passa despercebido: a forma mais refinada de atração sexual (bem como a forma mais refinada de prazer sexual) consiste em ir a contrapelo de seu próprio sexo. O que é mais bonito nos homens viris é algo feminino; o que é mais bonito nas mulheres femininas é algo masculino... Aliado ao gosto *camp* pelo andrógino, há algo que parece totalmente diferente, mas não é: o prazer pelo exagero das características sexuais e dos maneirismos de personalidade. Por razões óbvias, os melhores exemplos que podem ser citados são de artistas de cinema. A feminilidade espalhafatosa e batida

de Jayne Mansfield, Gina Lollobrigida, Jane Russell, Virginia Mayo; a masculinidade exagerada de Steve Reeves, Victor Mature. Grandes estilistas do temperamento e do maneirismo, como Bette Davis, Barbara Stanwyck, Tallulah Bankhead, Edwige Feuillière.

10. O *camp* enxerga tudo entre aspas. Não é um abajur, e sim um "abajur"; não é uma mulher, e sim uma "mulher". Perceber o *camp* nos objetos e pessoas é entender Ser-como-Interpretar-um-Papel. É a mais extensa aplicação na sensibilidade da metáfora da vida como teatro.

11. O *camp* é o triunfo do estilo epiceno. (A convertibilidade de "homem" e "mulher", de "pessoa" e "coisa".) Mas todo estilo, isto é, artifício, é em última análise epiceno. A vida não é estilosa. Nem a natureza.

12. A questão não é "Por que a caricatura, a personificação, a teatralidade?". A questão é "Quando a caricatura, a personificação, a teatralidade adquirem o sabor específico do *camp*?". Por que a atmosfera das comédias de Shakespeare (*Como gostais* etc.) não é epicena, enquanto a de *Der Rosenkavalier* é?

13. A linha divisória parece se situar no século XVIII; lá se encontram as origens do gosto *camp* (romances góticos, chinesices, caricaturas, ruínas artificiais, e assim por diante). Mas, naquela época, a relação com a natureza era muito diferente. No século XVIII, as pessoas de gosto ou apadrinhavam a natureza (Strawberry Hill) ou tentavam refazê-la como algo artificial (Versalhes). Elas também eram patronas incansáveis do passado. O gosto *camp* atual apaga ou contradiz frontalmente a natureza. E a relação do gosto *camp* com o passado é sentimental ao extremo.

14. Uma história resumida do *camp* poderia, claro, começar muito antes — com artistas maneiristas como Pontormo, Rosso e Caravaggio, com a pintura extraordinariamente teatral de Georges de La Tour ou com o eufuísmo (Lyly etc.) na literatura. Mas o ponto de partida mais sólido parece ser o final do século XVII e o

começo do século XVIII, devido ao extraordinário apreço da época pelo artifício, pela superfície, pela simetria; ao gosto pelo pitoresco e pelo emocionante; às suas convenções elegantes para representar o sentimento do instante e a presença total de um personagem — o epigrama e a copla rimada (em palavras), o floreio (nos gestos e na música). Esse intervalo entre o final do século XVII e o começo do século XVIII é o grande período do *camp*: Pope, Congreve, Walpole etc., mas não Swift; *les précieux* na França; as igrejas rococós de Munique; Pergolesi. Um pouco depois: boa parte de Mozart. Mas, no século XIX, o que se alastrara por toda a alta cultura agora se torna um gosto específico; adota traços do estridente, do esotérico, do pervertido. Restringindo-nos apenas à Inglaterra, vemos o *camp* continuando palidamente pelo esteticismo oitocentista (Burne-Jones, Pater, Ruskin, Tennyson), aflorando viçosamente com o movimento do art nouveau nas artes visuais e decorativas, e encontrando seus ideólogos conscientes em indivíduos "de espírito" como Wilde e Firbank.

15. Dizer que todas essas coisas são *camp* não significa, claro, que sejam apenas isso. Uma análise completa do art nouveau, por exemplo, dificilmente o igualaria ao *camp*. Mas tal análise não pode ignorar o que, no art nouveau, permite senti-lo como *camp*. O art nouveau é cheio de "conteúdo", até de tipo político-moral; foi um movimento revolucionário nas artes, impulsionado por uma visão utópica (em algum lugar entre William Morris e o grupo Bauhaus) de gosto e viés político orgânico. No entanto, os objetos art nouveau também têm uma característica que sugere uma visão desengajada, pouco séria, "esteticista". Isso nos revela algo importante do art nouveau — e das lentes do *camp*, que deixam de fora o conteúdo.

16. Assim, a sensibilidade *camp* está viva no duplo sentido com que algumas coisas podem ser entendidas. Mas não é aquela construção em dois andares, com um significado de um lado e um

significado simbólico de outro. A diferença consiste basicamente entre a coisa significando alguma coisa, qualquer coisa, e a coisa como puro artifício.

17. Isso fica claro no uso corrente da palavra *camp* como verbo, "*to camp*", "comportar-se com afetação", algo que as pessoas fazem. *To camp* é um modo de sedução — que emprega maneirismos espalhafatosos, passíveis de dupla interpretação; gestos cheios de duplicidades, com um significado espirituoso para os conhecedores e outro, mais impessoal, para os de fora. Analogamente e por extensão, quando a palavra se torna substantivo, quando uma pessoa ou uma coisa é "uma *camp*", há aí uma duplicidade. Por trás do sentido público "certinho" em que se pode entender algo, encontra-se uma experiência pessoal cômica daquela coisa.

> "Ser natural é uma pose muito difícil de manter."
>
> *Um marido ideal*

18. É preciso distinguir entre o *camp* ingênuo e o *camp* deliberado. O *camp* puro é sempre ingênuo. O *camp* que sabe que é *camp* ("*camping*") geralmente é menos satisfatório.

19. Os exemplos puros de *camp* não são propositais, são mortalmente sérios. O artífice art nouveau que faz um abajur com uma cobra enrolada em volta não está brincando nem tentando ser charmoso. Está dizendo, com toda a seriedade: Voilà! O Oriente! O *camp* genuíno — por exemplo, os números dos musicais da Warner Brothers dos anos 1930 (*42nd Street*; *The Golddiggers of 1933*...; *of 1935*...; *of 1937* etc.) criados por Busby Berkeley — não *pretende* ser cômico. O *camping* — digamos, as peças de Noel Coward — pretende. Provavelmente, boa parte do repertório operístico tradicional não seria um *camp* tão satisfatório se

os compositores não levassem a sério os absurdos melodramáticos da maioria dos enredos de suas óperas. Não é necessário conhecer as intenções pessoais do artista. A obra fala tudo por si só. (Compare-se uma ópera oitocentista típica com *Vanessa*, de Samuel Barber, que é um *camp* manufaturado e calculado, e a diferença fica clara.)

20. Provavelmente, pretender ser *campy* é sempre prejudicial. A perfeição de *Ladrão de alcova* e *O falcão maltês*, entre os maiores filmes *camp* que existem, decorre do tom mantido com fluência e sem esforço. Não é o que se dá em famosos filmes pretensamente *camp* dos anos 1950, como *A malvada* e *O diabo riu por último*. Esses filmes mais recentes têm seus bons momentos, mas o primeiro é pretensioso demais e o segundo histérico demais; querem tanto ser *campy* que desafinam o tempo todo... Talvez, porém, não seja tanto uma questão de efeito não intencional × intenção consciente, e sim da delicada relação entre paródia e autoparódia no *camp*. Os filmes de Hitchcock são um ótimo exemplo desse problema. Quando a autoparódia não mostra entusiasmo, mas, pelo contrário, revela (ainda que esporadicamente) um desprezo pelos temas e pelos materiais — como em *Ladrão de casaca*, *Janela indiscreta* e *Intriga internacional* —, os resultados são forçados e pesados, raramente *camp*. O *camp* que dá certo — um filme como *Família exótica*, de Carné; as atuações de Mae West e Edward Everett Horton; partes do Goon Show —, mesmo quando se mostra autoparódico, exala um cheiro de amor por si mesmo.

21. Então, mais uma vez, o *camp* se baseia na inocência. Isso significa que o *camp* revela a inocência, mas também, quando pode, corrompe-a. Os objetos, sendo objetos, não mudam ao serem pinçados pela visão *camp*. As pessoas, por sua vez, reagem ao público. As pessoas começam a "afetar" ["*camping*"]: Mae West, Bea Lillie, La Lupe, Tallulah Bankhead em *Um barco e nove desti-*

nos; Bette Davis em *A malvada*. (As pessoas podem até ser levadas a "afetar" sem saber. Veja-se como Fellini fez Anita Ekberg parodiar a si mesma em *La dolce vita*.)

22. Em termos um pouco menos estritos, o *camp* ou é totalmente ingênuo ou inteiramente consciente (quando a pessoa se faz de *campy*). Um exemplo deste último: os próprios epigramas de Wilde.

> "É absurdo dividir as pessoas entre boas e más. As pessoas são interessantes ou maçantes."
>
> *O leque de lady Windermere*

23. No *camp* ingênuo ou puro, o elemento essencial é a seriedade, uma seriedade que não dá certo. Claro que nem toda seriedade que não dá certo pode ser redimida como *camp*. Apenas aquela que tem as proporções adequadas de exagero, fantástico, paixão e ingenuidade.

24. Quando algo é simplesmente ruim (e não *camp*), muitas vezes é porque sua ambição é medíocre demais. O artista não tentou fazer algo de fato bizarro. (É demais", "É fantástico demais", "Não dá para acreditar" são frases típicas do entusiasmo *camp*.)

25. A característica marcante do *camp* é o espírito de extravagância. *Camp* é uma mulher passeando com um vestido feito com 3 milhões de plumas. *Camp* são as pinturas de Carlo Crivelli, com suas joias de verdade e ilusões de óptica com insetos e rachaduras na parede. *Camp* é o tremendo esteticismo dos seis filmes americanos de Sternberg com Dietrich, todos os seis, mas sobretudo o último, *Mulher satânica*... No *camp*, geralmente há algo *démesuré* não só no estilo da obra, mas na qualidade do que se pretende. Os belos e lúgubres edifícios de Gaudí em Barcelona são *camp* não só por causa do estilo, mas porque revelam — so-

bretudo na Catedral da Sagrada Família — a ambição de um homem em fazer sozinho o que levaria uma geração inteira, toda uma cultura para realizar.

26. *Camp* é a arte que se propõe como séria, mas que não pode ser levada totalmente a sério porque é "demais". *Tito Andrônico*, de Shakespeare, e *Estranho interlúdio*, de Eugene O'Neill, são quase *camp* ou podem ser encenados como *camp*. A retórica e a atitude pública de De Gaulle frequentemente são puro *camp*.

27. Uma obra pode se aproximar, mas não chegar ao *camp*, quando se sai bem. Os filmes de Eisenstein quase nunca são *camp* porque, apesar de todo o exagero, se saem bem (dramaticamente) sem excessos. Se fossem um pouco mais "off", poderiam ser de um *camp* grandioso — em especial *Ivan, o Terrível I & II*. O mesmo quanto aos desenhos e as pinturas de Blake, esquisitos e maneirosos como são. Não são *camp*, embora o art nouveau, influenciado por Blake, seja.

O que é extravagante de maneira fria ou incoerente não é *camp*. E também não pode ser *camp* nada que não pareça brotar de uma sensibilidade irreprimível, quase descontrolada. Sem paixão, o que se tem é um pseudo-*camp* — meramente decorativo, inofensivo; em suma, chique. No lado estéril do *camp* há inúmeras coisas atraentes: as fantasias lustrosas e macias de Dalí, o preciosismo de *haute couture* d'*A garota dos olhos de ouro*, de Albicocco. Mas não se devem confundir estas duas coisas, o *camp* e o preciosismo.

28. Mais uma vez, o *camp* é a tentativa de fazer algo extraordinário. Mas extraordinário no sentido, geralmente, de ser especial, glamoroso. (A linha em curvas, o gesto extravagante.) Não extraordinário apenas no sentido de esforço. Os itens publicados na coluna *Acredite se quiser*, de Ripley, raramente são *campy*. Esses itens, sejam excentricidades naturais (o galo de duas cabeças, a berinjela em formato de cruz), sejam frutos de imenso trabalho

(o homem que foi daqui até a China andando sobre as mãos, a mulher que gravou o Novo Testamento na cabeça de um alfinete), não oferecem a recompensa visual — o glamour, a teatralidade — que dá a certas extravagâncias o selo de *camp*.

29. A razão pela qual um filme como *A hora final* e livros como *Winesburg, Ohio* e *Por quem dobram os sinos* são ruins a ponto de ser ridículos, mas não ruins a ponto de ser interessantes, é que eles são pretensiosos e insistentes demais. Falta-lhes fantasia. Há *camp* em filmes ruins como *O filho pródigo* e *Sansão e Dalila*, na série de espetáculos italianos a cores com o super-herói Maciste, em vários filmes japoneses de ficção científica (*Rodan!... O monstro do espaço, Os bárbaros invadem a Terra, O monstro da bomba H*), porque, em sua relativa despretensão e vulgaridade, eles são mais radicais e irresponsáveis em suas fantasias — e, portanto, comoventes e muito divertidos, e agradáveis.

30. O cânone do *camp* pode mudar, claro. O tempo tem muito a ver com isso. O tempo pode vir a ressaltar o que agora parece simplesmente repetitivo ou sem imaginação, por estarmos perto demais, por se parecer demais com nossas próprias fantasias corriqueiras, cuja natureza fantástica não percebemos. Podemos aproveitar melhor uma fantasia enquanto fantasia quando não é a nossa.

31. Por isso muitos objetos valorizados pelo gosto *camp* são antiquados, ultrapassados, démodés. Não é um amor pelo velho enquanto tal. É simplesmente que o processo de envelhecimento ou deterioração proporciona o distanciamento necessário — ou desperta uma necessária simpatia. Quando o tema é importante e contemporâneo, podemos ficar indignados se uma obra de arte não se sai bem. O tempo muda isso. O tempo liberta a obra de arte de sua pertinência moral, entregando-a à sensibilidade *camp*... Outro efeito: o tempo contrai a esfera da banalidade. (A banalidade, estritamente falando, é sempre uma categoria do contemporâ-

neo.) O que era banal pode, com o passar do tempo, tornar-se fantástico. Muita gente que ouve com prazer o estilo de Rudy Vallée revivido pelo grupo pop inglês The Temperance Seven se sentiria furiosa com Rudy Vallée em seu auge.

Assim, as coisas são *campy* não quando ficam velhas, mas quando ficamos menos envolvidos com elas e podemos nos entreter, em vez de nos frustrar, com a tentativa falhada. Talvez o Método do Actors Studio (James Dean, Rod Steiger, Warren Beatty) venha algum dia a parecer tão *camp* quanto, agora, Ruby Keeler — ou Sarah Bernhardt, nos filmes que fez no final da carreira. Ou talvez não.

32. O *camp* é a glorificação do "personagem". A enunciação não tem nenhuma importância — a não ser, claro, para a pessoa (Loie Fuller, Gaudí, Cecil B. DeMille, Crivelli, De Gaulle etc.) que a faz. O que o olhar *camp* aprecia é a unidade, a força da pessoa. Martha Graham envelhecendo, em cada gesto que faz, está sendo Martha Graham etc. etc. Isso fica claro no caso do grande ídolo para valer do gosto *camp*, Greta Garbo. A incompetência (ou, no mínimo, a falta de profundidade) de Garbo como *atriz* realça sua beleza. Ela é sempre ela mesma.

33. O gosto *camp* reage é ao "personagem instantâneo" (o que, claro, é muito setecentista), e, inversamente, o que não lhe desperta interesse é o senso de um desenvolvimento do personagem. O personagem é entendido como um estado de incandescência contínua — a pessoa sendo uma coisa só, muito intensa. Essa atitude em relação ao personagem é um elemento central da teatralização da experiência encarnada na sensibilidade *camp*. E ajuda a explicar por que a ópera e o balé são vistos como tesouros tão ricos de *camp*, pois nenhuma dessas duas formas consegue propriamente fazer justiça à complexidade da natureza humana. Onde quer que haja um desenvolvimento do personagem, há menos *camp*. Entre as óperas, por exemplo, *La Traviata* (que tem um

pequeno desenvolvimento dos personagens) é menos *campy* do que *Il Trovatore* (que não tem nenhum).

> "A vida é coisa importante demais para se falar a sério sobre ela."
>
> *Vera, ou Os niilistas*

34. O gosto *camp* dá as costas ao eixo bom-ruim do juízo estético comum. O *camp* não inverte as coisas. Não afirma que o bom é ruim ou que o ruim é bom. O que ele faz é oferecer à arte (e à vida) um conjunto diferente — suplementar — de critérios.

35. Comumente valorizamos uma obra de arte por causa da seriedade e dignidade do que ela realiza. Valorizamos a obra de arte porque ela se sai bem — em ser o que é e, supostamente, por cumprir a intenção por trás de si. Imaginamos uma relação adequada, isto é, direta, entre intenção e realização. Por esses critérios, louvamos *A Ilíada*, as peças de Aristófanes, *A Arte da Fuga*, *Middlemarch*, as pinturas de Rembrandt, Chartres, a poesia de Donne, *A divina comédia*, os quartetos de Beethoven e — entre as pessoas — Sócrates, Jesus, são Francisco, Napoleão, Savonarola. Em suma, o panteão da alta cultura: verdade, beleza e seriedade.

36. Mas há outras sensibilidades criativas além da seriedade (trágica e cômica) da alta cultura e do alto estilo de avaliar as pessoas. E a pessoa engana a si mesma, como ser humano, se tiver *respeito* apenas pelo estilo da alta cultura, independentemente do que possa fazer ou sentir às escondidas.

Por exemplo, há aquela espécie de seriedade cujas características são a angústia, a crueldade, o transtorno psíquico. Aqui realmente aceitamos uma discrepância entre intenção e resultado. Estou falando, óbvio, de um estilo não só na arte, mas também de existência pessoal; os melhores exemplos, porém, vieram da arte.

Pense-se em Bosch, Sade, Rimbaud, Jarry, Kafka, Artaud, pense--se na maioria das obras de arte importantes do século xx, isto é, na arte cujo objetivo não é criar harmonias, mas forçar o meio e introduzir temas cada vez mais violentos e insolúveis. Essa sensibilidade também insiste no princípio de que não é possível uma *oeuvre* na velha acepção (mais uma vez, na arte, mas também na vida). A única coisa possível são "fragmentos"... Aqui, evidentemente, aplicam-se critérios diferentes dos usados para a alta cultura tradicional. Algo é bom não porque foi bem realizado, mas porque outro tipo de verdade sobre a condição humana, outra experiência do que é ser humano — em suma, outra sensibilidade válida — está se revelando.

E a terceira das grandes sensibilidades criativas é o *camp*: a sensibilidade da seriedade falhada, da teatralização da experiência. O *camp* recusa tanto as harmonias da seriedade tradicional quanto os riscos de se identificar totalmente com estados extremos do sentimento.

37. A primeira sensibilidade, a da alta cultura, é basicamente moralista. A segunda sensibilidade, a de estados extremos do sentimento, representada em muitas obras de arte "de vanguarda" da atualidade, ganha poder pela tensão entre paixão moral e paixão estética. A terceira, a *camp*, é totalmente estética.

38. O *camp* é a experiência sistematicamente estética do mundo. Encarna uma vitória do "estilo" sobre o "conteúdo", da "estética" sobre a "moral", da ironia sobre a tragédia.

39. O *camp* e a tragédia são antitéticos. Há seriedade no *camp* (seriedade no grau de envolvimento do artista) e, muitas vezes, *páthos*. O excruciante também é uma das tonalidades do *camp*; é a qualidade da dor excruciante em muitas coisas de Henry James (por exemplo, *Os europeus*, *The Awkward Age*, *As asas da pomba*) que é responsável pelo grande elemento de *camp* em seus escritos. Mas nunca, nunca há tragédia.

40. O estilo é tudo. As ideias de Genet, por exemplo, são muito *camp*. A afirmação de Genet de que "o único critério de uma ação é sua elegância"* é praticamente intercambiável com a declaração de Wilde de que "em assuntos de grande importância, o elemento vital não é a sinceridade, e sim o estilo". Mas o que conta, ao fim e ao cabo, é o estilo em que se abraçam as ideias. As ideias sobre moral e política em, digamos, *O leque de lady Windermere* e em *Major Barbara* são *camp*, mas não só por causa da natureza das ideias em si. São as ideias, mas abraçadas de maneira especialmente divertida. As ideias *camp* em *Nossa Senhora das Flores* são defendidas com excessivo rigor e o texto se sai bem demais no tom sério e elevado para que os livros de Genet sejam *camp*.

41. A questão toda do *camp* é desbancar o sério. O *camp* é gozador, antissério. Mais precisamente, o *camp* inclui uma relação nova e mais complexa com "o sério". Pode-se ser sério sobre o frívolo, e frívolo sobre o sério.

42. A pessoa é atraída pelo *camp* quando percebe que a "sinceridade" não basta. A sinceridade pode ser mero filistinismo, estreiteza intelectual.

43. O meio tradicional de ir além da seriedade manifesta — a ironia, a sátira — hoje parece frágil, inadequado ao meio culturalmente ultrassaturado em que a sensibilidade contemporânea é escolada. O *camp* introduz um novo critério: o artifício como ideal, a teatralidade.

44. O *camp* propõe uma visão cômica do mundo. Mas não uma comédia amarga ou polêmica. Se a tragédia é uma experiência de hiperenvolvimento, a comédia é uma experiência de subenvolvimento, de distanciamento.

---

* Sartre, em *Saint Genet*, glosa a frase da seguinte maneira: "Elegância é a qualidade de conduta que transforma a máxima quantidade de ser em aparecer".

"Adoro prazeres simples; são o último refúgio dos complexos."

Uma mulher sem importância

45. O distanciamento é prerrogativa de uma elite; tal como o dândi é o sucedâneo oitocentista do aristocrata em matéria de cultura, assim também o *camp* é o dandismo moderno. O *camp* é a resposta ao problema: como ser dândi nos tempos da cultura de massa.

46. O dândi era ultrafino. Sua atitude era a de desdém ou, então, de *ennui*. Buscava sensações raras, não conspurcadas pela apreciação das massas. (Modelos: Des Esseintes em *Às avessas*, de Huysmans; *Marius the Epicurean*, de Pater; *Monsieur Teste*, de Valéry.) Era devotado ao "bom gosto".

O connaisseur do *camp* descobriu prazeres mais engenhosos. Não na poesia latina, em vinhos raros e paletós de veludo, mas nos prazeres mais comuns, mais toscos, nas artes das massas. O uso vulgar não conspurca os objetos de seu prazer, visto que ele aprende a possuí-los de uma maneira rara. O *camp* — o dandismo na era da cultura de massas — não faz distinção entre o objeto único e o objeto produzido em massa. O gosto *camp* supera a náusea da réplica.

47. O próprio Wilde é uma figura de transição. O homem que, na primeira vez em que foi a Londres, usava um barrete de veludo, camisas rendadas, calças de veludo pelos joelhos e meias de seda negra nunca conseguiu se afastar demais em toda a sua vida dos prazeres do dândi ao velho estilo; esse conservadorismo se reflete em *O retrato de Dorian Gray*. Mas muitas atitudes suas sugerem algo mais moderno. Foi Wilde quem formulou um elemento importante da sensibilidade *camp* — a equivalência de todos os objetos — ao anunciar sua intenção de "viver à altura" de sua porcelana azul e branca ou ao declarar que uma maçaneta podia ser tão admirável quanto uma pintura. Ao proclamar a im-

portância do laço de gravata, da botoeira, da poltrona, Wilde antecipava o *esprit* democrático do *camp*.

48. O dândi ao velho estilo odiava a vulgaridade. O dândi ao novo estilo, o amante do *camp*, aprecia a vulgaridade. Enquanto o dândi se sentia constantemente ofendido ou entediado, o connaisseur do *camp* se sente constantemente divertido, deleitado. O dândi mantinha um lenço perfumado junto às narinas e era sujeito a desmaios; o connaisseur do *camp* cheira o fedor e se orgulha de seus nervos resistentes.

49. É uma façanha, claro. Uma façanha espicaçada, em última análise, pela ameaça do tédio. Nunca é demais frisar a relação entre tédio e gosto *camp*. O gosto *camp* só é possível, por sua própria natureza, em sociedades prósperas, em sociedades ou círculos capazes de sentir a psicopatologia da prosperidade.

> "O que é anormal na Vida mantém relações normais com a Arte. É a única coisa na Vida que mantém relações normais com a Arte."
>
> *Algumas máximas para a instrução dos supereducados*

50. A aristocracia é uma posição perante a cultura (bem como perante o poder), e a história do gosto *camp* faz parte da história do gosto esnobe. Mas, como hoje não existem aristocratas autênticos, na antiga acepção, para patrocinar gostos especiais, quem é o ponto de apoio desse gosto? Resposta: uma classe improvisada, eleita por si mesma, sobretudo de homossexuais, que se instauram como aristocratas do gosto.

51. A relação peculiar entre o gosto *camp* e a homossexualidade requer explicação. Embora não seja verdade que o gosto *camp* é o gosto homossexual, há, sem dúvida, uma peculiar afinidade e sobreposição. Nem todos os liberais são judeus, mas os

judeus mostram uma afinidade peculiar pelas causas liberais e reformistas. Assim, nem todos os homossexuais têm gosto *camp*. Mas os homossexuais, de modo geral, constituem a vanguarda — e o público mais articulado — do *camp*. (A analogia não foi escolhida frivolamente. Judeus e homossexuais são as minorias criativas de maior destaque na cultura urbana contemporânea. Isto é, eles são criativos na acepção mais verdadeira do termo: são criadores de sensibilidades. As duas forças pioneiras da sensibilidade moderna são a seriedade moral e a ironia e o esteticismo homossexual.)

52. A razão do florescimento da atitude aristocrática entre os homossexuais também parece ser paralela ao caso judaico. Pois toda sensibilidade atende aos interesses do grupo que a promove. O liberalismo judaico é um gesto de autolegitimação. O mesmo se dá com o gosto *camp*, que definitivamente tem em si algo de propagandista. Desnecessário dizer que a propaganda funciona exatamente no sentido oposto. Os judeus depositaram suas esperanças de integração na sociedade moderna na promoção do senso moral. Os homossexuais confiaram sua integração na sociedade à promoção do senso estético. O *camp* é um solvente da moralidade. Neutraliza a indignação moral, patrocina a jocosidade.

53. Apesar disso, embora tenha sua vanguarda nos homossexuais, o gosto *camp* é muito mais do que o gosto homossexual. Sem dúvida sua metáfora da vida como teatro é especialmente adequada como justificativa e projeção de um certo aspecto da situação dos homossexuais. (A insistência *camp* em não ser "sério", em gracejar, também está associada ao desejo do homossexual de se manter juvenil.) Mesmo assim, sente-se que, se os homossexuais não tivessem como que inventado o *camp*, outros o teriam inventado. Pois a atitude aristocrática em relação à cultura não pode morrer, ainda que talvez persista apenas de maneiras cada vez mais arbitrárias e engenhosas. O *camp* é (repetindo) a

relação com o estilo numa época em que a adoção de um estilo — enquanto tal — se tornou totalmente questionável. (Na era moderna, cada novo estilo, a menos que seja francamente anacrônico, entra em cena como um antiestilo.)

> "É preciso ter um coração de pedra para ler a morte de Little Nell sem dar risada."
>
> *Em conversa*

54. As experiências do *camp* se baseiam na grande descoberta de que a sensibilidade da alta cultura não detém o monopólio do refinamento. O *camp* afirma que o bom gosto não é simplesmente bom gosto; que, na verdade, existe um bom gosto do mau gosto. (Genet fala sobre isso em *Nossa Senhora das Flores*.) A descoberta do bom gosto do mau gosto pode ser muito libertadora. O homem que insiste em prazeres sérios e elevados está se privando do prazer; restringe continuamente o que pode fruir; no exercício constante de seu bom gosto, acabará se isolando no mercado, por assim dizer. Aqui, o gosto *camp* intervém sobre o bom gosto como hedonismo ousado e espirituoso. Dá alegria e disposição ao homem de bom gosto, o qual, sem ele, corria o risco de viver cronicamente frustrado. Faz bem para a digestão.

55. O gosto *camp* é, acima de tudo, um modo de fruição, de apreciação — não um juízo. O *camp* é generoso. Quer se divertir. A malícia, o cinismo é apenas aparente (ou, se há cinismo, é um cinismo meigo, não impiedoso). O gosto *camp* não afirma que ser sério é de mau gosto; não escarnece de quem se sai bem sendo seriamente dramático. O que ele faz é ver o sucesso em certos fracassos apaixonados.

56. O gosto *camp* é uma espécie de amor, amor pela natureza humana. Em vez de julgar, ele aprecia os pequenos triunfos e as

canhestras intensidades do "personagem"... O gosto *camp* se identifica com aquilo que frui. As pessoas que têm essa sensibilidade não riem da coisa que rotulam como "um *camp*": fruem e apreciam-na. O *camp* é um sentimento *terno*.

(Aqui, pode-se comparar o *camp* a boa parte da pop art, que — quando não é pura e simplesmente *camp* — encarna uma atitude relacionada com ele, mas ainda muito diferente. A pop art é mais rasa e mais insípida, mais séria, mais distanciada; em última análise é niilista.)

57. O gosto *camp* se alimenta do amor que foi posto em certos objetos e estilos pessoais. A ausência desse amor é a razão pela qual itens kitsch como *A caldeira do diabo* (o livro) e o Tishman Building não são *camp*.

58. A declaração *camp* suprema: é bom *porque* é horrível... Claro que nem sempre se pode dizer isso. Só sob certas condições, que tentei esboçar aqui nestas notas.

(1964)

Uma cultura e a nova sensibilidade

Nos últimos anos, tem-se discutido muito uma suposta cisão que se abriu uns dois séculos atrás, com o advento da Revolução Industrial, entre "duas culturas", a literário-artística e a científica. Segundo esse diagnóstico, qualquer pessoa moderna inteligente e articulada provavelmente adotará uma cultura com a exclusão da outra. Estará interessada em documentos diferentes, técnicas diferentes, problemas diferentes; falará numa língua diferente. E, mais importante, os tipos de esforço necessário para dominar essas duas culturas serão muito diferentes. Pois a cultura literário--artística é entendida como cultura geral. Destina-se ao homem enquanto homem; é cultura ou, melhor, promove a cultura no sentido definido por Ortega y Gasset: aquilo que um homem tem em sua posse depois de esquecer tudo o que leu. A cultura científica, em contraste, é uma cultura para especialistas; funda-se em lembrar e se assenta por vias que exigem total dedicação do esforço em compreender. Enquanto a cultura literário-artística visa à interiorização, à ingestão — em outras palavras, ao cultivo —, a cultura científica visa à acumulação e à exteriorização em instrumentos complexos para a solução de problemas e em técnicas específicas para o domínio da questão.

Embora T.S. Eliot atribuísse a cisão entre as duas culturas a um período anterior da história moderna, falando num famoso ensaio sobre uma "dissociação da sensibilidade" que se iniciou no século XVII, a relação do problema com a Revolução Industrial parece bem aceita. Existe uma antipatia histórica de muitos artistas e intelectuais literários por essas mudanças que caracterizam a sociedade moderna — acima de tudo, a industrialização e aqueles seus efeitos que todos conhecem, como a proliferação de enormes cidades impessoais e o predomínio do estilo de vida urbana anônimo. Pouco importa se a industrialização, a criatura da "ciência" moderna, é vista pelo modelo do século XIX e começo do século XX como um conjunto de processos artificiais barulhentos e enfumaçados que degradam a natureza e homogeneízam a cultura, ou pelo modelo mais novo, da tecnologia limpa e automatizada, que está surgindo na segunda metade do século XX. O juízo é praticamente o mesmo. Os homens de letras, sentindo que a própria condição humana estava em jogo com a nova ciência e a nova tecnologia, abominavam e lamentavam a mudança. Mas os homens de letras, quer pensemos em Emerson, Thoreau e Ruskin no século XIX ou nos intelectuais do século XX que consideram a sociedade moderna incompreensível, "alienada" sob algum novo aspecto, estão inevitavelmente na defensiva. Sabem que não é possível deter a cultura científica e o advento da máquina.

A reação usual ao problema das "duas culturas" — e a questão é muitas décadas anterior à formulação tosca e filistina do problema, que C. P. Snow apresentou numa famosa preleção alguns anos atrás — tem sido a defesa fácil da função das artes (em termos de uma ideologia cada vez mais vaga do "humanismo") ou uma rendição prematura da função das artes diante da ciência. Pela segunda reação, não me refiro ao filistinismo dos cientistas (e de seus partidários entre artistas e filósofos) que descartam as artes por serem imprecisas, inverídicas, na melhor das hipóteses, meros brinquedos. Estou falando de sérias dúvidas surgidas entre os que estão ardorosamente engajados nas artes. O papel do artista individual, na atividade de criar objetos únicos com a finalidade de proporcionar prazer e educar a consciência e a sensibilidade, tem sido objeto de reiterados questionamentos. Alguns artistas e intelectuais literários chegaram ao ponto de profetizar a morte definitiva da atividade artística do homem. A arte, numa sociedade científica automatizada, não teria função nem utilidade.

Mas eu retrucaria que essa conclusão é simplesmente injustificada. Na verdade, a questão toda me parece colocada de maneira tosca. Pois a questão das "duas culturas" supõe que a ciência e a tecnologia estão sempre mudando, em movimento, ao passo que as artes seriam estáticas, preenchendo alguma função humana genérica perene (consolo? edificação? distração?). Somente com base nesse pressuposto falso é que alguém pensaria que as artes podem estar sob risco de ficar obsoletas.

A arte não avança, no sentido em que a ciência e a tecnologia avançam. Mas as artes certamente se desenvolvem e mudam. Por exemplo, em nossa época, a arte tem se tornado cada vez mais área de especialistas. A arte mais criativa e interessante de nossa época *não* está aberta a quem tem uma educação geral; ela exige um esforço especial e fala uma linguagem especializada. A música de Milton Babbitt e Morton Feldman, a pintura de Mark Rothko e Frank Stella, a dança de Merce Cunningham e James Waring exigem uma educação da sensibilidade cujo longo e difícil aprendizado é, no mínimo, comparável às dificuldades de dominar a física ou a engenharia. (Entre as artes, apenas o romance, pelo menos nos Estados Unidos, não oferece exemplos semelhantes.) O paralelo entre o caráter abstruso da arte contemporânea e o da ciência moderna é óbvio demais para passar despercebido. Outra semelhança com a cultura científica é a preocupação histórica da arte contemporânea. As obras mais interessantes da arte contemporânea estão repletas de referências à história do meio; na medida em que comentam a arte passada, exigem um conhecimento pelo menos do passado recente. Como assinalou Harold Rosenberg, os quadros contemporâneos são, em si mesmos e em igual medida, atos de crítica e de criação. O mesmo se aplica a muitas obras recentes no cinema, na música, na dança, na poesia e (na Europa) na literatura. Aqui também é possível discernir uma semelhança com o estilo da ciência — dessa vez, com o aspecto cumulativo da ciência.

O conflito entre "as duas culturas" é, na verdade, uma ilusão, um fenômeno temporário nascido de um período de transformação histórica profunda e desconcertante. O que estamos presenciando não é tanto um conflito de culturas, mas a criação de uma espécie nova (e potencialmente unitária) de sensibilidade. Essa nova sensibilidade tem, como deveria mesmo ter, raízes em nossa experiência, experiências que são novas na história da humanidade: a extrema mobilidade social e física, o apinhamento do cenário humano (pessoas e mercadorias se multiplicando num ritmo vertiginoso), a disponibilidade de novas sensações como a velocidade (a velocidade física, como na viagem por avião; velocidade das imagens, como no cinema), a perspectiva pancultural das artes que é possível graças à reprodução em massa dos objetos artísticos.

O que estamos vendo não é a morte da arte, e sim uma transformação da função da arte. A arte, que nasceu na sociedade humana como uma operação mágico-religiosa e passou para uma técnica de representar e comentar a realidade secular, arrogou-se uma nova função em nossa época — nem religiosa, nem cumprindo uma função religiosa secularizada, nem meramente secular ou profana (noção que se acaba quando seu oposto, o "religioso" ou "sagrado", entra em obsolescência). A arte hoje é uma nova espécie de instrumento, um instrumento para modificar a consciência e organizar novos modos de sensibilidade. E os meios de exercer a arte se ampliaram de maneira radical. Com efeito, em resposta a essa nova função (mais sentida do que claramente expressa), os artistas tiveram de se tornar estetas conscientes: questionando com frequência seus meios, métodos e materiais. Muitas vezes, a conquista e exploração de novos métodos e materiais extraídos do mundo da "não arte" — por exemplo, da tecnologia industrial, dos processos e imagens comerciais, das fantasias e sonhos puramente pessoais e subjetivos — parecem ser a atividade principal de muitos artistas. Pintores não se sentem mais restritos à tela e à tinta, e empregam cabelos, fotos, cera, areia, pneus de bicicleta, suas próprias meias e escovas de dentes. Os músicos foram além dos sons dos instrumentos tradicionais, agora usando instrumentos adaptados e (geralmente em gravações) sons sintéticos e ruídos industriais.

Com isso, questionam-se todos os tipos de fronteiras convencionalmente aceitas, não só entre a cultura "científica" e a cultura "literário-artística" ou entre a "arte" e a "não arte", mas também muitas distinções estabelecidas dentro do próprio mundo da cultura — entre forma e conteúdo, entre o frívolo e o sério, entre (e esta é uma favorita dos intelectuais literários) a "alta" e a "baixa" cultura.

A distinção entre a "alta" e a "baixa" cultura (ou "popular", "de massa") se baseia em parte numa valorização da diferença entre os objetos únicos e os produzidos em massa. Numa era da reprodutibilidade técnica de massas, a obra do artista sério tinha um valor especial simplesmente porque era única, porque trazia sua assinatura pessoal, individual. As obras da cultura popular (e mesmo os filmes estiveram por muito tempo nessa categoria) eram tidas como de pouco valor por serem objetos fabricados, sem nenhuma marca individual — miscelâneas coletivas feitas para um público indiferenciado. Mas, à luz da prática contemporânea nas artes, essa distinção se mostra extremamente superficial. Muitas obras de arte sérias de décadas recentes têm um caráter decididamente impessoal. A obra de arte está reafirmando sua existência mais como "objeto" (mesmo como objeto fabricado ou produzido em massa, baseado nas artes populares) do que como "expressão pessoal individual".

A exploração do impessoal (e do transpessoal) na arte contemporânea é o novo classicismo; pelo menos o que domina a maior parte da arte interessante atual é uma reação contra o que se entende como espírito romântico. A arte de hoje, com sua insistência na atitude indiferente, com sua recusa do que julga ser sentimentalidade, com seu espírito de exatidão, senso de "pesquisa" e de "problemas", está mais próxima do espírito da ciência do que da arte na velha acepção. Muitas vezes a obra do artista é apenas sua ideia, seu conceito. Essa, claro, é uma prática corrente na arquitetura. E isso nos lembra que era frequente que os pintores da Renascença deixassem uma parte de suas telas para os discípulos trabalharem e que, no período mais florescente do concerto, a *cadenza* no final do primeiro movimento ficava a critério e a cargo da inventividade do solista. Mas, hoje, práticas semelhantes a essas têm um significado diferente, mais polêmico, na atual era pós-romântica das artes. Quando pintores como Josef Albers, Ellsworth Kelly e Andy Warhol designam partes da obra, por exemplo, a pintura das próprias cores, a um amigo ou ao jardineiro local; quando músicos como Stockhausen, John Cage e Luigi Nono permitem a colaboração dos executantes ao deixarem espaço para efeitos aleatórios, mudanças na ordem da partitura e improvisações — eles estão mudando as regras básicas que a maioria de nós emprega para reconhecer uma obra de arte. Estão dizendo o que a arte não precisa ser. Pelo menos, não necessariamente.

A característica básica da nova sensibilidade é que seu produto exemplar não é a obra literária, em particular o romance. Hoje existe uma nova cultura não literária, cuja própria existência — e ainda mais sua importância — passa totalmente despercebida à maioria dos intelectuais literários. Esse novo establishment inclui certos pintores, escultores, arquitetos, planejadores sociais, cineastas, técnicos de TV, neurologistas, músicos, engenheiros eletrônicos, dançarinos, filósofos e sociólogos. (Podem-se incluir alguns poetas e prosadores.) Alguns textos básicos desse novo alinhamento cultural se encontram nos escritos de Nietzsche, Wittgenstein, Antonin Artaud, C. S. Sherrington, Buckminster Fuller, Marshall McLuhan, John Cage, André Breton, Roland Barthes, Claude Lévi-Strauss, Siegfried Giedion, Norman O. Brown e Gyorgy Kepes.

Os preocupados com o fosso entre "as duas culturas" — e isso significa praticamente todos os intelectuais literários na Inglaterra e nos Estados Unidos — assumem como certa uma noção de cultura que decididamente requer um reexame. É a noção que teve, talvez, sua melhor formulação em Matthew Arnold (em que o ato cultural central é fazer literatura, que é em si mesma entendida como a crítica da cultura). Simplesmente ignorando os desenvolvimentos vitais e cativantes (a chamada "vanguarda") nas outras artes e cegados por sua participação pessoal na perpetuação da noção mais antiga de cultura, eles continuam a se aferrar à literatura como modelo da asserção criativa.

O que dá predomínio à literatura é sua pesada carga de "conteúdo", ao mesmo tempo reportagem e juízo moral. (Isso permite que inúmeros críticos literários ingleses e americanos usem as obras literárias principalmente como textos, ou até pretextos, para diagnósticos sociais e culturais — em vez de se concentrarem nas propriedades de, por exemplo, determinado romance ou peça enquanto obra de arte.) Mas as artes-modelo de nossa época são, na verdade, aquelas com muito menos conteúdo e uma modalidade de juízo moral muito mais fria — como a música, o cinema, a dança, a arquitetura, a pintura, a escultura. O exercício dessas artes — que, sem exceção, recorrem em profusão, com naturalidade e sem constrangimentos, à ciência e à tecnologia — é o locus da nova sensibilidade.

O problema das "duas culturas", em suma, baseia-se numa apreensão anacrônica e sem conhecimento de nossa situação cultural atual. Surge da ignorância dos intelectuais literários (e de cientistas com conhecimento superficial das artes, como o próprio cientista-romancista C. P. Snow) de uma nova cultura e de sua sensibilidade nascente. De fato, não pode haver divórcio entre a ciência e a tecnologia, de um lado, e a arte, de outro, assim como não pode haver um divórcio entre a arte e as formas da vida social. As obras de arte, as formas psicológicas e as formas sociais se refletem umas nas outras e mudam umas com as outras. Mas, claro, muita gente demora a aceitar tais mudanças — sobretudo hoje, quando as mudanças ocorrem com uma rapidez sem precedentes. Marshall McLuhan descreve a história humana como uma sucessão de atos de ampliação tecnológica da capacidade humana, cada um deles operando uma mudança radical em nosso ambiente e em nossos modos de pensar, sentir e avaliar. A tendência, observa ele, é elevar o antigo ambiente à forma de arte (assim a natureza se tornou um repositório de valores estéticos e espirituais no novo ambiente industrial), "ao passo que as novas condições são consideradas corruptas e degradantes". De modo geral, são apenas determinados artistas em qualquer época que "têm os recursos e a temeridade de viver em contato imediato com o ambiente de sua época [...]. É por isso que podem parecer estar 'à frente de seu tempo' [...]. Os mais tímidos preferem aceitar os [...] valores do ambiente anterior como a realidade que persiste em sua época. Nossa tendência natural é aceitar a coisa nova (a automação, por exemplo) como algo que pode se acomodar dentro da velha ordem ética". Somente nos termos da velha ordem ética, como diz McLuhan, o problema das "duas culturas" se mostra genuíno. Não é um problema para a maioria dos artistas criativos de nosso tempo (entre os quais seria possível incluir apenas pouquíssimos romancistas), porque a maioria desses artistas rompeu, conscientemente ou não, com as noções de cultura de Matthew Arnold, considerando-as em vias de se tornar histórica e humanamente obsoletas.

A noção de cultura de Matthew Arnold define a arte como crítica da vida — entendendo-se isso como proposição de ideias morais, sociais e políticas. A nova sensibilidade entende a arte como extensão da vida — entendendo-se isso como representação de (novos) modos de vivacidade. Aqui não há necessariamente uma negação do papel da avaliação moral. Mudou apenas a escala; tornou-se menos geral, e o que ela sacrifica em termos de discurso explícito ela ganha em precisão e força subliminar. Pois somos o que conseguimos ver (ouvir, cheirar, sentir com o paladar, sentir com o tato), de maneira ainda mais forte e profunda do que o conjunto de ideias que tenhamos armazenadas no cérebro. Claro que os proponentes da crise das "duas culturas" continuam a enxergar um contraste desesperado entre a ciência e a tecnologia ininteligíveis e moralmente neutras, de um lado, e a arte em escala humana e moralmente engajada, de outro. Mas as coisas não são nem nunca foram tão simples assim. Uma grande obra de arte nunca é apenas (nem mesmo principalmente) um veículo de ideias ou de sentimentos morais. Ela é, em primeiro lugar, um objeto que modifica nossa consciência e sensibilidade, alterando, ainda que muito ligeiramente, a composição do húmus que alimenta todas as ideias e sentimentos específicos. Por favor, humanistas indignados, prestem atenção. Não precisam se alarmar. Quando a consciência moral é entendida como apenas uma das funções da consciência, nem por isso uma obra de arte deixa de ser um momento na consciência da humanidade.

Sensações, sentimentos, formas abstratas e estilos de sensibilidade importam. É a eles que a arte contemporânea se dirige. A unidade básica para a arte contemporânea não é a ideia, e sim a análise e extensão das sensações. (Ou, se há uma "ideia", é sobre a forma de sensibilidade.) Rilke descreveu o artista como aquele que trabalha "para uma ampliação das regiões dos sentidos individuais"; McLuhan chama os artistas de "especialistas em consciência sensorial". E as obras de arte contemporânea mais interessantes (pode-se começar pelo menos desde a poesia simbolista francesa) são aventuras entre as sensações, novas "misturas sensoriais". Tal arte é, por princípio, experimental — não por um desprezo elitista pelo que é acessível à maioria, mas precisamente no mesmo sentido em que a ciência é experimental. Tal arte também é notavelmente apolítica e não didática ou, melhor, infradidática.

Em seu famoso ensaio *A desumanização da arte*, do começo dos anos 1920, Ortega y Gasset atribuiu as qualidades da arte moderna (como a impessoalidade, a proibição do *páthos*, a hostilidade ao passado, a jocosidade, a estilização deliberada, a ausência de um engajamento ético e político) ao espírito juvenil que, a seu ver, dominava nossa era.* Retrospectivamente, parece que essa "desumanização" não significava a recuperação da inocência infantil, sendo antes uma reação consciente e muito adulta. Além da angústia, seguida pela anestesia e então pelo humor e pela elevação da inteligência acima do sentimento, que outra resposta é possível como reação à desordem social e às atrocidades em massa de nossos tempos e — igualmente importante para nossas sensibilidades, mas comentada com menos frequência — à transformação

---

* Ortega comenta nesse ensaio: "A arte só pode redimir o homem salvando-o da seriedade da vida e devolvendo-o a uma inesperada meninice".

sem precedentes daquilo que rege nosso ambiente, desde o inteligível e visível até o que é invisível e apenas com dificuldade é inteligível? A arte, que caracterizei como instrumento para modificar e educar a sensibilidade e a consciência, agora opera num meio que não é possível captar pelos sentidos.

Buckminster Fuller escreveu:

> Na Primeira Guerra Mundial, a indústria passou subitamente da base visível para a base invisível, do rastro para o sem rastro, do fio para o sem fio, da estruturação visível para a estruturação invisível nas ligas. A grande coisa da Primeira Guerra Mundial é que *o homem abandonou definitivamente o espectro sensorial* como o grande critério para verificar as inovações… Todos os grandes avanços desde a Primeira Guerra Mundial se deram nas frequências *infra* e *ultra*ssensoriais do espectro eletromagnético. Todos os assuntos técnicos importantes dos homens hoje em dia são invisíveis… Os velhos mestres, que eram sensorialistas, abriram uma caixa de Pandora de fenômenos controláveis não sensorialmente, que tinham evitado verificar até então… De repente, perderam seu verdadeiro domínio, porque, a partir daí, não entendiam pessoalmente o que se passava. Se você não entende, não consegue dominar… Desde a Primeira Guerra Mundial, os velhos mestres se extinguiram…

Mas a arte, claro, permanece sempre ligada aos sentidos. Assim como não é possível colocar cores flutuando no espaço (um pintor precisa de algum tipo de superfície, como uma tela, por mais neutra e sem textura que seja), não é possível haver uma obra de arte que não se imponha ao sensorial humano. Mas é importante entender que a percepção sensorial humana não se resume meramente à biologia, mas tem uma história específica, cada cultura valorizando certos sentidos e inibindo outros. (O mesmo vale para o leque de emoções humanas primárias.) É aqui que entra a arte (entre outras coisas) e é por isso que a arte interessante de nossa época tem em si tal sensação de crise e angústia, por mais que possa parecer divertida, abstrata, moralmente neutra. Pode-se dizer que o homem ocidental vem passando por uma anestesia sensorial maciça (concomitante ao processo que Weber chama de "racionalização burocrática"), pelo menos desde a Revolução Industrial, com a arte moderna funcionando como uma espécie de terapia de choque para confundir e abrir nossos sentidos.

Já aludi a uma consequência importante da nova sensibilidade (com seu abandono da ideia matthew-arnoldiana de cultura) — a saber, que a distinção entre "alta" e "baixa" cultura parece cada vez menos dotada de significado. Pois tal distinção — inseparável do aparato matthew-arnoldiano — simplesmente não faz sentido para uma comunidade criativa de artistas e cientistas empenhados em programar as sensações, sem interesse na arte como uma espécie de jornalismo moral. A arte, de todo modo, sempre foi mais do que isso.

Outra maneira de caracterizar a situação cultural do presente, em seus aspectos mais criativos, seria falando de uma nova atitude em relação ao prazer. Em certo sentido, a nova arte e a nova sensibilidade têm uma visão bastante obscura do prazer. (Pierre Boulez, o grande compositor contemporâneo francês, deu a um importante ensaio seu, doze anos atrás, o título de "Contra o hedonismo na música".) A seriedade da arte moderna veta o prazer na acepção usual — o prazer de uma melodia que poderíamos cantarolar depois de sair da sala de concertos, de personagens numa peça ou num romance que poderíamos reconhecer, identificar-nos com eles e dissecar em termos de motivações psicológicas realistas, de uma bela paisagem ou um momento dramático representado numa tela. Se hedonismo significa manter aquelas velhas formas de encontrar prazer na arte (as velhas modalidades sensoriais e psíquicas), então a nova arte é anti-hedonista. Ter nosso aparato sensorial forçado ou contestado dói. A nova música séria dói nos ouvidos, a nova pintura não recompensa generosamente a visão, os novos filmes e as raras novas obras em prosa interessantes não descem com facilidade. A reclamação mais usual sobre os filmes de Antonioni ou sobre as narrativas de Beckett ou Burroughs é que são difíceis de ver ou ler, que são "tediosos". Mas a acusação de tédio é realmente hipócrita. O tédio, em certo sentido, não existe. O tédio é apenas outro nome para uma espécie de frustração. E as novas linguagens usadas pela arte interessante de nossa época são frustrantes para as sensibilidades da maioria das pessoas cultas.

Mas a finalidade da arte sempre é, em última instância, oferecer prazer — ainda que nossas sensibilidades possam demorar para acompanhar as formas de prazer oferecidas pela arte em determinada época. E também pode-se dizer que, contrabalançando o visível anti-hedonismo da arte contemporânea séria, a sensibilidade moderna está envolvida mais do que nunca com o prazer no sentido usual. Como a nova sensibilidade requer menos "conteúdo" na arte e é mais aberta aos prazeres da "forma" e do estilo, ela é também menos esnobe, menos moralista — no sentido de que não exige que o prazer na arte venha necessariamente associado à edificação. Se se entende a arte como uma forma de disciplina dos sentimentos e uma programação das sensações, então o sentimento (ou sensação) despertado por uma pintura de Rauschenberg pode ser similar ao de uma música cantada pelas Supremes. A vivacidade e a elegância de *The Rise and Fall of Legs Diamond* [*O rei dos facínoras*], de Budd Boetticher, ou o estilo musical de Dionne Warwick podem ser apreciados como um evento complexo e prazeroso. Podem ser sentidos sem condescendência.

A meu ver, vale a pena frisar este último ponto. Pois é importante entender que a afeição de muitos artistas e intelectuais mais jovens pelas artes populares não é um novo filistinismo (como muitos acusam) nem uma espécie de anti-intelectualismo ou uma espécie de renúncia à cultura. O fato de muitos dos pintores americanos mais sérios, por exemplo, serem também fãs do "novo som" na música popular *não* é o resultado de buscarem mera diversão ou relaxamento; não é como, digamos, Schoenberg também jogando tênis. Esse apreço reflete uma maneira nova e mais aberta de olhar o mundo e as coisas no mundo, em nosso mundo. Não significa a renúncia a todos os critérios: existem inúmeras músicas populares bobas, assim como existem inúmeras músicas, quadros e filmes "de vanguarda" inferiores e pretensiosos. A questão é que *existem* novos critérios, novos critérios de beleza, de estilo e de gosto. A nova sensibilidade é orgulhosamente pluralista; dedica-se do mesmo modo a uma seriedade profunda e à diversão, ao humor e à nostalgia. Tem também extrema consciência histórica, e seus entusiasmos (e a substituição desses entusiasmos) são de uma voracidade febril e velocíssima. Do ponto de vista dessa nova sensibilidade, a beleza de uma máquina ou da solução de um problema matemático, de um quadro de Jasper Johns, de um filme de Jean-Luc Godard e das personalidades e canções dos Beatles é igualmente acessível.

(1965)

Posfácio
Trinta anos depois…*

Não é um exercício saudável rever os escritos de trinta anos atrás ou mais. Minha energia de escritora me leva a olhar adiante, a sentir ainda que estou iniciando, realmente iniciando agora, o que dificulta conter minha impaciência com aquela escritora literalmente iniciante que então eu era.

Contra a interpretação, meu segundo livro, foi publicado em 1966, mas alguns ensaios são de 1961, quando eu ainda escrevia *O benfeitor*. Tinha ido para Nova York no começo dos anos 1960, ansiosa para pôr para trabalhar a escritora que, desde a adolescência, eu prometera a mim mesma que seria. Minha ideia de escritor: alguém interessado em "tudo". Sempre tive muitos tipos de interesses, de modo que, para mim, era natural conceber a vocação do escritor dessa maneira. E era sensato imaginar que esse ardor encontraria mais espaço numa grande metrópole do que em qualquer tipo de vida em cidades menores, inclusive nas exce-

---

* "Trinta anos depois…" foi escrito como prefácio à reedição em Madri da tradução espanhola de *Contra a interpretação*, em 1966.

lentes universidades que havia frequentado. A única surpresa era não existirem mais pessoas como eu.

Sei que *Contra a interpretação* é visto como um texto essencial daquela época, agora mítica, conhecida como os Anos Sessenta. Evoco esse rótulo com relutância, pois não me agrada muito a convenção onipresente de recortar a vida da pessoa, a vida da época da pessoa, em décadas. E não eram os Anos Sessenta. Para mim, era principalmente a época em que escrevi meus dois primeiros romances e comecei a descarregar uma parte das ideias sobre arte e cultura e a própria questão da consciência que haviam me dispersado enquanto escrevia ficção. Eu ardia de fervor evangélico.

A mudança radical que fiz em minha vida, uma mudança que se encarnou em minha transferência para Nova York, foi a de que não seguiria a carreira acadêmica: ia armar minha barraca fora da sólida e sedutora segurança do mundo universitário. Sem dúvida, havia novas aberturas no ar, e as velhas hierarquias estavam maduras, prontas para ser derrubadas, mas não que eu soubesse disso, pelo menos enquanto escrevia estes ensaios (1961 a 1965). As liberdades que eu abraçava, os ardores que defendia pareciam-me — ainda me parecem — bastante tradicionais. Via-me como uma combatente recém-alistada numa batalha muito antiga: contra o filistinismo, contra a superficialidade e a indiferença ética e estética. E nunca poderia imaginar que tanto Nova York, onde eu fora morar depois de meu longo aprendizado acadêmico (Berkeley, Chicago, Harvard), quanto Paris, onde começara a passar as férias de verão, indo todos os dias à Cinémathèque, estavam nas primeiras dores do parto de um período que viria a ser julgado excepcionalmente criativo. Ambas, Nova York e Paris, eram como eu havia imaginado — repletas de descobertas, de inspirações, com a sensação de inúmeras possibilidades. A dedicação, a ousadia, a falta de venalidade dos artistas cujas obras me interessavam pareciam... bem, pareciam ser o que se esperava. Eu achava normal que surgissem novas obras-primas a cada mês — sobretudo na forma de filmes e espetáculos de dança, mas também no mundo do teatro marginal, em galerias e espaços de arte improvisados, nos escritos de certos poetas e prosadores de classificação não muito fácil. Talvez fosse uma onda. Eu tinha a impressão de voar, de ter uma visão geral, às vezes descendo num mergulho para chegar mais perto.

E quanta coisa admirei — havia tanto a admirar! Olhava em torno e via tantas coisas a que ninguém dava a devida importância. Talvez estivesse em boas condições para ver o que via, para entender o que entendia, devido a meu gosto pelos livros, à minha eurofilia e à energia que tinha à minha disposição na busca do gozo estético. Apesar disso, no começo me surpreendi por as pessoas acharem que o que eu dizia era "novo" (não era tão novo para mim), que me considerassem na vanguarda da sensibilidade e, desde a publicação de meus primeiros ensaios, me vissem como formadora de gosto. Claro que me senti orgulhosa por ser, pelo visto, a primeira pessoa a dar atenção a alguns dos assuntos que abordei; às vezes nem acreditava em minha sorte de terem esperado por mim para descrevê-los. (Que estranho, eu pensava, que Auden não tivesse escrito algo como minhas "Notas sobre o *camp*".) Em meu entender, eu estava apenas aplicando a alguns materiais novos o ponto de vista do esteta que adotara, como jovem estudante de filosofia e literatura, nos escritos de Nietzsche, Pater, Wilde, Ortega (o Ortega de *A desumanização da arte*) e James Joyce.

Eu era uma esteta aguerrida e uma moralista mal disfarçada. A intenção de partida não era redigir tantos manifestos, mas meu gosto irreprimível pela formulação aforismática conspirou com meus objetivos solidamente polemistas de uma maneira que às vezes me surpreendia. É o que mais me agrada nos textos reunidos em *Contra a interpretação*: a tenacidade, a concisão (creio que aqui devo dizer que ainda concordo com a maioria das posições que adotei) e certos juízos morais e psicológicos nos ensaios sobre Simone Weil, Camus, Pavese e Michel Leiris. O que não me agrada são aquelas passagens em que meu impulso pedagógico interferiu em minha prosa. Aquelas listas, aquelas recomendações! Imagino que sejam úteis, mas agora me aborrecem.

As hierarquias (alto/baixo) e polaridades (forma/conteúdo, intelecto/sentimento) que eu questionava eram as que tolhiam a devida compreensão das novas obras que admirava. Embora eu não tivesse nenhum engajamento programático com o "moderno", parecia-me mais proveitoso abraçar a causa das novas obras, sobretudo as que tinham sido desdenhadas, ignoradas ou mal interpretadas, do que defender as velhas favoritas. Ao escrever sobre minhas descobertas, eu já pressupunha o predomínio dos tesouros canônicos do passado. As transgressões que aplaudia pareciam plenamente salutares, em vista do que eu julgava ser a força intocada dos velhos tabus. As obras contemporâneas que elogiava (e usava como plataforma para relançar minhas ideias sobre a criação artística e a consciência) não diminuíam as glórias das que eu admirava muito mais. O fato de apreciar o humor e a energia impertinente de uma espécie de performance chamada *happening* não reduzia meu interesse por Aristóteles e Shakespeare. Eu era — eu sou — a favor de uma cultura pluralista e polimorfa. Sem hierarquias, então? Claro que há uma hierarquia. Se eu tivesse de escolher entre The Doors e Dostoiévski, escolheria — evidentemente — Dostoiévski. Mas tenho de escolher?

Para mim, a grande revelação havia sido o cinema: o que mais me marcou foram os filmes de Godard e Bresson. Escrevi mais sobre cinema do que sobre literatura, não porque gostasse mais de filmes do que de romances, mas porque eu gostava mais dos novos filmes do que dos novos romances. Estava claro para mim que nenhuma outra arte estava sendo tão amplamente praticada em um nível tão elevado. Uma de minhas grandes felicidades nos anos em que escrevi os textos reunidos em *Contra a interpretação* era que não se passava um único dia sem que eu assistisse pelo menos a um filme, às vezes a dois ou três. Eram "antigos", na maioria. Minha absorção na história do cinema apenas reforçou minha gratidão por alguns filmes novos, que (junto com meus favoritos da época do cinema mudo e dos anos 1930) eu via e revia sem cessar, tão entusiasmantes eram em sua liberdade e inventividade no método narrativo, em sua sensualidade, gravidade e beleza.

O cinema era a atividade artística exemplar na época em que escrevi estes ensaios, mas havia também outros assombros nas outras artes. Sopravam ventos novos de todas as partes. Os artistas voltavam a ser insolentes, como haviam sido após a Primeira Guerra Mundial e até a ascensão do fascismo. O moderno ainda era uma ideia vibrante. (Isso foi antes das capitulações encarnadas na ideia do "pós-moderno".) E aqui nem digo nada sobre as lutas políticas que se formaram no momento em que escrevia o último destes ensaios: refiro-me ao movimento que nascia contra a guerra americana no Vietnã, que consumiria grande parte de minha vida de 1965 até o começo dos anos 1970 (que ainda faziam parte dos Anos Sessenta, imagino eu). Retrospectivamente, tudo isso parece maravilhoso mesmo. Sente-se vontade de que uma parte desse arrojo, desse otimismo, desse desdém pelo comércio tivesse sobrevivido. Os dois polos do sentimento caracteristicamente moderno são a nostalgia e a utopia. O traço talvez mais interessante do período agora chamado de Anos Sessenta era que não havia quase nostalgia. Nesse sentido, foi de fato um momento utópico.

O mundo em que estes ensaios foram escritos não existe mais.

Em vez de um momento utópico, vivemos numa época que é sentida como o fim — ou, mais precisamente, logo após o fim

— de todos os ideais. (E, portanto, da cultura: não existe possibilidade de verdadeira cultura sem altruísmo.) Uma ilusão de fim, talvez — e não mais ilusória do que a convicção de trinta anos atrás, de que estávamos no limiar de uma grande transformação positiva da cultura e da sociedade. Não, não uma ilusão, penso eu.

A questão não é apenas que os Anos Sessenta tenham sido rejeitados e o espírito de dissidência esmagado e convertido em objeto de profunda nostalgia. Os valores cada vez mais triunfantes do capitalismo consumista promovem — na verdade, impõem — as misturas culturais, a insolência e a defesa do prazer que eu sustentava por razões muito diferentes. As recomendações não existem fora de um determinado contexto. As recomendações e os entusiasmos apresentados nos ensaios reunidos em *Contra a interpretação* agora pertencem a muita gente. Havia algo operando para tornar essas concepções marginais mais aceitáveis, algo de que eu não fazia a mínima ideia — e, se eu tivesse entendido melhor minha época, aquela época (usem, se quiserem, o nome da década) teria sido mais cautelosa. Algo que não seria exagero chamar de profunda transformação em toda a cultura, uma transvaloração dos valores — para a qual existem muitos nomes. Um dos nomes para aquilo que surgia é barbárie. Usemos o termo de Nietzsche: havíamos entrado, realmente entrado, na era do niilismo.

Assim, não posso deixar de ver os textos reunidos em *Contra a interpretação* com uma certa ironia. Ainda gosto da maioria deles, e gosto realmente muito de alguns, como "Notas sobre o *camp*" e "Sobre o estilo". (De fato, há só uma coisa na coletânea da qual não gosto nada: duas crônicas sobre teatro, rápido resultado de uma encomenda de uma revista literária à qual eu era ligada e que aceitei a contragosto.) Quem não sentiria prazer em ver que uma coletânea de escritos polêmicos de mais de trinta anos atrás continua a ter importância para novas gerações de leitores em inglês e em muitas línguas estrangeiras? Mesmo assim, insisto com o leitor que não perca de vista — e isso pode requerer certo esforço de imaginação — o contexto mais amplo de admirações em que estes ensaios foram escritos. Defender uma "erótica da arte" não significava depreciar o papel do intelecto crítico. Louvar obras condescendentemente tratadas na época como cultura "popular" não significava conspirar para o repúdio da alta cultura e de suas complexidades. Quando denunciei (por exemplo, nos ensaios sobre os filmes de ficção científica e sobre Lukács) certos tipos de moralismo fácil, foi em nome de uma seriedade mais atenta, menos complacente. O que não entendi (de fato eu não era a pessoa certa para entendê-lo) foi que a própria seriedade estava nos estágios iniciais de perda de sua credibilidade na cultura em geral, e que algumas das obras mais transgressoras que me agradavam reforçariam transgressões frívolas e meramente consumistas. Trinta anos depois, está quase completa a destruição dos critérios de seriedade, com a ascendência de uma cultura cujos valores mais inteligíveis e persuasivos são extraídos da indústria do entretenimento. Agora, a própria ideia de sério (e respeitável) parece esquisita e "irrealista" para a maioria das pessoas e, quando é admitida — como decisão arbitrária do temperamento —, provavelmente também parece doentia.

Creio que não é equivocado ler ou reler agora *Contra a interpretação* como documento pioneiro e importante de uma época que se acabou. Mas não é assim que o leio ou — passando da nostalgia para a utopia — gostaria que fosse lido. Minha esperança é que sua reedição neste momento e a conquista de novos leitores possam contribuir para a tarefa quixotesca de sustentar os valores a partir dos quais escrevi estes ensaios e resenhas. Os juízos de gosto expressos nestes ensaios podem ter prevalecido. Os valores por trás desses julgamentos não.

(1996)

1ª EDIÇÃO [2020] 3 reimpressões

ESTA OBRA FOI COMPOSTA PELA SPRESS EM MINION E IMPRESSA
EM OFSETE PELA GRÁFICA BARTIRA SOBRE PAPEL PÓLEN DA
SUZANO S.A. PARA A EDITORA SCHWARCZ EM JUNHO DE 2024

A marca FSC é a garantia de que a madeira utilizada na fabricação do papel deste livro provém de florestas que foram gerenciadas de maneira ambientalmente correta, socialmente justa e economicamente viável, além de outras fontes de origem controlada.